Finanzaufsicht in Deutschland und der EU

Europäische Hochschulschriften

European University Studies

Publications Universitaires Européennes

Reihe II Rechtswissenschaft

Series II Law

Série II Droit

Band/Volume **5468**

Shiang-Bor Huang

Finanzaufsicht in Deutschland und der EU

Ein Rechtsvergleich mit Taiwan

PL ACADEMIC RESEARCH

Bibliografische Information der Deutschen Nationalbibliothek
Die Deutsche Nationalbibliothek verzeichnet diese Publikation in der Deutschen Nationalbibliografie; detaillierte bibliografische Daten sind im Internet über http://dnb.d-nb.de abrufbar.

Zugl.: München, Univ., Diss., 2012

Gedruckt auf alterungsbeständigem,
säurefreiem Papier.

D 19
ISSN 0531-7312
ISBN 978-3-631-62778-5

PL Academic Research ist ein Imprint der Peter Lang GmbH.
Peter Lang – Frankfurt am Main · Berlin · Bruxelles · New York · Oxford · Warszawa · Wien

www.peterlang.de

Meinen Eltern

Dr. Mao-Zong Huang und Mine-Ze Wu

Vorwort

Die Juristische Fakultät der Ludwig-Maximilians-Universität München hat die vorliegende Arbeit im Sommersemester 2012 als Dissertation angenommen. Die der Arbeit zugrunde liegende Gesetzgebung und Literatur befinden sich zum größten Teil auf dem Stand von Dezember 2011. Sämtliche Links zu Internetseiten sind auf dem Stand von Februar 2012.

Mein ganz besonderer Dank gilt meinem Doktorvater, Herrn Prof. Dr. jur. Peter M. Huber, Minister a. D., Richter des Bundesverfassungsgerichts. Er hat mich kontinuierlich gefördert und unterstützt. Seine Anregungen und Kommentare in den vielen Einzelgesprächen und im Erstgutachten waren stets inspirierend für mich und wesentlich für den Fortschritt meines Dissertationsprojektes. Bei Herrn Prof. Dr. jur. Peter Badura bedanke ich mich für die schnelle Erstellung des Zweitgutachtens und seine hilfreichen Änderungsvorschläge.

Überdies bin ich dem DAAD und dem taiwanischen National Security Council sehr dankbar. Sie haben meinen Forschungsaufenthalt in Deutschland zwischen September 2006 und Februar 2008 finanziert und mich motiviert, im Anschluss daran in München zu promovieren.

Weiterhin danke ich für die wissenschaftliche Unterstützung durch die Mitarbeiter der Bibliothek des Max-Planck-Instituts für Steuerrecht und Öffentliche Finanzen, die eine wertvolle und bereichernde Erfahrung für mich war.

Herr Dipl.-Vw. Wolfgang Habla hat meine Arbeit mehrmals gründlich durchgelesen und korrigiert. Herr Dr. jur. Maximilian Majic hat mir für mein Rigorosum ebenfalls sehr geholfen. Diesen Personen gilt mein besonderer Dank.

Familie Lässig und meinen Schwestern, Dr. Shiang-Suo Huang und Dr. Zer-Rur Huang, die mich während meines Studiums in München immer begleitet haben, gebührt mein herzlicher Dank. Meine Eltern haben mich mit großer Geduld unterstützt. Ihnen ist diese Arbeit gewidmet.

Taipeh, den 02. Dezember 2012 Shiang-Bor Huang

Inhaltsverzeichnis

Abkürzungsverzeichnis

a.F.	alte Fassung
ABl.	Amtsblatt
Abs.	Absatz
AEUV	Vertrag über die Arbeitsweise der Europäischen Union
AMR	Anweisung der Bundesbank über Mindestreserven
AnzV	Verordnung über die Anzeigen und die Vorlage von Unterlagen nach dem Gesetz über das Kreditwesen (Anzeigenverordnung)
Art.	Artikel
Aufl.	Auflage
AufsichtsRL	Richtlinie zur Durchführung und Qualitätssicherung der laufenden Überwachung der Kredit- und Finanzdienstleistungsinstitute durch die Deutsche Bundesbank (Aufsichtsrichtlinie)
BaFin	Bundesanstalt für Finanzdienstleistungsaufsicht
BAKred	Bundesaufsichtsamtes für das Kreditwesen
BB	Betriebs-Berater
BBankG	Gesetz über die Deutsche Bundesbank
BCCI	Bank of Credit and Commerce International
BGBl.	Bundesgesetzblatt
BKR	Zeitschrift für Bank- und Kapitalmarktrecht
BMA	The Bureau of Monetary Affairs (Taiwan)
BMF	Bundesministerium für Finanzen
BOAF	Das Amt für Landwirtschaftsfinanzen (The Bureau of Agricultural Finance Taiwans)
BT-Drs.	Deutscher Bundestag Drucksache

BVerfGE	Entscheidungen des Bundesverfassungsgerichts
BWG	Gesetz über das Bankwesen (Bankwesengesetz Taiwans)
bzw.	beziehungsweise
CDIC	Central Deposit Insurance Corporation (Taiwan)
CEBS	Committee of European Banking Supervisors (der Ausschuss der Europäischen Bankaufsichtsbehörden)
CEIOPS	Committee of European Insurance and Occupational Pensions Committee (der Ausschuss der europäischen Aufsichtsbehörden für das Versicherungswesen und die betriebliche Altersversorgung)
CESR	Committee of European Securities Regulators (der Ausschuss der europäischen Wertpapierregulierungsbehörden)
COA	Council of Agriculture (Taiwan)
DerivateV	Verordnung über Risikomanagement und Risikomessung beim Einsatz von Derivaten in Sondervermögen nach dem Investmentgesetz (Derivateverordnung)
Diss.	Dissertation
DÖV	Die Öffentliche Verwaltung
DStR	Deutsches Steuerrecht
DZWIR	Deutsche Zeitschrift für Wirtschafts- und Insolvenzrecht
EAEG	Einlagensicherungs- und Anlegerentschädigungsgesetz
EBA	European Banking Authority (Europäische Bankenaufsichtsbehörde)
EG	Europäische Gemeinschaft
EGV	Vertrag zur Gründung der Europäischen Gemeinschaft (EG-Vertrag)

Einf.	Einführung
EIOPA	European Insurance and Occupational Pensions Authority (Europäische Aufsichtsbehörde für das Versicherungswesen und die betriebliche Altersversorgung)
endg.	endgültig
ESAs	European Supervisory Authorities (Die Europäischen Aufsichtsbehörden)
ESFS	European System of Financial Supervision (Das Europäische System der Finanzaufsicht)
ESMA	European Securities and Markets Authority (Europäische Wertpapier- und Marktaufsichtsbehörde)
ESRB	European Systemic Risk Board (Europäischer Ausschuss für Systemrisiken)
ESZB-Satzung	Die Satzung des ESZB und der EZB
EU	Europäische Union
EuR	Zeitschrift für Europarecht
EuZW	Europäische Zeitschrift für Wirtschaftsrecht
EWG	Europäische Wirtschaftsgemeinschaft
EWS	Europäisches Wirtschafts- und Steuerrecht
EZB	Europäische Zentralbank
FiFusG	Fusionsgesetz für Finanzinstitute (The Financial Institutions Merger Act Taiwans)
FinDAG	Gesetz über die Bundesanstalt für Finanzdienstleistungsaufsicht (Finanzdienstleistungsaufsichtsgesetz)
FinDAGKostV	Verordnung über die Erhebung von Gebühren und die Umlegung von Kosten nach dem Finanzdienstleistungsaufsichtsgesetz (Gebührenverordnung)

FiReFG	Gesetz über die Einrichtung und die Verwaltung des Finanzrestrukturierungsfonds (The Act for the Establishment and Administration of the Financial Restructuring Fund Taiwans)
FiReFonds	Finanzrestrukturierungsfonds (Taiwan)
FMSA	Die Bundesanstalt für Finanzmarktstabilisierung
FMStBG	Finanzmarktstabilisierungsbeschleunigungsgesetz
FMStErgG	Finanzmarktstabilisierungsergänzungsgesetz
FMStFG	Finanzmarktstabilisierungsfondsgesetz
FMStFV	Finanzmarktstabilisierungsfondsverordnung
FMStG	Finanzmarktstabilisierungsgesetz
FSAP	Financial Services Action Plan (Aktionsplans für Finanzdienstleistungen)
FSB	Das Financial Stability Board
FSC	Financial Supervisory Commission (Taiwan)
FSCOG	Gesetz über die Organisation der FSC (Taiwan)
FTA	Fair Trade Act (Taiwan)
GG	Grundgesetz
GroMiKV	Verordnung über die Erfassung, Bemessung, Gewichtung und Anzeige von Krediten im Bereich der Großkredit- und Millionenkreditvorschriften des Kreditwesengesetzes (Groß-kredit- und Millionenkreditverordnung)
HRE	Hypo Real Estate Holding
Hrsg.	Herausgeber
i.d.F.	in der Fassung
i.e.S.	im engeren Sinne
i.V.m.	im Verbindung mit
IKB	Die IKB Deutsche Industriebank AG

IMF	International Monetary Fund
InvG	Investmentgesetz
jurisPR-BKR	Juris PraxisReport Bank- und Kapitalmarktrecht
JuS	Juristische Schulung
JZ	Juristen Zeitung
KfW	Kreditanstalt für Wiederaufbau
KredReorgG	Kreditinstitute-Reorganisationsgesetz
KWG	Gesetz über das Kreditwesen (Kreditwesengesetz)
LiqV	Verordnung über die Liquidität der Institute (Liquiditätsverordnung)
LwFiG	Landwirtschaftsfinanzgesetz (Taiwan)
MoF	Ministry of Finance (Taiwan)
MOU	Memorandum of Understanding
NJW	Die Neue Juristische Wochenschrift
NPL	Non-Performing Loan
NT$, NTD	Neuer Taiwan-Dollar
NVersZ	Neue Zeitschrift für Versicherung und Recht
NVwZ	Neue Zeitschrift für Verwaltungsrecht
NZBen	Die nationale Zentralbanken
NZI	Neue Zeitschrift für das Recht der Insolvenz und Sanierung
RettungsG	Rettungsübernahmegesetz
RStrukFG	Restrukturierungsfondsgesetz
RStruktFV	Verordnung über die Erhebung der Beiträge zum Restrukturierungsfonds für Kreditinstitute (Restrukturierungsfonds-Verordnung)
SoFFin	Sonderfonds für Finanzmarktstabilisierung, Finanzmarktstabilisierungsfonds

SolvV	Verordnung über die angemessene Eigenmittelausstattung von Instituten, Institutsgruppen und Finanzholding-Gruppen (Solvabilitätsverordnung)
SpkG	Gesetz über die öffentlichen Sparkassen (Sparkassengesetz)
TCB	Die Taiwan Cooperative Bank
ÜbernahmeV	Rechtsverordnung über die Übernahme eines Finanzinstituts (Taiwan)
ÜberwachungV	Rechtsverordnung über die Überwachung eines Finanzinstituts (Taiwan)
ÜwÜnV	Rechtsverordnung zur Überwachung und Übernahme der Finanzinstitute (Taiwan)
VAG	Gesetz über die Beaufsichtigung der Versicherungsunternehmen (Versicherungsaufsichtsgesetz)
VerkProspG	Wertpapier-Verkaufsprospektgesetz
vgl.	vergleiche
VwVfG	Verwaltungsverfahrensgesetz
WiRO	Wirtschaft und Recht in Osturopa
WM	Zeitschrift für Wirtschafts- und Bankrecht
WpHG	Wertpapierhandelgesetz
WpPG	Wertpapierprospektgesetz
WpÜG	Wertpapiererwerbs- und Übernahmegesetz
ZIP	Zeitschrift für Wirtschaftsrecht
ZRP	Zeitschrift für Rechtspolitik

Abbildungen

Tabellen

1. Teil: Einführung

§ 1 Problemaufriss

Warum braucht das Finanzinstitut zusätzlich ein eigenes Aufsichtssystem und ein besonderes Insolvenzverfahren neben dem anderen Unternehmen? Die Debatte zwischen Regulierung und Deregulierung gegenüber den Finanzinstituten steht immer in der Diskussion. Das Thema geht von der Finanzkrise aus.

Im Sommer 2007 trat eine Krise auf dem zweitklassigen amerikanischen Hypothekenmarkt ein[1], die danach das Finanzsystem in der ganzen Welt beeinflusste. Auch deutsche Banken, nämlich die IKB Deutsche Industriebank AG (IKB) und die Sachsen Landesbank wurden dadurch schwer belastet. Die Verluste der IKB waren so hoch, dass sie von der staatseigenen Bank KfW (die Kreditanstalt für Wiederaufbau[2]) mit einer Kreditlinie von 8,1 Milliarden Euro unterstützt werden musste. Auch die Dubliner Tochtergesellschaft der Sachsen Landesbank hatte falsch in den zweitklassigen amerikanischen Immobilienmarkt investiert. Dadurch erlitt die Sachsen Landesbank sehr starke Verluste. Um die Liquiditätskrise der Sachsen Landesbank zu bewältigen, stellte die deutsche Sparkassen-Finanzgruppe eine Kreditlinie in Höhe von 17,3 Milliarden Euro zur Verfügung[3]. Ein weiteres Beispiel für eine infolge der Subprime-Krise in Schief-

---

1 Die Subprime-Krise wurde aufgelöst durch eine beinahe unbegrenzte Anlage in nachrangigen Verbriefungen amerikanischer Immobilien- und Verbraucherkredite. Die Ursachen und die Geschichte sowie die Analyse der Finanzkrise siehe das erste Kapitel des de-Larosière-Berichts vom 25.02.2009, Ursachen der Finanzkrise, Nr. 6) bis 37); *Oulds,* in: *Siegfried Kümpel*, Bank- und Kapitalmarktrecht, 2011, Rn. 14.4; *Koberstein-Windpassinger,* in: *Eckhard M. Theewen*, Bank- und Kapitalmarktrecht, 2010, S. 831-832; *Fischer/Klanten*, Bankrecht, 2010, Rn. 1.8-1.10; *Hellwig/Höfling/Zimmer,* Finanzmarktregulierung, 2010, S. E 12-49; *Jaletzke,* in: *Jaletzke/Verannenman*, Finanzmarktstabilisierungsgesetz, 2009, Einf. Rn. 1 ff.; *Sven Bleser*, Die Subprimekrise und ihre Folgen, 2009, S. 9 ff.; Beschluss des OLG Düsseldorf v. 09.12.2009 – I 6 W 45/09, ZIP 2010, S. 28.

2 Nach dem Gesetz über die Kreditanstalt für Wiederaufbau § 1 Abs. 1 und 2 ist die Kreditanstalt für Wiederaufbau eine Anstalt des öffentlichen Rechts. Ihr Grundkapital beträgt 3,75 Milliarden Euro. Daran sind der Bund mit drei Milliarden Euro und die Länder mit siebenhundertfünfzig Millionen Euro beteiligt.

3 Zahlreiche Nachrichten darüber siehe: „Notenbanken sehen Gefahren für die Konjunktur; Geldpolitik in Amerika gelockert; Sachsen LB in Schwierigkeiten“, Frankfurter Allgemeine Zeitung, 18.08.2007 S. 1; „Auch die Sachsen LB gerät in Not; Sparkassen-Organisation

lage geratene Bank ist die Hypo Real Estate Holding (HRE), die im Oktober 2009 durch Finanzmarktstabilisierungsfonds verstaatlicht wurde[4].

Nach dem Bericht der Wirtschaftsprüfungsgesellschaft KPMG, die von der Bundesanstalt für Finanzdienstleistungsaufsicht (im Folgenden kurz als BaFin bezeichnet) beauftragt worden war, entdeckten die Prüfer bereits im Jahr 2005, dass die durch die Dubliner Tochter der Sachsen LB betriebenen Geschäfte mit wesentlichen Risiken verbunden waren. Diese Finanzkrise zeigt die Mängel der Finanzaufsicht in Deutschland und in Europa. Es stellt sich die Frage, ob solche Ereignisse durch die staatliche Finanzaufsicht vermieden werden können. Die Sicherheit und die Verlässlichkeit des Finanzmarkts müssen gewährleistet sein, um nicht das Vertrauen von Investoren in den Markt zu gefährden[5]. Wegen dieser besonderen Eigenschaft müssen die Kreditinstitute einer besonderen staatlichen Aufsicht unterliegen. Diese muss das öffentliche Interesse an einem gesunden und funktionsfähigen Finanzsystem berücksichtigen. Damit könnte ein gesundes und stabiles Finanzsystem aufgebaut werden und zur wirtschaftlichen

---

stellt für die Landesbank 17,3 Milliarden Euro bereit", Frankfurter Allgemeine Zeitung, 20.08.2007 S. 1; *Jan Dams, Sebastian Jost,* „Sachsen LB erhält Notkredit; Sparkassenfinanzgruppe verhindert mit 17,3 Milliarden Euro Zahlungsprobleme", die Welt, 20.08.2007 S. 1; *Ewald B. Schulte,* „Steinbrück will Bankenaufsicht überdenken; Sachsen LB mit Kreditlinie der Sparkassen stabilisiert / Einbußen beim Jahresergebnis erwartet", Berliner Zeitung, 20.08.2007 S. 9; „Steinbrück: Keine Mängel der Bankenaufsicht bei Sachsen-LB-Krise", VWD Wirtschaftsnachrichten, 21.08.2007; *Sebastian Wolff,* „Empörung über riskante Geschäfte der Landesbanken; Experten fordern Konsequenzen aus den jüngsten Krisen von Sachsen LB und WestLB", Berliner Zeitung, 21.08.2007 S. 9; *Steffen Uhlmann,* „Sachsen LB in noch größerer Not", Süddeutsche Zeitung, 24.08.2007 S. 17; „Innenansichten einer Finanzkrise: Angeschlagene Banken und Hedge-Fonds, Eingriffe der Notenbanken zur Stabilisierung der Geldmärkte sowie stark schwankende Aktion- und Anleihekurse", Frankfurter Allgemeine Zeitung, 24.08.2007 S. 12; „Missstände bei Sachsen LB seit zwei Jahren bekannt", Spiegel online, 25.08.2007; *Christiane Kohl, Steffen Uhlmann,* „Bankkontrolleure: Wir sind belogen worden", Süddeutsche Zeitung, 30.08.2007 S. 1; „Ackermann rügt Banken", Süddeutsche Zeitung, 03.09.2007 S. 1; *Alexander Hagelüken, Helga Einecke,* „Alarmierende Studie aus Brüssel: Schlechte Noten für Bankenaufsicht", Süddeutsche Zeitung, 04.09.2007 S. 17.

4 *Wolfers/Rau,* NJW 2009 S.1297; *Thomas Böckenförde*, NJW 2009, S. 2484; Pressemitteilung von Bundesanstalt für Finanzmarktstabilisierung (FMSA) vom 14.10.2009, HRE – Übertragung der Aktien der Minderheitsaktionäre nach erfolgtem Squeeze-Out. Der Sonderfonds für Finanzmarktstabilisierung (SoFFin) ist zu 100 % Eigentümer der HRE. Die Pressemitteilung ist abrufbar unter: http://www.fmsa.de/export/sites/standard/downloads/pressemitteilungen/20091014_Aktienuebertragung_Minderheitsaktionaere.pdf.

5 Vgl. *Thomas Götze,* WM 2005, S. 728.

Entwicklung eines Landes beitragen. Angesichts der ständig zunehmenden Europäisierung und Globalisierung der Kreditinstitute ist es notwendig, den Umfang bzw. die Stärke der Finanzaufsicht ebenfalls innerhalb der EU bzw. weltweit zu internationalisieren.

Finanzinstitute spielen in den Finanzkreisläufen eine wichtige Rolle. Ein reibungsloses Funktionieren der Zahlungssysteme sowie die Stabilität des Finanzsystems sind die Hauptziele der Finanzaufsicht. Wenn eine Bank insolvent wird, könnte generell das Vertrauen in das gesamte Bankwesen erschüttert werden. Dies könnte zur Folge haben, dass die Bankkunden das Geld von ihrer Bank abheben, es aber aufgrund von Misstrauen nicht zu anderen Banken bringen (Bank Run[6]). Durch den sich daraus ergebenden Mangel an Liquidität könnten Finanzinstitute in Schwierigkeit geraten. Wenn die Finanzaufsichtsbehörden Risiken in einem solchen Fall nicht schnell genug erkennen und angemessene Maßnahmen ergreifen, kann diese Krise andere Sektoren oder Länder erfassen und sogar den globalen Finanzmarkt gefährden, bis hin zu dessen Zusammenbruch. Dieser Fall unterscheidet sich von der Insolvenz eines Unternehmens. Dabei erleiden manche Personen (Investoren oder Aktionäre) zwar Verluste, aber es besteht die Möglichkeit, dass andere Unternehmen davon profitieren oder zumindest nicht in Mitleidenschaft gezogen werden. Aufgrund der unterschiedlichen Auswirkungen auf andere, unbeteiligte Akteure benötigen Finanzinstitute eine spezielle Finanzaufsicht sowie ein spezielles Insolvenzverfahren.

In den letzten 20 Jahren gab es eine Tendenz, den Finanzmarkt zu deregulieren. Aber die Finanzkrise, die im August 2007 ausgelöst wurde und bis Oktober 2008 die Finanzmärkte weltweit bedrohte, hat gezeigt, dass die Selbstregulierung auf dem Finanzmarkt oft versagt[7]. Der Finanzmarkt muss deshalb angemessen reguliert werden. Um höhere Renditen erzielen zu können, sind Banken und Versicherungen immer größere Risiken eingegangen. Das Streben nach unverhältnismäßig hoher Rentabilität muss begrenzt/verboten werden, wobei aber Wettbewerbsverzerrungen weitestgehend vermieden werden sollen. Denn übertriebene Renditen und übermäßiger Wettbewerb führen zu Instabilität auf dem Finanzmarkt. Ein gutes Finanzaufsichtssystem gewährleistet einen reibungslos funktionierenden Finanzmarkt, ohne zu sehr in den Wirtschaftskreislauf einzugreifen. Auch wenn es vielleicht unmöglich ist, Finanzkrisen gänzlich zu vermeiden, so könnten die Missstände auf den Finanzmärkten durch die Finanzauf-

6 Zum Begriff der „Bank Run“ siehe, *Natalia Kohtamäki*, Die Reform der Bankenaufsicht in der Europäischen Union, Diss. Universität Jena, 2012, S. 18.

7 *Hellwig/Höfling/Zimmer,* 2010, S. E 28-30 und S. E 41-45.

sicht effektiv verringert und in erträglichen Grenzen gehalten werden. Die Wichtigkeit der Finanzaufsicht kann deswegen nicht hoch genug eingeschätzt werden.

Im Vergleich zu Europa und den USA wurde zwar der Finanzmarkt in Asien nicht so schlimm von dem „Finanztsunami" im Jahr 2008 getroffen, da asiatische Länder an Derivategeschäften weniger beteiligt waren[8] und enorme Währungsreserven haben[9], welche sie in die Lage versetzen, mit den Auswirkungen der Subprime-Krise zurechtzukommen. Trotzdem hatte diese Krise einen großen Einfluss auf den asiatischen Finanzmarkt, denn zu Beginn der Subprime-Krise im Jahr 2007 wurde viel Geld aus den asiatischen Finanzmärkten abgezogen[10]. Zusätzlich war der NTD am Ende des Jahres 2010 gegenüber dem US-Dollar stark gestiegen wegen der Unzuverlässigkeit und Instabilität der amerikanischen und europäischen Finanzmärkte[11]. Zugleich zeigt die Krise, dass die Globalisierung der Wirtschaft auch die Finanzmärkte der Welt eng miteinander verbunden hat[12].

Die Geschichte der Finanzkrise zeigte, dass die Finanzmarktakteure in Taiwan sehr empfänglich für finanzielle Panik sind, egal ob aufgrund von inländischer oder internationaler Finanzkrise. Artikel 149 der Verfassung Taiwans schreibt vor, dass die Geschäftstätigkeit eines Kreditinstituts von der zuständigen Aufsichtsbehörde durch Gesetz zu regeln ist. Aber wegen der Turbulenzen auf dem Finanzmarkt und des Auftretens finanzieller Risiken in Taiwan in den 80er und 90er Jahren scheint das dortige Finanzaufsichtssystem seiner erwarteten Funktionen nicht entsprechend nachzukommen. Eine Reform des Finanzaufsichtssystems wurde notwendig. Um die Stabilität des Finanzsystems in Taiwan zu verstärken, hat die Legislative von Taiwan im Jahr 2000 eine Reihe Gesetze für das Finanzwesen neu erlassen und revidiert. Aufgrund dieser neuen bzw. revidierten Finanzgesetze hat die zuständige Behörde auch viele Verordnungen verkündet. Als Folge dessen wurde im Juli 2004 die Finanzverwaltungsgewalt

---

8 Die US-Subprime-Krise hatte in Taiwans Finanzsektor etwa 42,572 Milliarden NT$ (etwa 1 Milliarde Euro) Verluste zur Folge. Siehe Pressemitteilung der FSC am 09.07.2008. Vgl. *Sven Bleser*, 2009, im Anhang S. VI.

9 Vgl. IMF Statistics Department COFER database and International Financial Statistics.

10 Siehe die Nachricht von Spiegel-Online am 17.08.2007: „In Asien ging der Ausverkauf ungebremst weiter", abrufbar unter: http://www.spiegel.de/wirtschaft/0,1518,500401,00.html.

11 Mit dem Schweizer Franken verhält es sich im August 2011 ebenso. Siehe Handelsblatt Financial am 11.08.2011, abrufbar unter: http://www.financial-informer.de/infos/hintergrund_die_schweiz_im_griff_des_starken_franken_1660057.

12 *Rolf Stober*, Allgemeines Wirtschaftsverwaltungsrecht, 2006, S. 20.

vom Ministerium der Finanzen getrennt und eine selbständige Finanzaufsichtsbehörde gebildet sowie ein einheitliches Finanzaufsichtssystem in Taiwan errichtet. Die Finanzaufsichtsbehörde von Taiwan, die „Finanzaufsichtskommission des Exekutiv-Yuan[13]" genannt wird, soll die Kreditinstitute, die Versicherungsunternehmen und die Wertpapierfirmen regulieren. Das Ausmaß einer Bank in Taiwan ist relativ gering. Außerdem besitzen oft bankfremde Investoren diese Banken. Daraus ergeben sich viele zusätzliche Probleme auf dem taiwanschen Finanzmarkt, die die Aufsichtsbehörde bei der Überwachung der Kreditinstitute beachten muss.

§ 2 Ziel der Untersuchung

Im Zuge der Globalisierung der finanziellen Dienstleistungen werden die Kreditinstitute zunehmend internationalisiert[14]. Daher ist es für Staaten nötig, bei der Finanzdienstleistungsaufsicht zu kooperieren. Europa nimmt dabei einen bedeutenden Stellenwert ein. Deutschland als wirtschaftlich stärkstes Land in Europa wie auch andere Länder der EU mussten die Auswirkungen von zweitklassigen amerikanischen Hypothekenprodukten spüren. Daher werden in dieser Arbeit das Finanzaufsichtssystem in Deutschland und die Zusammenarbeit der Mitgliedsstaaten der EU im Bereich der Finanzaufsicht untersucht. Die Entwicklung des deutschen bzw. europäischen Finanzaufsichtssystems kann deswegen als gutes Vorbild dienen. Da die Finanzprodukte oft weltweit verkauft werden und die bisherigen Finanzkrisen deswegen häufig auch grenzüberschreitend auftraten, werden im Rahmen dieser Untersuchung Vorschläge unterbreitet, wie man das Finanzaufsichtssystem auf internationaler Ebene koordinieren kann und wie der Finanzdienstleistungsverkehr erleichtert werden kann.

13 Der Exekutiv-Yuan ist das höchste administrative Organ der Regierung Taiwans und ist mit einen Kabinett vergleichbar. Politische Rahmenbedingungen auf Taiwan siehe *Georg Prinz Zur Lippe,* Die Entwicklung des taiwanesischen Agrarsektors in den Jahren 1975 - 1985, Diss. TU München, 1991, S. 32-36.

14 Vgl. *Jörn-Carsten Gottwald*, Regulierung der Finanzmärkte in der EU, 2011, S. 21-22; *Lukas Morscher*, Die Regulierung der schweizerischen Finanzmärkte, 1992, S. 6.

Das Ziel der Untersuchung besteht zum einen in der Darstellung der einzelnen Regelungen der Finanzaufsicht in Deutschland, der EU und in Taiwan. In deren Zentrum stehen Maßnahmen gegenüber in Not geratenen Finanzinstituten. Zum anderen geht es um die Rechtsvergleichung zwischen deutschen und taiwanschen Finanzaufsichtssystemen. Hierbei sollen auch die Vor- und Nachteile der beiden Systeme aufgezeigt werden. Wegen der Globalisierung der Wirtschaft ist es nötig, dass die Staaten bei der Wirtschafts- und Finanzverwaltung miteinander kooperieren. In dieser Arbeit werden folgende Fragen im Vordergrund stehen:

- Was ist der Grund für die Notwendigkeit der Finanzaufsicht?
- Wie wird ein gutes Finanzaufsichtssystem errichtet?
- Aus welchen Organen besteht die BaFin? Welche Kompetenzen und Pflichten hat sie?
- Welche Rechtsform stellt die BaFin dar? Was ist eine öffentlich-rechtliche Anstalt?
- Wie lässt sich die Effizienz der Aufsicht steigern?
- Wie kann die Aufsichtsbehörde durch die Finanzaufsicht finanzielle Missstände verringern oder vermeiden?
- Sollte übertriebenes Konkurrenzverhalten von Kreditinstituten verboten werden?
- Wie sollte die Aufsichtsbehörde schnell und umfassend auf eine bevorstehende Finanzkrise reagieren?
- Welcher Maßnahmen und Instrumente kann sich die Aufsichtsbehörde bedienen?
- Wo liegen die Grenzen der Finanzaufsicht?
- Wie reibungslos funktioniert die Finanzaufsicht bei der Zusammenarbeit zwischen der BaFin und der Deutschen Bundesbank (im Folgenden kurz als Bundesbank bezeichnet)?
- Wie kann die Zusammenarbeit der nationalen Aufsichtsbehörden in der EU sowie auch in aller Welt gestärkt werden?
- In welche Schwierigkeiten kommt der Finanzmarkt in Taiwan, die sich von denen in der EU unterscheiden?

§ 3 Gang der Untersuchung

In dieser Untersuchung geht es um die Finanzaufsicht in Deutschland, in der EU und in Taiwan. Am Anfang steht die Einführung. Dabei werden der Problemaufriss dargestellt und die entscheidenden Begriffe voneinander abgegrenzt.

Im zweiten Teil wird das Finanzaufsichtssystem in Deutschland untersucht. Im § 2 wird die Rechtsgrundlage der Finanzaufsicht erläutert. Schließlich werden Rechtsverordnungen und Richtlinien, die zum Zwecke eines reibungslosen Ablaufs der Finanzaufsicht vonnöten sind, dargestellt. Im Anschluss daran wird der Finanzaufsichtsträger in Deutschland beschrieben (2. Teil § 3). Als erstes ist auf die Errichtung und die Organe der BaFin einzugehen. Im nächsten Schritt wird die Zusammenarbeit mit der Bundesbank analysiert. Darüber hinaus ist die Frage wesentlich, welche Rolle der Europäischen Zentralbank in der europäischen Finanzaufsicht zukommt, und wie die Europäische Zentralbank (im Folgenden als „EZB" bezeichnet) mit der BaFin zusammenarbeitet. Im nächsten Schritt wird die Koordinierung der Mitgliedsstaaten der EU im Bereich der Finanzaufsicht festgestellt. Am Schluss dieses Teils wird eine neue europäische Finanzaufsichtsstruktur dargestellt.

Im dritten Teil wird über das Finanzaufsichtssystem in Taiwan gesprochen. Zuerst wird die geschichtliche Entwicklung des Finanzaufsichtssystems beschrieben. Es liegt eine Wandlung vor – von der konservativen Politik zur Liberalisierung. Danach werden die Rechtsgrundlagen der Finanzaufsicht und die Finanzaufsichtsträger vorgestellt und hierbei die Zusammenarbeit der jeweiligen Verwaltungsbehörden diskutiert.

Im vierten Teil werden Maßnahmen gegenüber in Not geratenen Finanzinstituten in Deutschland und Taiwan diskutiert. Die wesentlichen Ereignisse auf den beiden Finanzmärkten infolge der Finanzkrise werden zuerst beschrieben. Im Anschluss daran werden die Maßnahmen erläutert. Eine Zusammenfassung im fünften Teil schließt die Arbeit ab. Darin werden die Maßnahmen und Instrumente in beiden Ländern miteinander verglichen. Am Schluss erfolgt eine Zusammenfassung mit Rechtsvergleich und einem Ausblick bzw. einem Rating-Mechanismus sowie eine mögliche Harmonisierung der Finanzaufsicht auf internationaler Ebene dargestellt.

§ 4. Umfang der Untersuchung und Abgrenzung der Begriffe

A. Aus der öffentlich-rechtlichen Sicht

Das Bankwesen spielt in der Gesellschaft eine wichtige Rolle. Jeder hat irgendeine Beziehung zum Bankwesen, z.B. durch Einlagen, Überweisungen, Bezahlungen, Darlehen usw. Banken sind Unternehmen, die Geld- und Kreditgeschäfte betreiben und den Zahlungsverkehr vermitteln[15]. Man vertraut den Banken Geld an. Die Banken verfügen über das Geld in Form von Krediten. Die Banken können nicht nur eigenes Kapital, sondern auch fremdes Kapital verwenden. Im Vergleich zu anderen Unternehmen kann ein Mehrfaches ihres Eigenkapitals der Bank zur Verfügung gestellt werden. Wenn die Bonität der Bank in Frage steht, könnte die Gesamtwirtschaft eines Staats empfindlich und hart getroffen werden. Weil die Finanzinstitute besondere wirtschaftliche und soziale Verantwortung tragen, müssen sie vom Staat durch spezielle Vorschriften reguliert werden[16].

Abbildung 1: Trigonale Beziehungen

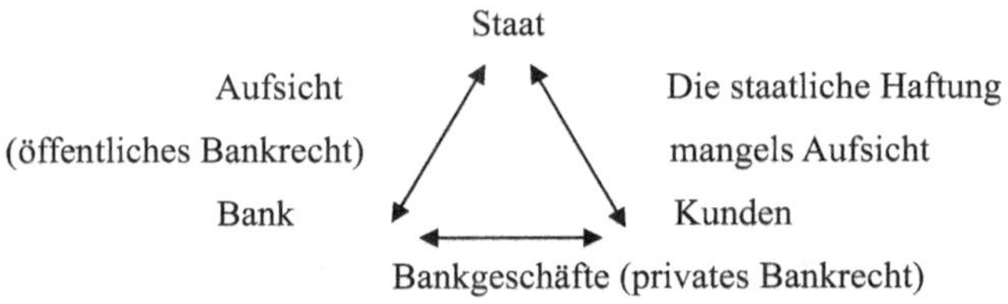

Man kann die rechtlichen Beziehungen zwischen Banken, Kunden und dem Staat unter drei Aspekten betrachten. Im Bankrecht gibt es zwei Teile. Einerseits kann man die Beziehung zwischen Kunden und Banken beobachten, die durch das private Bankrecht geregelt wird. Andererseits wird das Bankwesen vom Staat dahingehend überwacht, ob das Betreiben einer Bank innerhalb rechtlicher Bahnen verläuft. Dies fällt in den Bereich des öffentlichen Bankrechts[17]. Letzt-

15 Die Definition aus dem Duden-Deutschen Universalwörterbuch; vgl. *Burghof/Rudolph*, Bankenaufsicht, 1996, S. 2.

16 Vgl. *Burghof/Rudolph*, Bankenaufsicht, 1996, S. 17.

17 *Wittig*, in: *Siegfried Kümpel*, Bank- und Kapitalmarktrecht, 2011, Rn. 1.3; *Karahan*, in: *Albrecht/Karahan/Lenenbach*, FA Bank- und KapitalmarktR, 2010, § 1 Rn. 35.

lich ist es fraglich, ob der Staat wegen mangelhafter Bankenaufsicht für den Schaden der Anleger die Haftung tragen muss[18]. Diese Dissertation geht von der Finanzaufsicht aus und die Ausführungen beschränken sich auf die öffentlich-rechtliche Sicht.

B. Abgrenzung von Aufsicht und die Synonyme

Der Begriff der Aufsicht wird in den deutschen Gesetzen mehrfach verwendet, wird aber gesetzlich nicht definiert[19]. In sprachlicher Hinsicht versteht man „Aufsicht" als „das Achten darauf, dass bestimmte Vorschriften eingehalten werden, dass nichts passiert"[20]. Unter dem wirtschaftswissenschaftlichen Aspekt wird der Begriff der Aufsicht als „Überwachung der Verwaltung durch eine übergeordnete Behörde"[21] definiert. Die Aufsicht kann sowohl die Gesetzmäßigkeit als auch die Zweckmäßigkeit der überprüften Verwaltungshandlungen erfassen[22]. Sie bedeutet von oben herab etwas zweckgerichtet zu beobachten. Eine gesetzliche Definition kann aber nur im einzelnen Fall herausgegriffen werden[23]. „Aufsicht" wird im Rechtsleben von *Hübner*[24] wie folgt definiert: „Aufsicht ist eine beobachtende hoheitliche Tätigkeit mit dem Zweck, das eigenverantwortliche Handeln anderer Rechtspersönlichkeiten an einem Rechtmaß zu messen und gegebenenfalls daran auszurichten und zu erhalten. Umfang und Grenzen sind den individuellen gesetzlichen Regelungen zu entnehmen." *Pieper* hat die Aufsicht als „eine Form staatlicher Verhaltenssteuerung" bezeichnet und sie in den weiten Bereich der staatlichen Kontrolle gestellt[25]. Dabei wird die

---

18 Wenn die Finanzprodukte aus dem Ausland kommen, stellt sich die Frage, ob das Herkunftsland dafür auch verantwortlich ist und wie man dieses in Anspruch nehmen kann, um seinen Schaden ersetzt zu bekommen. In Deutschland wird eine Staatshaftung für fehlerhafte Bankenaufsicht durch § 4 Abs. 4 FinDAG ausgeschlossen. Siehe *Denise Alessandra Bauer*, Ein Organisationsmodell zur Regulierung der Rating-Agenturen, 2009, S. 172-173; *Michael Träm*, Bankenaufsicht, 2006, S. 29; *Jens-Hinrich Binder,* WM 38/2005, S. 1781 ff.; *Ulrich Häde,* EuZW 2005, S. 39; *Bernd Rohlfing,* WM 7/2005, S. 319; *Hubert Meyer,* NVwZ 7/2003, S. 818; *Jörg Geerlings,* BKR 22/2003, S.890.

19 Z. B. § 2 Abs.4, Abs. 5, Abs. 7, § 2c Abs. 1a, § 6 KWG; *Stefan Ulrich Pieper*, Aufsicht, 2006, S. 131.

20 Die Definition aus dem Duden-Deutschen Universalwörterbuch.

21 Dr. Gablers Wirtschafts-Lexikon, 1975, S. 335 „Aufsicht"; *Wolfgang Kahl*, Die Staatsaufsicht, 2000, S. 353.

22 Dr. Gablers Wirtschafts-Lexikon, 1975, S. 335 „Aufsicht".

23 *Klaus Hübner*, Die Befugnisse der Fachaufsicht im KWG, 1966, S. 4.

24 *Klaus Hübner*, Die Befugnisse der Fachaufsicht im KWG, 1966, S. 8.

25 *Stefan Ulrich Pieper*, Aufsicht, 2006, S. 2 und S. 143.

Aufsicht von der vollziehenden Gewalt wahrgenommen und ist an Beobachtung, Korrektur und bestimmte Maßstäbe gebunden ist[26].

Die Begriffe Finanzregulierung und -aufsicht werden im de-Larosière-Bericht unterschieden. Regulierung beziehe sich eher auf die Gesamtheit, dagegen sei Aufsicht, Einzelne zu kontrollieren. Allerdings wird auch eingeräumt, dass der Unterschied zwischen Regulierung und Aufsicht in der Praxis nicht ganz voneinander getrennt werden kann[27].

Die Begriffe Kontrolle, Steuerung, Überwachung und Aufsicht werden oft synonym verwendet[28]. Im Kreditwesengesetz und den anderen einschlägigen Gesetzen werden die synonymen Begriffe gemischt benutzt. Aus den Erwägungen der Aufgaben und der Bezeichnung der zuständigen Organisation in Deutschland wird „Aufsicht" in dieser Arbeit als Oberbegriff bezeichnet[29]. Übrigens sollten die staatliche Aufsicht und die Selbstregulierung auf den Finanzmarkt gemeinsam einwirken. Die beiden ergänzen sich im Idealfall gegenseitig[30].

26 *Stefan Ulrich Pieper*, Aufsicht, 2006, S. 145-150.

27 Vgl. Nr. 38) im de-Larosière-Bericht; zum Begriff der Regulierung siehe *Doreen Scholz,* Selbst- und Fremdregulierung von Wertpapierbörsen, 2009, S. 7; *Müller-Graff,* Finanzmarktkrise und Wirtschaftsordnungsrecht, EWS 2009, S. 204. Bankenregulierung und – aufsicht wurden gleichzeitig verwendet, siehe *Rolf-E. Breuer,* Regulierung und Bankenaufsicht zwischen Nationalstaat und globalem Finanzmarkt, Deutsche Bank Research 29.06.2000 Nr.86, S. 1. Im Vergleich dazu wurden beide Begriffe unterschiedlich dargestellt: *Natalia Kohtamäki*, 2012, S. 7-9.

28 *Peter Badura*, Wirtschaftsverfassung und Wirtschaftsverwaltung, 2011, Rn. 205; *Wolfgang Kahl*, Die Staatsaufsicht, 2000, S. 349-350, 355 und 402ff.; *Rolf Gröschner*, Das Überwachungsrechtsverhältnis, 1992, S. 46 und 119; *Hanspeter Kaspar,* Überwachung und Aufsicht von Allfinanzkonzernen, Diss. 2000, S. 51.

29 Im Gegensatz dazu verwendet Kaspar die Überwachung i.e.S. als Oberbegriff. Vgl. *Hanspeter Kaspar,* Überwachung und Aufsicht von Allfinanzkonzernen, 2000, S. 52.

30 Vgl. Nr. 52) im de-Larosière-Bericht; *Gösta Christian Makowski*, Kartellrechtliche Grenzen der Selbstregulierung, 2007, S. 19-20; *Stefan Ulrich Pieper*, Aufsicht, 2006, S. 77; *Burghof/Rudolph*, Bankenaufsicht, 1996, S. 36 und S. 38. Definition der Selbstregulierung siehe *Denise Alessandra Bauer*, 2009, S. 132 ff.; *Malte Richter,* Die Verwendung von Ratings zur Regulierung des Kapitalmarkts, 2008, S. 205-207; *Jens-Hinrich Binder*, Bankeninsolvenzen im Spannungsfeld zwischen Bankaufsichts- und Insolvenzrecht, 2005, S. 43.

C. Finanzaufsicht

Im Prinzip unterliegt die private wirtschaftliche Beschäftigung den Grundsätzen der Privatautonomie und der Vertragsfreiheit[31]. Aber aus Gründen des öffentlichen Interesses werden bestimmte Grundrechte beschränkt, d.h. bestimmte wirtschaftliche Betätigungen werden vom Staat beaufsichtigt, um die überwiegenden öffentlichen Interessen sicherzustellen. Verständlicherweise soll die Finanzaufsicht dem Grundsatz der Verhältnismäßigkeit folgen[32]. Mit dem Begriff der Finanzaufsicht wird die Zuordnung der allgemeinen Wirtschaftsaufsicht zu einer besonderen Form der Gewerbeaufsicht erfasst[33]. Als Finanzaufsicht bezeichnet man in Bezug auf die öffentlich-rechtlichen Aufsichtsregeln diejenige über die Kreditinstitute. Finanzaufsicht ist definiert als „die durch staatliche Stellen ausgeübte spezielle Beaufsichtigung von Kreditinstituten und Finanzdienstleistungsinstituten[34].“ Das Ziel der Finanzaufsicht richtet sich auf das Verhindern des allgemeinen Zusammenbruchs des Finanzsystems[35]. Unter Finanzaufsicht soll somit die staatliche Wirtschaftsaufsicht über Unternehmen verstanden werden[36].

---

31 *Peter Badura*, Wirtschaftsverfassung und Wirtschaftsverwaltung, 2011, Rn. 3, 8-10; *Christian Starck*, in: v. *Mangoldt/Klein/Starck*, 2005, Art. 2 GG, Rn. 145; *Horst Dreier*, in: *Dreier* (Hrsg.), 2004, Art. 2 GG Rn. 38; *Di Fabio*, in: *Maunz/Dürig*, 2001, Art. 2 Abs. 1 GG Rn. 101.

32 Vgl. *Lothar Hirschberg*, der Grundsatz der Verhältnismäßigkeit, 1981. Verhältnismäßigkeit der staatlichen Maßnahmen siehe *Schwennicke/Auerbach*, KWG Kommentar, 2009, § 45 KWG Rn. 22, § 46 KWG Rn. 17; *Fischer*, in: *Boos/Fischer/Schulte-Mattler*, KWG Kommentar, 2008, § 36 KWG Rn. 4-4a, § 44 KWG Rn. 42, § 44c KWG Rn. 19; *Denise Alessandra Bauer*, Ein Organisationsmodell zur Regulierung der Rating-Agenturen, 2009, S. 126-127.

33 *Peter Badura*, Wirtschaftsverfassung und Wirtschaftsverwaltung, 2011, Rn. 209; *Hans Christian Röhl*, in: *Fehling/Ruffert* (Hrsg.), 2010, § 18 Rn. 32; *Peter M. Huber*, Überwachung, in: *Hoffmann-Riem/Schmidt-Aßmann/Vosskuhle* (Hrsg.), GVwR III, 2009, § 45, Rn. 47; *Brocker*, in: *Derleder/Knops/Bamberger*, 2009, § 65 Rn. 1; *Schäfer*, in: *Boos/Fischer/Schulte-Mattler*, 2008, § 6 KWG Rn. 1-2; *Ruthig/Storr*, Öffentliches Wirtschaftsrecht, 2008, Rn. 21; *Rolf Stober*, Deutsches und Internationales Wirtschaftsrecht, 2012, Rn. 1417; *Rolf Stober*, Besonderes Wirtschaftsverwaltungsrecht, 2004, S. 8; *Wolfgang Kahl*, Die Staatsaufsicht, 2000, S. 378-380; *Rolf Gröschner*, Das Überwachungsrechtsverhältnis, 1992, S. 52; *Heinz Mösbauer*, Staatsaufsicht über die Wirtschaft, 1990, S. 245-247; *Reiter/Geerlings*, Die Reform der Bankenaufsicht, DÖV 2002, S. 563f.

34 *Fischer*, in: *Schimansky/Bunte/Lwowski*, Bankrechts-Handbuch, 2011, § 125 Rn. 1.

35 *Werner Heun*, Finanzaufsicht im Wandel, JZ 5/2012 S. 236-237.

36 *Dirk Matzke*, in Oehler/Terstege (Hrsg.), FS Bitz, 2008 S. 161.

In der Regel wird die Aufsicht über Kreditinstitute als Bankenaufsicht bezeichnet[37]. Eine Tendenz zeichnet sich aber ab, dass Bankgeschäfte und Finanzdienstleistungen aus einer Hand angeboten werden. Wenn alle Teilbereiche des Finanzgeschäfts von der Finanzaufsicht abgedeckt werden, umfasst Allfinanzaufsicht Bankenaufsicht, Versicherungsaufsicht und Wertpapieraufsicht[38]. Die Allfinanzaufsicht richtet sich auf private Finanzinstitute. Aber die Bestimmungen haben auch für die öffentlichen Finanzinstitute Geltung[39]. Unter Berücksichtigung der sektorenübergreifenden Geschäfte der Kreditinstitute wird in dieser Untersuchung statt des engen Begriffs Bankenaufsicht derjenige der Finanzaufsicht verwendet. Aber sie erfasst meist nicht nur die privaten Kreditinstitute, sondern auch öffentlich-rechtliche Kreditinstitute wie Sparkassen und Kreditgenossenschaften[40].

---

37 Die Bankenaufsicht im engeren Sinne siehe *Kümpel/Hammen/Ekkenga,* Kapitalmarktrecht, Band 2, 2011, Kennz. 700 Rn. 2; *Stefan Ulrich Pieper*, Aufsicht, 2006, S. 35-36, S. 160-162; *Gerke/Steiner,* Handwörterbuch des Bank- und Finanzwesens, 2001, S. 217; *Bernhard Speyer,* Internationalisierung von Bankgeschäft und Bankenaufsicht, 2002, S. 73 ff., abrufbar unter: http://www.dbresearch.de/PROD/DBR_INTERNET_DE-PROD/PROD0000000000037017/Internationalisierung+von+Bankgesch%C3%A4ft+und+Bankenaufsicht.pdf.

38 Vgl. *Schwirten,* in: *Boos/Fischer/Schulte-Mattler*, 2008, § 1 FinDAG Rn. 8 ff. Die Ziele von Solvenzaufsicht (Gesetz über das Kreditwesen, Versicherungsaufsichtgesetz), Produktaufsicht (Bausparkassengesetz, Kapitalanlagegesellschaftengesetz) und Marktaufsicht(Wertpapierhandelsgesetz) lassen sich in einem integrierten Aufsichtskonzept zusammenschließen. Die organisatorische und sektorenspezifische Trennung in verschiedenen Aufsichtsbehörden wird verzichtet. Zum Begriff Allfinanzaufsicht siehe *Seyfried,* in: *Siegfried Kümpel*, Bank- und Kapitalmarktrecht, 2011, Rn. 3.11; *Petra Buck-Heeb*, Kapitalmarktrecht, 2011, S. 283; *Martin Lembke*, Eine Aufsichtsbehörde für den europäischen Kapitalmarkt, 2010, S. 32-33; *Lukas Morscher*, Die Regulierung der schweizerischen Finanzmärkte, 1992, S. 9-10; *Jürgen Bürkle,* Auswirkungen der Unternehmensaufsicht nach dem KWG auf organisatorische Pflichten von Versicherungsunternehmen, WM 2005, S. 1501; *Markus Lenenbach*, Kapitalmarktrecht und kapitalmarktrelevantes Gesellschaftsrecht, RWS, 2010, Rn. 15.2 und 15.6; *Hans-Otto Hagemeister,* Die neue Bundesanstalt für Finanzdienstleistungsaufsicht, WM 2002, S. 1774.

39 Z.B. § 52 KWG die staatliche Sonderaufsicht über öffentlich-rechtlichen Sparkassen und die Landesbanken. „Soweit Institute einer anderen staatlichen Aufsicht unterliegen, bleibt diese neben der Aufsicht der Bundesanstalt bestehen". Vgl. *Hans Christian Röhl,* in: *Fehling/Ruffert* (Hrsg.), 2010, § 18 Rn. 82-85. Ähnlich in § 139 Abs. 1 BWG Taiwans „The provisions of this Act shall also apply to those Banks or financial institutions established under other laws, unless such laws provide otherwise".

40 *Wolfgang Kahl*, Die Staatsaufsicht, 2000, S. 380-381.

D. Gegenstand der Untersuchung

In dieser Untersuchung umfasst die Finanzaufsicht nach Angaben der zuständigen Behörde jedoch das Kreditwesen, Versicherungsunternehmen und Wertpapierfirmen. Zwar wurden im deutschen Gesetz über das Kreditwesen für Kreditinstitute und Finanzdienstleistungsinstitute Begriffsbestimmungen festgelegt[41], und auch in den Richtlinien der Europäischen Union wird Finanzinstitut definiert[42]. Jedoch im Art. 2 des Vorschlags für eine Verordnung des Europäischen Parlaments und des Rates über die gemeinschaftliche Finanzaufsicht auf Makroebene und zur Einsetzung eines Europäischen Ausschusses für Systemrisiken[43] gibt es eine andere Begriffsbestimmung: „Finanzinstitut" ist jedes Unternehmen, dessen Haupttätigkeit in der Hereinnahme von Einlagen, der Vergabe von Krediten, der Erbringung von Versicherungs- oder sonstigen Finanzdienstleistungen für Kunden oder Mitglieder oder in Finanzanlage- oder -handelsgeschäften für eigene Rechnung besteht. Art. 2 in der Verordnung (EU) Nr. 1092/2010[44] hat auch eine Begriffsbestimmung vorgeschrieben, dass der Ausdruck des Finanzinstituts im Sinne dieser Verordnung bezeichnet „jedes Unternehmen, das in den Anwendungsbereich der in Artikel 1 Absatz 2 der Verordnung (EU) Nr. 1093/2010[45], der Verordnung (EU) Nr. 1094/2010[46] und der Verordnung (EU) Nr.

---

41 § 1 Abs. 1. und 1a. KWG; In Art. 1 erster Gedankenstrich der Ersten Richtlinie 77/780/EWG wurde Kreditinstitut definiert. Vgl. *Kümpel/Hammen/Ekkenga,* Kapitalmarktrecht, Band 2, 2011, Kennz. 700 Rn. 19 und 32; *Schmeisser*, Zum Wandel der Finanzdienstleistungsmärkte, 2008, S. 1; *Hans E. Büschgen*, Bankbetriebslehre, 1993, S. 13.

42 Art. 1 Nr. 6 89/646/EWG „Finanzinstitut: ein Unternehmen, das kein Kreditinstitut ist und dessen Haupttätigkeit darin besteht, Beteiligungen zu erwerben oder eines oder mehrere der Geschäfte zu betreiben, die unter den Ziffern 2 bis 12 der im Anhang enthaltenen Liste aufgeführt sind."; gleiche Definition sieht im Art. 1 zweiter Gedankenstrich 92/30/EWG, im Art. 1 Nr. 5 2000/12/EG und im Art. 4 Nr. 5 2006/48/EG. Vgl. *Hans E. Büschgen*, Bankbetriebslehre, 1993, S. 15.

43 KOM(2009) 499 endg. vom 23.09.2009.

44 Verordnung (EU) Nr. 1092/2010 des Europäischen Parlaments und des Rates vom 24. November 2010 über die Finanzaufsicht der Europäischen Union auf Makroebene und zur Errichtung eines Europäischen Ausschusses für Systemrisiken, ABl. L 331/1.

45 Art. 4 in der Verordnung (EU) Nr. 1093/2010 des Europäischen Parlaments und des Rates vom 24. November 2010 zur Errichtung einer Europäischen Aufsichtsbehörde (Europäische Bankenaufsichtsbehörde), zur Änderung des Beschlusses Nr. 716/2009/EG und zur Aufhebung des Beschlusses 2009/78/EG der Kommission hat vorgeschrieben, dass Kreditinstitute im Sinne von Art. 4 Abs. 1 der Richtlinie 2006/48/EG, Wertpapierfirmen im Sinne von Art. 3 Abs. 1 Buchstabe b der Richtlinie 2006/49/EG sowie Finanzkonglomerate im Sinne von Art. 2 Abs. 14 der Richtlinie 2002/87/EG; bezüglich der Richtlinie 2005/60/EG bezeichnet der Ausdruck „Finanzinstitute" Kreditinstitute und Finanzinstitute im Sinne von Art. 3 Abs. 1 und Abs. 2 der genannten Richtlinie zum Begriff der Finanzinstitute im Sinne

1095/2010[47] genannten Rechtsvorschriften der Union fällt, sowie jedes Unternehmen oder jede Einrichtung in der Union, dessen bzw. deren Haupttätigkeit ähnlicher Natur ist".

In vorliegender Arbeit sind alle Finanzinstitute gemeint, wenn im Text nicht näher beschrieben. Die Arbeit wird sich überwiegend auf Kreditinstitute, Finanzdienstleistungsinstitute, Finanzinstitute, Versicherungsunternehmen, Wertpapierfirmen, Finanz-Holdinggesellschaften[48] und sonstige zugelassene oder beaufsichtigte Finanzinstitute beziehen. Gegenstand der vorliegenden Untersuchung ist das Finanzaufsichtsrecht in Deutschland und Taiwan aus rechtsvergleichender Sicht.

---

dieser Verordnung bezeichnet.

46 Verordnung (EU) Nr. 1094/2010 des Europäischen Parlaments und des Rates vom 24. November 2010 zur Errichtung einer Europäischen Aufsichtsbehörde (Europäische Aufsichtsbehörde für das Versicherungswesen und die betriebliche Altersversorgung), zur Änderung des Beschlusses Nr. 716/2009/EG und zur Aufhebung des Beschlusses 2009/79/EG der Kommission, ABl. L 331/48.

47 Verordnung (EU) Nr. 1095/2010 des Europäischen Parlaments und des Rates vom 24. November 2010 zur Errichtung einer Europäischen Aufsichtsbehörde (Europäische Wertpapier- und Marktaufsichtsbehörde), zur Änderung des Beschlusses Nr. 716/2009/EG und zur Aufhebung des Beschlusses 2009/77/EG der Kommission, ABl. L 331/84.

48 „Finanz-Holdinggesellschaft ist ein Finanzinstitut, dessen Tochterunternehmen ausschließlich oder hauptsächlich Kreditinstitute oder andere Finanzinstitute sind und wenn mindestens ein Tochterunternehmen ein Kreditinstitut ist."; Art. 1 dritter Gedankenstrich 92/30/EWG; Art. 1 Nr. 21 2000/12/EG; Art. 4 Nr. 19 2006/48/EG.

2. Teil: Das Finanzaufsichtssystem in Deutschland und der EU

§ 1 Überblick

Aufgrund der Wirtschaftsglobalisierung und der damit verbundenen Internationalisierung der Kreditinstitute wird es immer wichtiger, dass die europäischen Vorgaben in den deutschen Gesetzen umgesetzt und EU-Richtlinien über die Finanzaufsicht in die deutschen Gesetze eingeführt werden. In diesem Teil werden zuerst die Rechtsgrundlagen der Finanzaufsicht erläutert. Diese bestehen auf der europäischen und der deutschen Ebene. Anzumerken ist, dass der Finanzmarkt in Deutschland nicht nur von deutschen Gesetzen geregelt wird, sondern auch von europäischen Vorgaben stark beeinflusst wird. Anschließend werden die Finanzaufsichtsträger in Deutschland dargestellt. Die BaFin übernimmt die Aufgabe der Finanzaufsicht. Dabei spielt die Zusammenarbeit zwischen der BaFin und der Bundesbank eine wichtige Rolle. Außerdem soll wegen der Entwicklung des europäischen Binnenmarkts auch die Koordinierung der Mitgliedsstaaten miteinander beachtet werden. Am Schluss dieses Kapitels werden die Vorschläge für eine neue europäische Finanzaufsichtsstruktur dargestellt.

§ 2 Die Rechtsgrundlagen der Finanzaufsicht

A. Auf europäischer Ebene

I. Vertrag über die Arbeitsweise der Europäischen Union[49]

Seit den Verträgen von Maastricht, Amsterdam bis Nizza wurde ein freier Waren-, Personen-, Dienstleistungs- und Kapitalverkehr zwischen den Mitgliedsstaaten zur Verwirklichung eines freien gemeinsamen Binnenmarkts ermöglicht[50]. Die von den Bestimmungen der Verträge gewährleisteten Grundfreihei-

---

49 Der Vertrag über die Arbeitsweise der Europäischen Union wird im Folgenden als „AEUV“ bezeichnet. ABl. C 83/47 vom 30.03.2010.

50 Art. 3 Abs. 1 lit. c EGV „einen Binnenmarkt, der durch die Beseitigung der Hindernisse für den freien Waren-, Personen-, Dienstleistungs- und Kapitalverkehr zwischen den Mitglied-

ten sind in Warenverkehrsfreiheit, Niederlassungsfreiheit, Dienstleistungsfreiheit, Kapital- und Zahlungsverkehrsfreiheit und Personenfreizügigkeit einzuteilen[51]. Zur Integration der Finanzmärkte in Europa sind die Niederlassungsfreiheit, die Dienstleistungsfreiheit und die Kapitalverkehrsfreiheit für den Bereich des grenzüberschreitenden Finanzgeschäfts besonders wichtig[52]. Durch die Niederlassungsfreiheit können natürliche und juristische Personen in einem anderen Mitgliedsstaat als ihrem Heimatstaat eine dauernde selbstständige Tätigkeit zu den gleichen Bedingungen wie Inländer ausüben, ähnlich wie bei der Dienstleistungsfreiheit, bei der grenzüberschreitende Dienstleistungen frei erbracht werden können[53]. Um die Niederlassungsfreiheit und die Dienstleistungsfreiheit zu verwirklichen, müssen entweder die unterschiedlichen Zulassungsbedingungen in den EU-Mitgliedsstaaten gemäß europäischen Richtlinien harmonisiert werden oder das Prinzip der gegenseitigen Anerkennung (Europäischer Pass[54]) von Mitgliedsstaaten angewandt werden.

Zwar unterstehen die Finanzdienstleistungen auch dem Dienstleistungsverkehr, aber sie sind auch eng mit dem freien Kapitalverkehr verknüpft. Das steht in den Bestimmungen des EG-Vertrags[55]: „Die Liberalisierung der mit dem Kapitalverkehr verbundenen Dienstleistungen der Banken und Versicherungen wird im Einklang mit der Liberalisierung des Kapitalverkehrs durchgeführt"[56]. Am

---

staaten gekennzeichnet ist" hat im Wesentlichen durch die Art. 3 bis 6 AEUV ersetzt. Um den Binnenmarkt zu verwirklichen in Art. 26 Abs. 2 AEUV (ex-Art. 14 EGV) siehe *Bast,* in: *Grabitz/Hilf/Nettesheim*, 2011, Art. 26 AEUV Rn. 12-16; *Geiger/Khan/Kotzur*, EUV, AEUV, 2010, Art. 26 AEUV Rn. 4; *Rolf Stober*, Allgemeines Wirtschaftsverwaltungsrecht, 2006, S. 42; *Peter M. Huber*, Recht der Europäischen Integration, 2002, S. 264, Rn. 29; *Natalia Kohtamäki*, 2012, S. 34-36.

51 Art. 28 bis 37 und 45 bis 75 AEUV (ex-Art. 23 bis 31 und 39 bis 60 EGV); vgl. *Steffen Detterbeck*, Öffentliches Recht, 2011, Rn. 1183 ff.; *Streinz*, Europarecht, 2012, Rn. 784.

52 Vgl. *Ulrich Hübner*, in: *Dauses* (Hrsg.), Handbuch des EU-Wirtschaftsrechts, 2011, A. I. E. IV. Banken- und Versicherungsrecht, Rd. 5; *Hirte/Heinrich,* in: *Derleder/Knops/Bamberger*, 2009, § 73 Rn.6; *Ohler*, in: *Derleder/Knops/Bamberger*, 2009, § 76 Rn.4 ff.; *Hahn/Rößler,* Grenzüberschreitende Bankdienstleistungen in der EU, 2009, S. 19-22; *Hahn/Wild,* Grenzüberschreitende Bankdienstleistungen in der EU, EuZW 2006, S. 110.

53 *Stephan Hobe,* Europarecht, 2010, § 17 Rn. 174; *Streinz*, Europarecht, 2012, Rn. 908.

54 Näher dazu im zweiten Teil § 2 Sub. A II Nr. 3.

55 Konsolidierte Fassung von EGV i.d.F. von Nizza abgedruckt in ABl. 2002 C 325/1.

56 Art. 58 Abs. 2 AEUV (ex-Art. 51 Abs. 2 EGV) und Art. 63 AEUV (ex-Art. 56 EGV) sind wichtige Grundlage für Dienstleistungen der Banken und Versicherungen. Siehe *Geiger/Khan/Kotzur*, 2010, Art. 58 AEUV Rn.3; *Reifner,* in: *Derleder/Knops/Bamberger*, 2009, § 72 Rn. 2; § 76 Rn. 4; *Holoubek,* in: *Schwarze*, EU-Kommentar, 2009, Art. 51 EGV Rn. 4; *Glaesner*, in: *Schwarze*, Art. 56 EGV Rn. 47; *Podlesak/Paunovic,* Europäisches und natio-

12.12.2006 wurde die EU-Dienstleistungsrichtlinie vom Europäischen Parlament und vom Rat der Europäischen Union als „Richtlinie über Dienstleistungen am Binnenmarkt 2006/123/EG" erlassen und zum 28.12.2006 in Kraft gesetzt. Diese Richtlinie gilt für Dienstleistungen, die von einem in einem Mitgliedsstaat niedergelassenen Dienstleistungserbringer angeboten werden. Jedoch hat die Dienstleistungsrichtlinie den Anwendungsbereich beschränkt. So berührt diese Richtlinie nicht die Finanzdienstleistungen wie Bankdienstleistungen und Dienstleistungen im Zusammenhang mit einer Kreditgewährung, Versicherung und Rückversicherung, betrieblicher oder individueller Altersversorgung, Wertpapieren, Geldanlagen, Zahlungen, Anlageberatung, einschließlich der in Anhang I der Richtlinie 2006/48/EG aufgeführten Dienstleistungen[57]. Finanzdienstleistungen sind aus dem Anwendungsbereich dieser Richtlinie ausgeschlossen, weil diese Tätigkeiten von besonderen Gemeinschaftsrechtsvorschriften geregelt werden. Unten werden die besonderen Richtlinien, die auf Finanzdienstleistungen abzielen, dargestellt. Im Bereich der Finanzdienstleistungen beziehen sich die Vorschriften der Niederlassungsfreiheit und der Dienstleistungsfreiheit auf das Prinzip der gegenseitigen Anerkennung. Das heißt auch, dass Finanzinstitute, die in einem Mitgliedsstaat der Europäischen Union die Genehmigung bekommen, in anderen Mitgliedsstaaten Niederlassungen gründen und Dienstleistungen anbieten können[58].

II. Richtlinien

Um das Ziel eines einheitlichen Binnenmarktes in Europa zu erreichen, hat die Europäische Gemeinschaft zahlreiche Richtlinien erlassen. Davon stehen die Richtlinien zur Konsolidierung und zur Koordinierung des finanziellen aufsichtsrechtlichen Verfahrens in der Europäischen Union im Zentrum der Finanzaufsicht. Diese Richtlinien gewinnen erheblichen Einfluss auf das Bank- und Kapitalmarktrecht der Mitgliedsstaaten und wurden auch in deutsches Bankrecht umgesetzt[59]. Im Folgenden werden die wesentlichen Richtlinien dargestellt.

---

nales Bankrecht in den neuen EU- Mitgliedsstaaten, WiRO 3/2005, S. 68. Vgl. *Randelzhofer/Forsthoff*, in: *Grabitz/Hilf/Nettesheim*, 2011, Art. 58 AEUV Rn. 6 „ Die Vorschrift des Art. 58 Abs. 2 AEUV ist mittlerweile obsolet. Die Dienstleistungsfreiheit ist für Dienstleistungen der Banken und Versicherungen unmittelbar wirksam."

57 Art. 2 der Richtlinie 2006/123/EG des Europäischen Parlaments und des Rates vom 12.12.2006 über Dienstleistungen im Binnenmarkt. Siehe auch Erwägungsgrund 18 der Richtlinie. *Stephan Hobe*, Europarecht, 2010, § 18 Rn. 239.

58 *Ohler*, in: *Derleder/Knops/Bamberger*, 2009, § 76 Rn. 33; *Klaus-Dieter Borchardt*, Die rechtlichen Grundlagen der Europäischen Union, 2006, S. 349.

59 *Wittig*, in: *Siegfried Kümpel*, Bank- und Kapitalmarktrecht, 2011, Rn. 1.59; *Dieter*

1. Erste Bankrechtskoordinierungsrichtlinie[60]

Die Erste Bankrechtskoordinierungsrichtlinie ist ein erster einheitlicher europäischer Standard für den Bereich der Bankenaufsicht. Sie schrieb die Zusammenarbeit und den Informationsaustausch zwischen den Mitgliedsstaaten über die Aufnahme und Ausübung der Tätigkeit der Kreditinstitute vor. Das hauptsächliche Ziel dieser Richtlinie war es, „die Unterschiede unter den Rechts- und Verwaltungsvorschriften der Mitgliedstaaten zu beseitigen" und dadurch „die Aufnahme und Ausübung der Tätigkeit der Kreditinstitute [zu] erleichtern"[61]. Das Wichtigste ist, dass das Konzessionsprinzip festgeschrieben wurde. Fast alle europarechtlichen Vorgaben der ersten Bankrechtskoordinierungsrichtlinie waren im Kreditwesengesetz von Deutschland (KWG) bereits verwirklicht, so dass sich für das KWG aus der ersten Bankrechtskoordinierungsrichtlinie nur geringer Umsetzungsbedarf ergab[62].

2. Erste Konsolidierungsrichtlinie[63]

Die erste Konsolidierungsrichtlinie hat ein bankaufsichtliches Konsolidierungsverfahren eingeführt, womit die Mehrfachausnutzung des haftenden Eigenkapitals über Tochterunternehmen vermieden wird, und die internationale Zusammenarbeit der Bankaufsichtsbehörde verbessert wurde. Das führte auch zu der dritten KWG-Novelle, die zum 01.01.1985 in Kraft getreten war, bei der etwa die Hälfte der KWG-Bestimmungen geändert oder neu eingeführt wurde[64].

Krimphove, Gesetzgebung im europäischen Bank- und Kapitalmarktrecht, EuR 2007 S. 597; BT-Drs. 16/13349, 15.06.2009.

60 Erste Richtlinie des Rates vom 12.12.1977 zur Koordinierung der Rechts- und Verwaltungsvorschriften über die Aufnahme und Ausübung der Tätigkeit der Kreditinstitute (77/780/EWG), ABl. Nr. L 322/30.

61 Siehe Erwägungsgrund der RL 77/780/EWG.

62 *Ulrich Hübner*, in: *Dauses* (Hrsg.), 2011, A. I. E. IV. Banken- und Versicherungsrecht, Rd. 7-10; *Hirte/Heinrich,* in: *Derleder/Knops/Bamberger*, 2009, § 73 Rn. 14-16; *Fischer,* in: *Boos/Fischer/Schulte-Mattler*, 2008, KWG Einf. Rn. 25.

63 Richtlinie des Rates vom 13. Juni 1983 über die Beaufsichtigung der Kreditinstitute auf konsolidierter Basis (83/350/EWG), ABl. Nr. L 193/18.

64 *Hirte/Heinrich,* in: *Derleder/Knops/Bamberger*, 2009, § 73 Rn. 18; *Fischer,* in: *Boos/Fischer/Schulte-Mattler*, 2008, KWG Einf. Rn. 26-28.

3. Zweite Bankrechtskoordinierungsrichtlinie[65] - Europäischer Pass

Mit der Zweiten Bankrechtskoordinierungsrichtlinie wurde der Grundsatz der Heimatlandkontrolle/Heimatlandaufsicht festgelegt. Eine Zweigniederlassung eines Kreditinstituts kann in anderen Mitgliedsstaaten Dienstleistungen erbringen, ohne eine weitere Zulassung in den Gastländern beantragen zu müssen. Die zuständigen Behörden des Herkunftsmitgliedsstaats haben noch die Befugnisse der Aufsicht über diese Kreditinstitute inne. Dieses Konzept wird in der Literatur als „Europäischer Pass" bezeichnet[66], der die Voraussetzung für eine Harmonisierung zahlreicher bankaufsichtlicher Bestimmungen bildete. Hierfür musste die Zusammenarbeit der nationalen Bankaufsichtsbehörden verstärkt werden, um das grenzüberschreitende Engagement von Kreditinstituten zu überwachen. Dies hatte die vierte KWG-Novelle zum 01.01.1993 zum Ziel[67].

4. Zweite Konsolidierungsrichtlinie[68] und die Großkreditrichtlinie[69]

Die Zweite Konsolidierungsrichtlinie erstreckte sich auf die Beaufsichtigung auf konsolidierter Basis, die auf alle Bankengruppen angewendet wird, auch auf Unternehmen, deren Mutterunternehmen kein Kreditinstitut ist. Die Großkreditrichtlinie regelt besonders die Überwachung und Kontrolle der Großkredite von Kreditinstituten. Mit der Fünften KWG-Novelle wurden diese beiden Richtli-

---

65 Zweite Richtlinie des Rates vom 15.12.1989 zur Koordinierung der Rechts- und Verwaltungsvorschriften über die Aufnahme und Ausübung der Tätigkeit der Kreditinstitute und zur Änderung der Richtlinie 77/780/EWG (89/646/EWG), ABl. Nr. L 386/1; vgl. *Fischer,* in: *Boos/Fischer/Schulte-Mattler*, 2008, KWG Einf. Rn. 29-31; § 24a KWG Rn. 1-3; *Hahn /Wild,* EuZW 2006, S. 108.

66 Vgl. *Schelm,* in: *Siegfried Kümpel*, Bank- und Kapitalmarktrecht, 2011, Rn. 2.119-121; *Ulrich Hübner*, in: *Dauses* (Hrsg.), 2011, A. I. E. IV. Banken- und Versicherungsrecht, Rd. 13; *Hirte/Heinrich,* in: *Derleder/Knops/Bamberger*, 2009, § 73 Rn. 22-24, § 76 Rn. 33; *Hahn/Rößler,* 2009, S. 24; *Ruthig/Storr*, 2008, Rn. 543; *Mathias Hanten,* Aufsichtsrechtliche Erlaubnispflicht bei grenzüberschreitenden Bankgeschäften und Finanzdienstleistungen, WM 2003, S. 1415; *Gunnar Schuster/Jens-Hinrich Binder,* Die Sitzverlegung von Finanzdienstleistern innerhalb der Europäischen Gemeinschaft, WM 34/2004, S. 1667.

67 § 53b Abs. 1 KWG; *Vahldiek,* in: *Boos/Fischer/Schulte-Mattler*, 2008, § 53b KWG, Rn. 1.

68 Richtlinie 92/30/EWG des Rates über die Beaufsichtigung von Kreditinstituten auf konsolidierter Basis vom 06.04.1992, ABl. Nr. L 110/52; *Hirte/Heinrich,* in: *Derleder/Knops/Bamberger*, 2009, § 73 Rn. 33; *Fischer,* in: *Boos/Fischer/Schulte-Mattler*, 2008, KWG Einf. Rn. 32.

69 Richtlinie 92/121/EWG des Rates über die Überwachung und Kontrolle der Großkredite von Kreditinstituten vom 21.12.1992, ABl. Nr. L 29/1; *Hirte/Heinrich,* in: *Derleder/Knops/Bamberger*, 2009, § 73 Rn. 34; *Fischer,* in: *Boos/Fischer/Schulte-Mattler*, 2008, KWG Einf. Rn. 32.

nien umgesetzt. Durch die Umsetzung unterstehen alle Finanzinstitute in Deutschland dem Bankenaufsichtsrecht[70].

5. Die Wertpapierdienstleistungs[71]- und die Kapitaladäquanzrichtlinie[72]

Mit der Wertpapierdienstleistungsrichtlinie gelten diese Grundsätze der Heimatlandkontrolle und des Europäischen Passes auch für sämtliche Wertpapierfirmen, die in der Zweiten Bankrechtskoordinierungsrichtlinie festgesetzt wurden. Sie gelten teilweise auch für Kreditinstitute, die Wertpapierdienstleistungen erbringen[73]. In der Kapitaladäquanzrichtlinie wurden im Jahre 1993 die Vorschriften für die Eigenmittel von Wertpapierfirmen und die Höhe des Anfangskapitals der Wertpapierfirmen festgelegt. Danach wurde die Kapitaladäquanzrichtlinie mehrfach geändert. Zur genauen Klärung wurde eine Neufassung der Kapitaladäquanzrichtlinie im Juni 2006 vorgelegt[74]. Die Wertpapierdienstleistungsrichtlinie und die Kapitaladäquanzrichtlinie führten zu der umfassendsten Neustrukturierung des deutschen Bankenaufsichtsrechts. Die sechste KWG-Novelle und das Dritte Finanzmarktförderungsgesetz veränderten nicht nur die Bestimmungen des KWG, sondern auch das wertpapierrechtliche Umfeld.

6. Die Einlagensicherungsrichtlinie[75]

Im Jahr 1986 hat die Kommission vorgeschlagen, ein einheitliches Einlagensicherungssystem in der Gemeinschaft einzuführen[76]. Bis 1994 wurde die Einla-

---

70 *Rodolf,* in: *Kümpel*, Bank- und Kapitalmarktrecht, Köln 2004, Rn.19.37; Rn. 19.42.

71 Richtlinie 93/22/EWG des Rates über Wertpapierdienstleistungen vom 10. Mai 1993, ABl. Nr. L 141/27; *Hirte/Heinrich,* in: *Derleder/Knops/Bamberger*, 2009, § 73 Rn. 36.

72 Richtlinie 93/6/EWG des Rates über die angemessene Eigenkapitalausstattung von Wertpapierfirmen und Kreditinstituten vom 15. März 1993, ABl. Nr. L 141/1; *Hirte/Heinrich,* in: *Derleder/Knops/Bamberger*, 2009, § 73 Rn. 37.

73 *Hirte/Heinrich,* in: *Derleder/Knops/Bamberger*, 2009, § 73 Rn. 36.

74 Richtlinie 2006/49/EG des Europäischen Parlaments und des Rates vom 14. Juni 2006 über die angemessene Eigenkapitalausstattung von Wertpapierfirmen und Kreditinstituten (Neufassung).

75 Richtlinie 94/19/EG des Europäischen Parlaments und des Rates vom 30.05.1994 über Einlagensicherungssysteme, ABl. Nr. L 135/5; vgl. *Bunte,* in: *Schimansky/Bunte/Lwowski*, Bankrechts-Handbuch, 2011, § 25 Rn. 6; *Fischer,* in: *Schimansky/Bunte/Lwowski,* 2011, § 133 Rn. 44; *Hirte/Heinrich,* in: *Derleder/Knops/Bamberger*, 2009, § 73 Rn. 41-43; *Hahn/Rößler,* 2009, S. 117; *Fischer,* in: *Boos/Fischer/Schulte-Mattler*, 2008, KWG Einf. Rn. 37.

76 Empfehlung 87/63/EWG der Kommission vom 22.12.1986 zur Einführung von Einlagensicherungssystemen in der Gemeinschaft, ABl. Nr. L 33/16. *Sauer/Witteman,* in: *As-*

gensicherungsrichtlinie erlassen, die vorgeschrieben hat, dass alle Mitgliedstaaten ein Einlagensicherungssystem errichten müssen. Die Erlaubnis zum Betreiben des Einlagengeschäftes beruht dabei auf der Voraussetzung der Teilnahme an einem solchen Einlagensicherungssystem. Das Mindestdeckungsniveau wird auf 20.000 EURO festgelegt[77]. Sie wurde von den Mitgliedsstaaten bis zum 01.07.1995 in nationale Gesetzgebung umgesetzt[78]. In Jahr 2009 ist das Einlagensicherungs- und Anlegerentschädigungsgesetz[79] in Deutschland wegen der Novellierung der Einlagensicherungsrichtlinie geändert worden und am 30.06.2009 in Kraft getreten[80].

7. BCCI-Richtlinie[81]

Nachdem die BCCI-Gruppe im Juli 1990 zusammengebrochen war, hat der Europäische Gesetzgeber dazu angehalten, die Überwachung der Geschäftstätigkeit von Kreditinstituten zu verstärken. Infolgedessen wurde die BCCI-Richtlinie am 29. Juni 1995 erlassen, die die Struktur und Beaufsichtigung von Finanzunternehmen wesentlich verändert hat. Die Richtlinie garantiert eine größere Transparenz bei der Bankenaufsicht und fördert den grenzüberschreitenden Informationsaustausch zwischen den Aufsichtsbehörden der Mitgliedsstaaten[82].

---

sies/Beule/Heise/Stube, FA-BKR, 2010, Kap. 1 Rn. 119.

77 Art. 7 der Einlagensicherungsrichtlinie. Seit dem 31.12.2010 beträgt diese Grenze 100.000 Euro. *Sauer/Witteman,* in: *Assies/Beule/Heise/Stube*, FA-BKR, 2010, Kap. 1 Rn. 122.

78 Vgl. *Thmos Podlesak/Biljana Paunovic,* WiRO 3/2005, S. 67.

79 Gesetz zur Änderung des Einlagensicherungs- und Anlegerentschädigungsgesetzes und anderer Gesetze vom 25.06.2009, BGBl. I S. 1528.

80 Vgl. *Schelm,* in: *Siegfried Kümpel*, Bank- und Kapitalmarktrecht, 2011, Rn. 2.252; *Ulrich Hübner*, in: *Dauses* (Hrsg.), 2011, A. I. E. IV. Banken- und Versicherungsrecht, Rn. 33-35; *Sauer/Witteman,* in: *Assies/Beule/Heise/Stube*, FA-BKR, 2010, Kap. 1 Rn. 17; *Hahn/Rößler,* 2009, S. 121; *Dieter Krimphove*, Gesetzgebung im europäischen Bank- und Kapitalmarktrecht, EuR 2007 S.606-607.

81 Richtlinie 95/26/EG des Europäischen Parlaments und des Rates vom 29.Juni 1995 zur Änderung der Richtlinien 77/780/EWG und 89/646/EWG betreffend Kreditinstitute, der Richtlinien 73/239/EWG und 92/49/EWG betreffend Schadenversicherungen, der Richtlinien 79/267/EWG und 92/96/EWG betreffend Lebensversicherungen, der Richtlinie 93/22/EWG betreffend Wertpapierfirmen sowie der Richtlinie 85/611/EWG betreffend bestimmte Organismen für gemeinsame Anlagen in Wertpapieren (OGAW) zwecks verstärkter Beaufsichtigung dieser Finanzunternehmen, ABl. Nr. L 168/7. Vgl. *Ulrich Hübner*, in: *Dauses* (Hrsg.), 2011, A. I. E.IV. Banken- und Versicherungsrecht, Rd. 21; *Hirte/Heinrich,* in: *Derleder/Knops/Bamberger*, 2009, § 73 Rn. 45; *Fischer,* in: *Boos/Fischer/Schulte-Mattler*, 2008, KWG Einf. Rn.39.

82 *Krimphove*, EuR 2007 S. 608.

8. Weitere Rechtsetzungsinitiativen

Der europäische Gesetzgeber hat kontinuierlich die Richtlinie über die Aufnahme und Ausübung der Tätigkeit der Kreditinstitute erlassen und geändert. Durch das bankaufsichtsrechtliche Änderungspaket[83] können die Mitgliedsstaaten mit den zuständigen Behörden von Drittländern oder mit bestimmten anderen Behörden oder Stellen dieser Länder Kooperationsvereinbarungen zum Informationsaustausch treffen. Unter die Bankrechtsrichtlinie[84] hat das Europäische Parlament die Erste und die Zweite Bankrechtskoordinierungsrichtlinie, die Eigenmittel- und Solvabilitätsrichtlinie, die Konsolidierungsrichtlinie und die Großkreditrichtlinie sowie die zwölf Änderungsrichtlinien subsumiert. Damit wurden die Regelungen im Bereich des Bankrechts konsolidiert und überschaubar[85]. Die Europäische Kommission hat im Jahr 1999 den Aktionsplan für Finanzdienstleistungen eingeführt und bis 2004 erste Fortschritte erzielt. Danach hat die Europäische Kommission weitere Untersuchungen zur Bewertung des Aktionsplans für Finanzdienstleistungen (Financial Services Action Plan, FSAP[86]) begonnen. Für die aktuelle Gesetzgebung im Bereich des Bankensektors ist die Eigenkapitalrichtlinie[87] relevant, die aus der Bankrechtsrichtlinie (Neufassung)[88] und der Kapitaladäquanzrichtlinie (Neufassung)[89] besteht. Dadurch wurden auch die Anforderungen von Basel II (der Baseler Ausschuss für Bankenaufsicht)

83 Richtlinie 98/33/EG des Europäischen Parlaments und des Rates vom 22. Juni 1998 zur Änderung des Artikels 12 der Richtlinie 77/780/EWG des Rates über die Aufnahme und Ausübung der Tätigkeit der Kreditinstitute, der Artikel 2, 5, 6, 7 und 8 sowie der Anhänge II und III der Richtlinie 89/647/EWG des Rates über einen Solvabilitätskoeffizienten für Kreditinstitute und des Artikels 2 sowie des Anhangs II der Richtlinie 93/6/EWG des Rates über die angemessene Eigenkapitalausstattung von Wertpapierfirmen und Kreditinstituten.

84 Richtlinie 2000/12/EG des Europäischen Parlaments und des Rates vom 20. März 2000 über die Aufnahme und Ausübung der Tätigkeit der Kreditinstitute, ABl. Nr. L 126/1.

85 Siehe auch Erwägungsgrund 1 der RL 2000/12/EG; *Hirte/Heinrich,* in: *Derleder/Knops/Bamberger*, 2009, § 73 Rn. 50.

86 *Jörn-Carsten Gottwald*, 2011, S. 106 ff.; *Sauer/Witteman,* in: *Assies/Beule/Heise/Stube*, FA-BKR, 2010, Kap. 1 Rn. 82; *Martin Lembke*, Eine Aufsichtsbehörde für den europäischen Kapitalmarkt, 2010, S. 60-62; *Natalia Kohtamäki*, 2012, S. 39-40; Der Aktionsplan für Finanzdienstleistungen ist abrufbar unter: http://ec.europa.eu/internal_market/finances/actionplan/index_de.htm#actionplan.

87 Abrufbar unter: http://ec.europa.eu/internal_market/bank/legislation/index_de.htm.

88 Richtlinie 2006/48/EG des Europäischen Parlaments und des Rates vom 14.06.2006 über die Aufnahme und Ausübung der Tätigkeit der Kreditinstitute (Neufassung), ABl. Nr. L 177/1.

89 Richtlinie 2006/49/EG des Europäischen Parlaments und des Rates vom 14.06.2006 über die angemessene Eigenkapitalausstattung von Wertpapierfirmen und Kreditinstituten (Neufassung), ABl. Nr. L 177/201.

über die Mindesteigenkapitalanforderungen in verbindliches Recht umgesetzt[90]. Vor allem hat die Bankrechtsrichtlinie 2006/48/EG die zahlreiche in den vergangenen Jahren erlassenen Richtlinien zusammengefasst und ist heute die wichtigste Bestimmung des europäischen Bankaufsichtsrechts[91].

B. Auf deutscher Ebene

Hinsichtlich des europäischen Finanzbinnenmarkts sind die einschlägigen Gesetze in Deutschland maßgeblich von der europäischen Gesetzgebung beeinflusst. Die zentrale Rechtsgrundlage im Bereich der Finanzaufsicht in Deutschland ist das Gesetz über das Kreditwesen (KWG). Die bisherigen KWG-Novellen folgten der europäischen Richtlinie.

I. KWG

Im Laufe der deutschen Geschichte der Bankenaufsicht wurden private Banken und öffentlich-rechtliche Sparkassen unterschiedlich reguliert. Zwar wurde nach der deutschen Wirtschaftskrise von 1931 eine allgemeine Bankenaufsicht eingeführt[92]. Aber bis nach dem Zweiten Weltkrieg gab es noch keine zentrale Bankenaufsicht. Die Landesminister bis 1962 nahmen laut Art. 83 GG die Aufgaben der Bankenaufsicht für die Kreditinstitute wahr. Es gab einen verfassungsrechtlichen Streit um die Einrichtung einer bundeseinheitlichen Aufsichtbehörde für die Kreditinstitute. 1962 hat das Bundesverfassungsgericht in seiner Entscheidung erklärt, dass das Gesetz über das Kreditwesen mit dem Grundgesetz vereinbar ist[93]. Somit ist die wichtigste gesetzliche Grundlage der Bankenaufsicht in Deutschland -- das Gesetz über das Kreditwesen (KWG) -- am 1. Januar 1962 in Kraft getreten. Alle Kreditinstitute in Deutschland werden von diesem Gesetz geregelt. Und das Bundesaufsichtsamt für das Kreditwesen (BAKred) wurde als

90 *Natalia Kohtamäki*, 2012, S. 57-58.

91 Vgl. *Schelm*, in: *Siegfried Kümpel*, Bank- und Kapitalmarktrecht, 2011, Rn. 2.182; *Klaus Peter Follak*, in: Dauses (Hrsg.), 2011, A. I. F. II. Kapital- und Zahlungsverkehr, Rn. 26-27; *Sauer/Witteman*, in: *Assies/Beule/Heise/Stube*, FA-BKR, 2010, Kap. 1 Rn. 103-104; *Hahn/Rößler*, 2009, S. 27-28; *Natalia Kohtamäki*, 2012, S. 55 und 58; *Jens-Hinrich Binder*, Die Auswirkungen der Basel II-Umsetzung auf die aufsichtsrechtlichen Eingriffskompetenzen nach dem Kreditwesengesetz, WM 45/2006, S. 2119.

92 Vgl. *Fischer*, in: *Boos/Fischer/Schulte-Mattler*, 2008, KWG Einf. Rn. 4; *Dirk Matzke*, FS Bitz, S. 173; *Lotte Frach*, Finanzmarktregulierung in Deutschland, 2010, S. 56.

93 BVerfGE 14, 197 ff.; *Haug*, in: *Schimansky/Bunte/Lwowski*, Bankrechts-Handbuch, 2011, § 123 Rn. 94-95; *Fischer*, in: *Boos/Fischer/Schulte-Mattler*, 2008, KWG Einf. Rn. 11; *Ulrich Häde*, Bankenaufsicht und Grundgesetz, JZ 2001, S. 106 ff.

zentrale Bankaufsichtsbehörde eingerichtet. Seitdem wurde das KWG noch mehrmals überarbeitet. An den KWG-Novellen kann man die Entwicklung der deutschen Bankenaufsicht sehen.

Tabelle 1 zeigt die Gründe und die wesentliche Neuerungen der KWG-Novellen. Die KWG-Novellen dienten im Wesentlichen der Umsetzung der europäischen Richtlinien[94]. Inzwischen sind die europäischen Richtlinien den Anforderungen der Baseler Rahmenvereinbarungen (Basel I und Basel II) gefolgt. Dadurch wurden die deutschen aufsichtsrechtlichen Vorschriften strenger und internationaler.

Tabelle 1: Die KWG-Novellen

KWG-Novelle	Erwägungsgrund	Wesentliche Neuerungen
1. KWG-Novelle (1971)		Nur wenige Punkte wurden geändert[95].
2. KWG-Novelle (01.05.1976)	Zusammenbruch des Kölner Bankhauses Herstatt	Verschärfung der Großkreditregeln, die Erweiterung der Prüfungs- und Eingriffsbefugnisse des BAKred und Einführung des Vier-Augen-Prinzips[96].
3. KWG-Novelle (01.01.1985)	Umsetzung der Erste Konsolidierungsrichtlinie (13.06.1983)	Einführung eines bankaufsichtlichen Konsolidierungsverfahrens[97].
4. KWG-Novelle (21.12.1992)	Umsetzung von "Basel I" Umsetzung der Zweiten Bankrechtskoordinierungsrichtlinie (15.12.1989)	Mindestkapitalisierung mit 8%, der Grundsatz der Heimatlandkontrolle - Europäischer Pass[98].
5. KWG-Novelle (28.12.1994)	Umsetzung der Zweiten Konsolidierungsrichtlinie und der Großkreditrichtlinie (1992)	Neuregelung und Erweiterung des bankaufsichtlichen Konsolidierungsverfahrens[99].

94 *Volker Schlette*, Grundlinien des Kreditwirtschaftsrechts nach der 6. KWG-Novelle, JuS 2001, S. 1152.
95 *Fischer*, in: *Boos/Fischer/Schulte-Mattler*, 2008, KWG Einf. Rn. 16.
96 *Fischer*, in: *Boos/Fischer/Schulte-Mattler*, 2008, KWG Einf. Rn. 17-19.
97 *Fischer*, in: *Boos/Fischer/Schulte-Mattler*, 2008, KWG Einf. Rn. 26-28.
98 *Fischer*, in: *Boos/Fischer/Schulte-Mattler*, 2008, KWG Einf. Rn. 29-31.
99 *Fischer*, in: *Boos/Fischer/Schulte-Mattler*, 2008, KWG Einf. Rn. 32-32 a.

KWG-Novelle	Erwägungsgrund	Wesentliche Neuerungen
6. KWG-Novelle Kreditinstitute und Finanzdienstleistungsinstitute (01.01.1998)	Umsetzung der Wertpapierdienstleistungs-, der Kapitaladäquanz- und der BCCI-Richtlinie	Umfassendste Neustrukturierung des deutschen Bankenaufsichtsrechts[100].
7. KWG-Novelle (01.01.2007)	Umsetzung von Basel II	Drei Säulen: Mindestkapitalanforderungen, bankaufsichtlicher Überprüfungsprozess und erweiterte Offenlegung[101].
8. KWG-Novelle (01.08.2009)	Ein Teil des Maßnahmepakets zur Stabilisierung der Finanzmärkte am 13. Oktober 2008	Festsetzung höherer Eigenmittel- und Liquiditätsanforderungen, die Pflicht zur Anzeige von Risikokonzentrationen bei Gruppen, die Verschärfung der qualitativen Anforderungen an die Mitglieder von Kontrollgremien[102].
9. KWG-Novelle (31.12.2010)	Umsetzung der Richtlinien 2009/44/EG	Einheitliche Regelungen für die Anerkennung von hybriden Kapitalbestandteilen als Kernkapital, Begriffsbestimmungen für Verbriefungen sowie eine Verschärfung der Offenlegungsanforderungen, Änderungen der Vorschriften bei Großkrediten, Stärkung der Zusammenarbeit der nationalen Aufsichtbehörden im europäischen Wirtschaftsraum[103].
10. KWG-Novelle (01.01.2012)	Umsetzung der Richtlinie 2010/78/EU	Im Hinblick auf die Errichtung des Europäischen Finanzaufsichtssystems.[104]

100 *Fischer,* in: *Boos/Fischer/Schulte-Mattler*, 2008, KWG Einf. Rn. 39-43.
101 *Fischer,* in: *Boos/Fischer/Schulte-Mattler*, 2008, KWG Einf. Rn. 60 c.
102 Gesetz zur Stärkung der Finanzmarkt vom 29.07.2009, BGBl. I S. 2305; Entwurf und Begründung des Gesetzes, BT-Drs. 16/12783, 27.04.2009.
103 Gesetz zur Umsetzung der geänderten Bankenrichtlinie und der geänderten Kapitaladäquanzrichtlinie vom 19.11.2010, BGBl. I S. 1592; Entwurf und Begründung des Gesetzes, BT-Drs. 17/1720, 17.05.2010.
104 Gesetz zur Umsetzung der Richtlinie 2010/78/EU vom 24. November 2010 im Hinblick auf die Errichtung des Europäischen Finanzaufsichtssystems vom 04.12.2011, BGBl. I S. 2427; Entwurf und Begründung des Gesetzes, BT-Drs. 17/6255, 22.06.2011.

II. Einschlägige Gesetze

Die Hauptgesetzesgrundlage für die Finanzaufsicht ist im KWG bestimmt. Neben dem KWG sind das Gesetz über die Bundesanstalt für Finanzdienstleistungsaufsicht (Finanzdienstleistungsaufsichtsgesetz - FinDAG)[105] und das Gesetz über die Deutsche Bundesbank[106] auch die wichtigsten Rechtsquellen im Aufsichtsbereich. Allerdings gibt es noch viele andere einschlägige spezielle Vorschriften, durch die Kreditinstitute und Finanzmärkte geregelt sind. Die Anwendung des Gesetzes im Einzelfall richtet sich danach, in welchem Umfang welche Interessen durch die Regelung tangiert sind. So bestehen beispielsweise zur Versicherungsaufsicht das Gesetz über die Beaufsichtigung der Versicherungsunternehmen (Versicherungsaufsichtsgesetz - VAG) [107] als wichtige Rechtsgrundlage. Im Bereich der Wertpapieraufsicht beaufsichtigt die BaFin auf der Grundlage des Gesetzes über den Wertpapierhandel (Wertpapierhandelsgesetz - WpHG)[108], des Wertpapiererwerbs- und Übernahmegesetzes (WpÜG)[109], des Wertpapierprospektgesetzes (WpPG)[110] und des Wertpapier-Verkaufsprospektgesetzes (VerkProspG)[111] und des Investmentgesetzes (InvG)[112]. Und auch das Gesetz über Bausparkassen[113], Pfandbriefgesetz (ehemals Hypothekenbank-

105 BGBl. 2002 I S. 1310.

106 Gesetz über die Deutsche Bundesbank vom 26.07.1957, BGBl. I S. 745; Gesetz über die Deutsche Bundesbank in der Fassung der Bekanntmachung vom 22. Oktober 1992 (BGBl. I S. 1782), das zuletzt durch Artikel 9 des Gesetzes vom 22. Dezember 2011 (BGBl. I S. 2959) geändert worden ist.

107 Versicherungsaufsichtsgesetz in der Fassung der Bekanntmachung vom 17. Dezember 1992 (BGBl. 1993 I S. 2), das durch Artikel 4 des Gesetzes vom 13. Februar 2013 (BGBl. I S. 174) geändert worden ist.

108 Wertpapierhandelsgesetz in der Fassung der Bekanntmachung vom 9. September 1998 (BGBl. I S. 2708), das zuletzt durch Artikel 10 Absatz 1 des Gesetzes vom 13. Februar 2013 (BGBl. I S. 174) geändert worden ist.

109 Wertpapiererwerbs- und Übernahmegesetz vom 20. Dezember 2001 (BGBl. I S. 3822), das zuletzt durch Artikel 2c des Gesetzes vom 28. November 2012 (BGBl. I S. 2369) geändert worden ist.

110 Wertpapierprospektgesetz vom 22. Juni 2005 (BGBl. I S. 1698), das zuletzt durch Artikel 1 des Gesetzes vom 26. Juni 2012 (BGBl. I S. 1375) geändert worden ist.

111 BGBl. 1990 I S. 2749. Das war am 1. Januar 1991 in Kraft getreten und wurde zum 31. Mai 2012 aufgehoben (BGBl. 2011 I, S. 2481, 2491).

112 Investmentgesetz vom 15. Dezember 2003 (BGBl. I S. 2676), das durch Artikel 5 des Gesetzes vom 13. Februar 2013 (BGBl. I S. 174) geändert worden ist.

113 Gesetz über Bausparkassen in der Fassung der Bekanntmachung vom 15. Februar 1991 (BGBl. I S. 454), das zuletzt durch Artikel 3 des Gesetzes vom 29. Juli 2008 (BGBl. I S. 1509) geändert worden ist.

gesetz)[114], Einlagensicherungs- und Anlegerentschädigungsgesetz (EAEG)[115] dienen der BaFin als Rechtsgrundlage.

III. Rechtsverordnungen und Richtlinien oder Satzungen

Um die Überwachung der Kredit- und Finanzdienstleistungsinstitute durchzuführen, können das Bundesministerium für Finanzen (BMF) und die BaFin nach Ermächtigung Rechtsverordnungen und Richtlinien erlassen[116]. Beispiele sind die Aufsichtsrichtlinie[117], Solvabilitätsverordnung[118], Großkredit- und Millionenkreditverordnung[119], Liquiditätsverordnung[120], Anzeigenverordnung[121].

114 Pfandbriefgesetz vom 22. Mai 2005 (BGBl. I S. 1373), das durch Artikel 10 Absatz 3 des Gesetzes vom 13. Februar 2013 (BGBl. I S. 174) geändert worden ist. Hypothekenbankgesetz wurde zum 19. Juli 2005 aufgehoben (BGBl. I S. 1373, 1392).

115 Einlagensicherungs- und Anlegerentschädigungsgesetz vom 16. Juli 1998 (BGBl. I S. 1842), das zuletzt durch Artikel 13 des Gesetzes vom 9. Dezember 2010 (BGBl. I S. 1900) geändert worden ist.

116 *Haug*, in: *Schimansky/Bunte/Lwowski*, Bankrechts-Handbuch, 2011, § 123 Rn. 90.

117 Richtlinie zur Durchführung und Qualitätssicherung der laufenden Überwachung der Kredit- und Finanzdienstleistungsinstitute durch die Deutsche Bundesbank gemäß § 7 Abs. 2 KWG in der Fassung der Bekanntmachung vom 21.02.2008. *Sauer/Witteman*, in: *Assies/Beule/Heise/Stube*, FA-BKR, 2010, Kap. 1 Rn. 298.

118 Verordnung über die angemessene Eigenmittelausstattung von Instituten, Institutsgruppen und Finanzholding-Gruppen (Solvabilitätsverordnung - SolvV) vom 14.12.2006, BGBl. I S. 2926, die zuletzt geändert vom 05.10.2010, BGBl. I S. 1330.

119 Verordnung über die Erfassung, Bemessung, Gewichtung und Anzeige von Krediten im Bereich der Großkredit- und Millionenkreditvorschriften des Kreditwesengesetzes (Großkredit- und Millionenkreditverordnung - GroMiKV) vom 14.12.2006, BGBl. I S. 3065, die zuletzt geändert vom 05.10.2010, BGBl. I S. 1330.

120 Verordnung über die Liquidität der Institute (Liquiditätsverordnung - LiqV) vom 14.12.2006, BGBl. I S. 3117.

121 Verordnung über die Anzeigen und die Vorlage von Unterlagen nach dem Gesetz über das Kreditwesen (Anzeigenverordnung - AnzV) vom 19.12.2006, BGBl. I S. 3245.

§ 3 Finanzaufsichtsträger

A. Die historische Entwicklung der organisatorischen Form der Finanzaufsicht in Deutschland

Nach dem Zweiten Weltkrieg ist das Reichswirtschaftsministerium weggefallen. Bis 1962 gab es keine zentrale staatliche Bankaufsichtsbehörde in Deutschland. Damals wurden die Aufgaben der Bankenaufsicht meistens von den jeweiligen Ländern selbst wahrgenommen[122]. Im Jahr 1961 wurde das Gesetz über das Kreditwesen erlassen. Damit wurde eine bundeseinheitliche Aufsicht über die Kreditinstitute errichtet. Es war jedoch strittig, ob das Gesetz über das Kreditwesen verfassungswidrig ist. Danach hat das Bundesverfassungsgericht die Entscheidung getroffen, dass die Errichtung des Bundesaufsichtsamtes für das Kreditwesen (BAKred) durch § 5 KWG als selbständige Bundesoberbehörde nicht gegen Art. 87 Abs. 3 Satz 1 GG verstößt und das Gesetz über das Kreditwesen vom 10.06.1961 verfassungskonform ist. [123] Seit 1962 hat das Bundesaufsichtsamt für das Kreditwesen in Zusammenarbeit mit der Bundesbank die Aufgabe der Bankenaufsicht hinsichtlich des Trägers der Aufsichtsgewalt ohne verfassungsrechtliche Bedenken erfüllt.

B. Die Bundesanstalt für Finanzdienstleistungsaufsicht (BaFin)

Infolge der zunehmenden Integration des Finanzmarkts kommt einer zuständigen Aufsichtsbehörde für Allfinanzaufsicht besondere Bedeutung zu. Eine Bundesanstalt für Finanzdienstleistungsaufsicht in Deutschland wurde infolgedessen errichtet. Damit gehen die Solvenzaufsicht, Produktaufsicht und Marktaufsicht in einer kompletten Aufsichtsstruktur auf[124].

---

122 *Fischer,* in: *Boos/Fischer/Schulte-Mattler*, 2008, KWG Einf. Rn. 8; *Michael Träm*, Bankenaufsicht, 2006, S. 42; *Hans E. Büschgen*, 1993, S. 173.

123 BVerfGE 14, 197 ff.

124 *Hans Christian Röhl,* in: *Fehling/Ruffert* (Hrsg.), Regulierungsrecht, 2010, § 18 Rn. 12; *Fischer,* in: *Boos/Fischer/Schulte-Mattler*, 2008, KWG Einf. Rn. 48 und 54; *Schwirten,* in: *Boos/Fischer/Schulte-Mattler*, § 1 FinDAG, Rn. 8-14; *Lotte Frach*, 2010, S. 58, 67; *Ruthig/Storr*, 2008, Rn. 188 und 195.

I. Organisation der BaFin

1. Rechtsnatur: Öffentlich-rechtliche Anstalt

Am 1. Mai 2002 wurde die BaFin errichtet. Sie übernahm die Aufgaben der Aufsicht für das Kreditwesen, für das Versicherungswesen und für den Wertpapierhandel[125], die früher von den drei Aufsichtsbehörden (Bundesaufsichtsamt für das Kreditwesen, Bundesaufsichtsamt für das Versicherungswesen und Bundesaufsichtsamt für den Wertpapierhandel[126]) getrennt durchgeführt wurden. Sie ist eine bundesunmittelbare, rechtsfähige Anstalt des öffentlichen Rechts[127]. Sie untersteht der Rechts- und Fachaufsicht des BMF[128] und befindet sich in Bonn und in Frankfurt am Main[129]. Für Klagen gegen die BaFin und in Verfahren nach dem Gesetz über Ordnungswidrigkeiten gilt Frankfurt a.M. als Sitz der Behörde[130].

2. Rechtsgrundlagen der Errichtung

Die BaFin erfüllt die gesetzlichen Aufgaben nach dem KWG. Die Grundlage für die Organisation der BaFin ist das Gesetz über die Bundesanstalt für Finanzdienstleistungsaufsicht (Finanzdienstleistungsaufsichtsgesetz – FinDAG)[131]. Wenn die Aufgaben und Befugnisse der Organe nicht durch die Gesetze geregelt werden, wird das BMF ermächtigt, die Satzung der BaFin durch Rechtsverordnung zu erlassen[132]. Das Gesetz zur Modernisierung der Aufsichtsstruktur der Bundesanstalt für Finanzdienstleistungsaufsicht (Aufsichtsstrukturmodernisierungsgesetz)[133] wurde entworfen und ist am 05. April 2008 in Kraft getreten, das zu Änderungen des FinDAG geführt wurde.

---

125 *Kümpel/Hammen/Ekkenga,* Kapitalmarktrecht, Band 2, Berlin 2011, Kennz. 700 Rn. 2.

126 *Werner Heun,* JZ 5/2012 S. 239.

127 § 1 Abs. 1 FinDAG; *Schwirten,* in: *Boos/Fischer/Schulte-Mattler*, 2008, § 1 FinDAG, Rn. 1-2; *Becker/Peppmeier*, Bankbetriebslehre, 2006, S. 36; *Hans-Otto Hagemeister,* WM 2002, S. 1774.

128 § 2 FinDAG; *Hans Christian Röhl,* in: *Fehling/Ruffert* (Hrsg.), 2010, § 18 Rn. 92; *Schwirten,* in: *Boos/Fischer/Schulte-Mattler*, 2008, § 2 FinDAG, Rn. 1-3.

129 § 1 Abs. 2 FinDAG; *Schwirten,* in: *Boos/Fischer/Schulte-Mattler*, 2008, § 1 FinDAG, Rn. 17.

130 § 1 Abs. 3 FinDAG; *Schwirten,* in: *Boos/Fischer/Schulte-Mattler*, 2008, § 1 FinDAG, Rn. 19-20.

131 FinDAG vom 22.04.2002, BGBl. I S. 1310.

132 § 5 Abs. 2 und 3 FinDAG, Verordnung über die Satzung der Bundesanstalt für Finanzdienstleistungsaufsicht vom 29.04.2002, BGBl. I S. 1499; *Schwirten,* in: *Boos/Fischer/Schulte-Mattler*, 2008, § 5 FinDAG, Rn. 3-4.

133 BGBl. 2008 I S. 493.

3. Organe

Ursprünglich nach der Auflage des FinDAG von 2002 bestanden die bisherigen Organe der BaFin aus dem Präsidenten und dem Verwaltungsrat. Die damalige BaFin wurde vom Präsidenten geleitet. Die Präsidialführungsstruktur der BaFin wurde fünf Jahre ausgeführt und bewertet. Zur Modernisierung der Aufsichtsstruktur hat der Bundestag im Februar 2008 eine Änderung des FinDAG beschlossen, um eine neue organisatorische Führungsstruktur für die BaFin einzuführen bzw. ein neues Direktorium als weiteres Organ hinzuzufügen[134]. Seit April 2008 sind Organe der BaFin das Direktorium, der Präsident(-in) und der Verwaltungsrat. Nach § 6 Abs. 1 FinDAG wird die BaFin nun vom fünfköpfigen Direktorium gesamtverantwortlich geleitet und verwaltet. Das Direktorium besteht aus einem Präsidenten(-in) und vier Exekutivdirektoren(-innen), von denen einer als Vizepräsident(-in) ständiger Vertreter des Präsidenten(-in) ist. Der Verwaltungsrat überwacht die Geschäftsführung der BaFin und unterstützt sie bei der Erfüllung ihrer Aufgaben[135].

Die gesetzlichen Aufgaben der BaFin werden von vier verschiedenen Abteilungen in den Geschäftsbereichen „Querschnittsaufgaben/Innere Verwaltung", „Bankenaufsicht", „Versicherungsaufsicht" und „Wertpapieraufsicht" wahrgenommen, die jeweils von einer Exekutivdirektorin bzw. einem Exekutivdirektor verantwortet werden. Die drei Aufsichtssäulen - Bankenaufsicht, Versicherungsaufsicht und der Bereich Wertpapieraufsicht/Asset-Management sind die wichtigen Tätigkeitsbereiche der BaFin. Des Weiteren übernimmt eine Querschnittsabteilung die sektorübergreifenden Aufgaben „Querschnittsaufgaben/Innere Verwaltung"[136].

---

134 Entwurf eines Gesetzes zur Modernisierung der Aufsichtsstruktur der Bundesanstalt für Finanzdienstleistungsaufsicht (Aufsichtsstrukturmodernisierungsgesetz), BT-Drs. 16/7078, 12.11.2007; die Organe der BaFin nach dem FinDAG a.F. vom 2002 siehe *Fricke, Martin,* Versicherungsaufsicht integriert – Versicherungsaufsicht unter dem Gesetz über die integrierte Finanzdienstleistungsaufsicht, NVersZ 2002, S. 339-340; *Hans-Otto Hagemeister,* WM 2002, S. 1776 ff.

135 § 7 FinDAG; *Schwirten,* in: *Boos/Fischer/Schulte-Mattler*, 2008, § 7 FinDAG, Rn. 1-2; *Martin Lembke*, 2010, S. 33-34; *Johannes Masing/Gérard Marcou*, Unabhängige Regulierungsbehörden, 2010, S. 78-79.

136 Vgl. *Markus Lenenbach*, 2010, Rn. 15.7; Pressemitteilung der BaFin am 29.04.2002 „Startschuss für die Allfinanzaufsicht in Deutschland", abrufbar unter: http://www.bafin.de/presse/pm02/020429.htm.

Das Forum für Finanzmarktaufsicht, das durch die Bundesbank, die BaFin und das BMF zusammen gebildet wird, berät in Fragen der Allfinanzaufsicht, die für die Stabilität des Finanzsystems von Bedeutung sind. Das Forum koordiniert zudem die Zusammenarbeit zwischen BaFin und Bundesbank bei der Aufsicht[137]. Es gibt noch verschiedene Gremien, die die Arbeit der BaFin unterstützen und Vorschläge zur Weiterentwicklung der Aufsicht machen können. Der Fachbeirat berät die BaFin bei der Erfüllung ihrer Aufgaben und bei der allgemeinen Weiterentwicklung der Aufsichtspraxis[138]. Zur Mitwirkung bei der Aufsicht besteht bei der BaFin ein Versicherungsbeirat aus Sachverständigen des Versicherungswesens, der die BaFin bei der Anwendung und Weiterentwicklung des Versicherungsaufsichtsrechts berät[139]. In Fragen der Wertpapieraufsicht berät die BaFin der Wertpapierrat, der sich aus Vertretern aus allen Bundesländern und auch aus Sachverständigen aus Wirtschaft und Wissenschaft zusammensetzt[140]. Der Übernahmebeirat unterstützt die BaFin bei der Überwachung von Unternehmensübernahmen und berät sie in Fragen des Übernahmerechts[141]. Und im Widerspruchsausschuss können die Beteiligten Widerspruch dagegen einlegen, wenn die BaFin in einem Übernahmeverfahren eine ungünstige Verfügung erlässt[142].

Rund 1.900 Mitarbeiter beschäftigt die BaFin. Etwa zwei Drittel der Beschäftigten sind Beamte und ein Drittel sind Tarifbeschäftigte. Die Mehrheit der BaFin Mitarbeiter arbeitet am Dienstsitz Bonn, teilweise sind sie auch in Frankfurt am Main tätig[143]. Bis Ende 2007 beaufsichtigte die BaFin 2074 Kreditinsti-

137 § 3 FinDAG; *Schwirten,* in: *Boos/Fischer/Schulte-Mattler*, 2008, § 3 FinDAG, Rn. 1-3.

138 § 8 FinDAG; *Schwirten,* in: *Boos/Fischer/Schulte-Mattler*, 2008, § 8 FinDAG, Rn. 1.

139 § 92 VAG; *Schwirten,* in: *Boos/Fischer/Schulte-Mattler*, 2008, § 8 FinDAG, Rn. 3.

140 § 5 WpHG; *Schwirten,* in: *Boos/Fischer/Schulte-Mattler*, 2008, § 8 FinDAG, Rn. 4. Mehr Informationen zu Aufgaben und Zusammensetzung des Wertpapierrates gibt es unter: http://www.bafin.de/DE/DieBaFin/GrundlagenOrganisation/Gremien/Wertpapierrat/wertpapierrat_artikel.html.

141 § 5 WpÜG; *Schwirten,* in: *Boos/Fischer/Schulte-Mattler*, 2008, § 8 FinDAG, Rn. 4. Mehr Informationen zu Aufgaben und Zusammensetzung des Übernahmebeirates gibt es unter: http://www.bafin.de/DE/DieBaFin/GrundlagenOrganisation/Gremien/Uebernahmebeirat/uebernahmebeirat_node.html.

142 Auf Grund des § 6 WpÜG wurde die Verordnung über die Zusammensetzung und das Verfahren des Widerspruchsausschusses bei der BaFin (WpÜG-Widerspruchsausschuss-Verordnung) erlassen; Mehr Informationen zu Aufgaben des Widerspruchsausschuss gibt es unter: http://www.bafin.de/DE/DieBaFin/GrundlagenOrganisation/Gremien/Widerspruchsausschuss/widerspruchsausschuss_node.html.

143 Die Anzahl der bei der BaFin mit Aufgaben der Finanzaufsicht betrauten Mitarbeiterin-

tute und Wertpapierhandelsbanken, 724 Finanzdienstleistungsinstitute und 631 Versicherungsunternehmen[144]. Die Zahl der Beaufsichtigten ist wegen der Übernahmen bzw. der Fusionen in den letzten Jahren ständig zurückgegangen.

Abbildung 2: Organe der BaFin und vier Geschäftsbereiche[145]

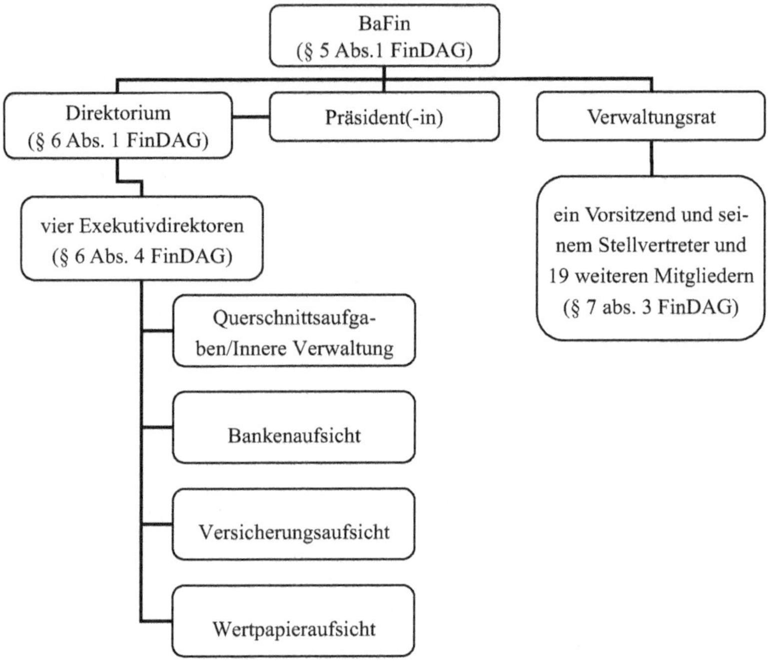

II. Aufgaben und Befugnisse der BaFin

Seit der Errichtung der BaFin wird ein Allfinanzaufsichtssystem in Deutschland gebildet. Die BaFin nimmt die gesetzlichen Aufsichtsaufgaben für das Kredit-, Versicherungs- und Wertpapierwesen wahr. Sie überwacht den gesamten Finanzmarkt. Das Ziel der Allfinanzaufsicht ist es, eine effiziente Aufsicht über den gesamten Finanzsektor zu schaffen und die Stabilität des Finanzmarktes zu sichern[146]. Im § 6 KWG werden die Aufgaben der BaFin geregelt, u. a. dass ihr

nen und Mitarbeiter, BT-Drs. 16/13277, 29.05.2009.

144 Das Jahresbericht der BaFin 2007, S. 84, S. 119, S. 138.

145 Der Präsident des Direktoriums ist ein Organ der BaFin. Die vier Exekutivdirektoren leiten die vier Geschäftsbereiche.

146 Vgl. *Fischer,* in: *Boos/Fischer/Schulte-Mattler*, 2008, KWG Einf. Rn. 54.

obliegt, „Missständen im Kredit- und Finanzdienstleistungswesen entgegenzuwirken, welche die Sicherheit der den Instituten anvertrauten Vermögenswerte gefährden, die ordnungsmäßige Durchführung der Bankgeschäfte oder Finanzdienstleistungen beeinträchtigen oder erhebliche Nachteile für die Gesamtwirtschaft herbeiführen können". Die Aufgaben der BaFin sind auf das öffentliche Interesse gerichtet[147].

Die Finanzaufsicht erstreckt sich über alle Phasen, die Kreditinstitute möglicherweise durchlaufen, von der Gründung eines Kreditinstituts bis zu seiner Abwicklung. Um ihre Aufgabe der Finanzaufsicht durchzuführen, hat die BaFin die Kompetenzen zu Auskunft, Prüfung und Untersuchung. In der Gründungsphase bei der Erlaubniserteilung überprüft die BaFin, ob die Voraussetzungen der Erlaubnis erfüllt sind. Nach der Gründung überwacht die BaFin die Bankgeschäfte und die Bankbetriebe eines Kreditinstituts laufend, ob sie den Gesetzen und Vorschriften entsprechen. Die Überwachung des Kreditgeschäfts, der Eigenkapitalhöhe und der Liquidität der Kreditinstitute stehen im Mittelpunkt der Finanzaufsicht.

Wenn die Aufgaben und die Befugnisse der BaFin nicht durch KWG und FinDAG festgelegt werden, werden sie von der Satzung der BaFin bestimmt[148]. Nach dem KWG und der Satzung der BaFin hat die BaFin die folgenden Befugnisse: Organisationsbefugnisse, Informationsaustausch, Förderung, Beratung und Lenkung der Kreditinstitute. Dazu kommen noch Überwachungs- und Eingriffsbefugnisse durch aufsichtsrechtliche Maßnahmen wie Verwaltungsakte oder Geldbußen.

III. Deckung der Kosten der Finanzaufsicht

In §§ 13 bis 16 FinDAG ist die Deckung der Kosten der Finanzaufsicht geregelt. Die BaFin finanziert sich aus eigenen Umlagen, Gebühren und gesonderten Erstattungen der beaufsichtigten Unternehmen. Damit ist sie unabhängig vom Bundeshaushalt und durch den eigenständigen Haushaltsplan verwirklicht sich ihre rechtliche Selbständigkeit[149]. Die BaFin erhebt für „Amtshandlungen im

---

147 *Markus Lenenbach*, 2010, Rn. 15.14 und 15.68; *Denise Alessandra Bauer*, 2009, S. 184-185; *Michael Träm*, Bankenaufsicht, 2006, S. 72.

148 § 5 Abs. 2 FinDAG; *Schwirten*, in: *Boos/Fischer/Schulte-Mattler*, 2008, § 5 FinDAG, Rn. 3.

149 Vgl. *Martin Lembke*, 2010, S. 35; *Markus Lenenbach*, 2010, Rn. 15.71; *Hans Christian Röhl*, in: *Fehling/Ruffert* (Hrsg.), 2010, § 18 Rn. 96; *Johannes Masing/Gérard Marcou*, 2010, S. 78; *Lindemann*, in: *Boos/Fischer/Schulte-Mattler*, 2008, § 13 FinDAG Rn. 1-3.

Rahmen der ihr gesetzlich zugewiesenen Aufgaben" Gebühren nach Maßgabe des § 14 (Gebühren für Amtshandlungen) und des § 17b (Gebühren für gesonderte Amtshandlungen) des FinDAG, die durch eine Gebührenverordnung[150] näher bestimmt werden[151]. Dazu werden die Kosten der speziellen Aufsicht gesondert erstattet und von den betroffenen Unternehmen wegen der ordnungswidrig betriebenen Geschäfte getragen[152].

IV. Gegenstände der Finanzaufsicht

Die Gegenstände der Finanzaufsicht können hier aus zwei Perspektiven betrachtet werden. Eine davon ist der subjektive Aspekt, der die Adressaten einer hoheitlichen Maßnahme betrifft. Der andere ist der objektive Aspekt und betrifft die Aufsicht über Geschäfte der Finanzinstitute.

1. Adressaten

Adressaten der Finanzaufsicht bzw. Institute werden in KWG definiert. Im Sinne des KWG sind Institute Kreditinstitute und Finanzdienstleistungsinstitute. Allerdings gibt es Ausnahmen bei Kreditinstituten und Finanzdienstleistungsinstituten, die von der Anwendung des KWG in bestimmten Fällen ausgeschlossen sind[153]. Die Finanzaufsicht unterliegen Geschäftsbanken und Versicherungsge-

150 Verordnung über die Erhebung von Gebühren und die Umlegung von Kosten nach dem Finanzdienstleistungsaufsichtsgesetz (FinDAGKostV) vom 29.04.2002, BGBl. I S. 1504, 1847; zuletzt geändert vom 08.06.2011, BGBl. I S. 1054.

151 Vgl. *Lindermann,* in: *Boos/Fischer/Schulte-Mattler*, 2008, § 14 FinDAG Rn. 13 ff.

152 Vgl. *Lindemann,* in: *Boos/Fischer/Schulte-Mattler*, 2008, § 15 FinDAG Rn. 1 und 4.

153 Nach § 2 Abs. 1 KWG gelten nicht als Kreditinstitut Deutsche Bundesbank, Kreditanstalt für Wiederaufbau, Sozialversicherungsträger und die Bundesagentur für Arbeit, Öffentliche Schuldenverwaltung, Kapitalanlagegesellschaften, Versicherungsunternehmen, Unternehmen des Pfandleihgewerbes, Unternehmensbeteiligungsgesellschaften, Wagniskapitalbeteiligungsgesellschaften, Bankgeschäfte mit Mutter- oder Tochterunternehmen, Ausnahmen bei Finanzkommissionsgeschäften auf Derivatemärkten und bei multilateralen Handelssystemen, Ausnahmen bei Finanzkommissionsgeschäften als Nebengeschäft. Nach § 2 Abs. 6 KWG gelten nicht als Finanzdienstleistungsinstitute Deutsche Bundesbank, Kreditanstalt für Wiederaufbau, Öffentliche Schuldenverwaltung, Versicherungsunternehmen, Finanzdienstleistungen mit Mutter- oder Tochterunternehmen, Kapitalanlagegesellschaften, Verwaltung von Arbeitnehmerbeteiligungen, Kombination von Nr. 5 und Nr. 6, Anlageberatung sowie Anlage- und Abschlussvermittlung bezüglich Investmentanteilen, Ausnahmen bei Finanzkommissionsgeschäften an Terminbörsen, Gelegentliche Finanzdienstleistungen durch Freiberufler, Ausnahmen bei Eigengeschäften, Ausnahmen beim Sortengeschäft, Ausnahmen bei Eigengeschäften und Eigenhandel mit Waren oder Derivaten, Ausnahmen bei Eigengeschäften und Eigenhandel, Ausnahmen bei Anlageberatung als Nebendienst-

sellschaften. Die folgende Abbildung 3 führt die in Deutschland beaufsichtigten Gruppen von Kreditinstituten auf.

Abbildung 3: Die beaufsichtige Institutsgruppen[154]

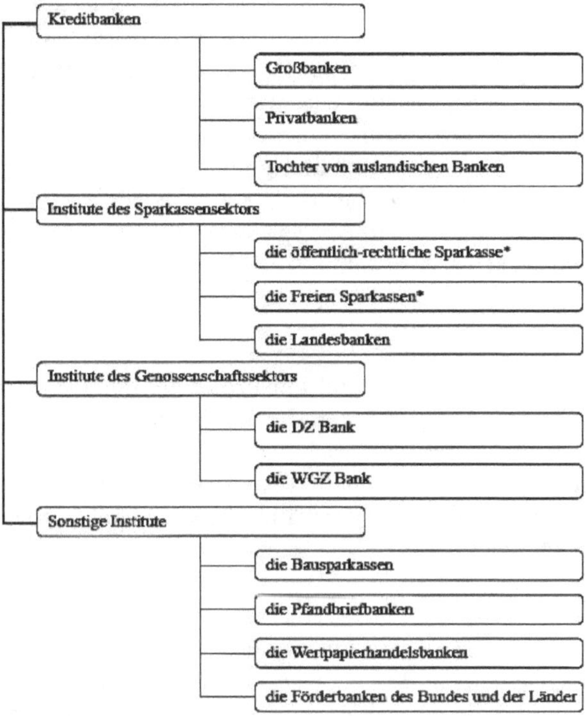

*die öffentlich-rechtliche Sparkasse[155]

*die Freien Sparkassen[156]

---

leistung, Ausnahmen bei Betrieb eines multilateralen Handelssystems, Ausnahmen bei Leasing-Objektgesellschaften und Nicht eigentümliche Geschäfte unter Nr. 3 und 4. Vgl. *Fischer,* in: *Schimansky/Bunte/Lwowski,* Bankrechts-Handbuch, 2011, § 127 Rn. 1-11; *Schäfer,* in: *Boos/Fischer/Schulte-Mattler*, 2008, § 2 KWG, Rn. 2-29c und 50a-69.

154 Quelle aus Jahresbericht der BaFin 2009, S. 128 und 2008, S. 113-114.

155 Nach dem Gesetz über die öffentlichen Sparkassen (Sparkassengesetz - SpkG) können Gemeinden, Landkreise sowie Zweckverbände mit Genehmigung der Aufsichtsbehörde Sparkassen errichten. Im Gegensatz zu privaten Banken ist bei Sparkassen im Prinzipiellen die Erzielung von Gewinn nicht der Hauptzweck des Geschäftsbetriebes. Vgl. *Fischer*, in: *Boos/Fischer/Schulte-Mattler*, 2008, § 40 KWG, Rn. 6.

156 Vgl. *Fischer*, in: *Boos/Fischer/Schulte-Mattler*, 2008, § 40 KWG, Rn. 8.

Die Kreditinstitute können sich nach verschiedenen Systematisierungen einteilen lassen. Nach der Rechtsform werden die Kreditinstitute in Privatbanken, genossenschaftliche Banken und öffentlich-rechtliche Kreditinstitute gegliedert, die dem so genannten Drei-Säulen-Modell des Finanzsektors in Deutschland entsprechen[157]. Nach Geschäftstätigkeit (kundenorientiert) können die Kreditinstitute als Universalbanken und Spezialbanken klassifiziert werden[158]. Die Universalbanken bieten alle Finanzdienstleistungsgeschäfte an, während die Spezialbanken nur bestimmte Bankgeschäfte zur Verfügung stellen. Aber wegen der zunehmenden Überlappung des Finanzdienstleistungsgeschäfts wird diese Unterscheidung immer unklarer[159]. Nach Institutsgruppen werden die beaufsichtigten Kreditinstitute von der BaFin in vier Gruppen eingeteilt, wie Abbildung 3 zeigt, nämlich Kreditbanken, Institute des Sparkassensektors, Institute des Genossenschaftssektors und sonstige Institute[160].

2. Geschäfte

Die Überwachung der Bankgeschäfte und Finanzdienstleistungen ist der Kernpunkt der Finanzaufsicht. Um die Risiken der Kreditinstitute zu kontrollieren, beobachtet die BaFin die laufenden Geschäfte. Im § 1 Abs. 1 KWG werden Bankgeschäfte geregelt: Einlagengeschäft, Pfandbriefgeschäft, Kreditgeschäft, Diskontgeschäft, Finanzkommissionsgeschäft, Depotgeschäft, Revolvinggeschäft, Garantiegeschäft, Girogeschäft, Emissionsgeschäft, E-Geld-Geschäft und Zentraler Kontrahent.

Nach dem § 1 Abs. 1a KWG sind Finanzdienstleistungen aufgeführt: Anlagevermittlung, Anlageberatung, Betrieb eines multilateralen Handelssystems, Platzierungsgeschäft, Abschlussvermittlung, Finanzportfolioverwaltung, Eigenhandel als Dienstleistung, Drittstaateneinlagenvermittlung, Finanztransfergeschäft, Sortengeschäft, Kreditkartengeschäft, Factoring, Finanzierungsleasing

---

157 *Karahan,* in: *Albrecht/Karahan/Lenenbach,* FA Bank- und KapitalmarktR, 2010, § 8 Rn. 14; *Schmeisser*, 2008, S. 5-6.

158 *Rümker/Winterfeld,* in: *Schimansky/Bunte/Lwowski,* Bankrechts-Handbuch, 2011, § 124 Rn. 79-85; *Schelm,* in: *Siegfried Kümpel*, Bank- und Kapitalmarktrecht, 2011, Rn. 2.5-2.10; *Sauer/Witteman,* in: *Assies/Beule/Heise/Stube*, FA-BKR, 2010, Kap. 1 Rn. 1-2; *Karahan,* in: *Albrecht/Karahan/Lenenbach*, FA Bank- und KapitalmarktR, 2010, § 8 Rn. 153 und 159; *Fischer/Klanten*, Bankrecht, 2010, Rn. 1.63-64, 1.67; *Schmeisser*, 2008, S. 3; *Lukas Morscher,* S. 8-9; *Stanislav Tobias,* Bankrecht, 2006 S. 4; *Gerke/Steiner,* 2001, S. 1967-1979, 2067-2082; *Hans E. Büschgen*, 1993, S. 26, S. 42-44, S. 55 ff.

159 *Schmeisser*, 2008, S. 3; *Martin Fricke,* NversZ 2002, S. 338.

160 Das Jahresbericht der BaFin 2009, S. 128.

und Eigengeschäft. Die drei in § 3 KWG aufgeführte verbotene Geschäfte sind: Werksparkassen, Zwecksparunternehmen und Missbrauch des bargeldlosen Zahlungsverkehrs.

C. Die Deutsche Bundesbank

Bei der Finanzaufsicht spielt die Bundesbank auch eine wichtige Rolle. Zuerst sollen Hintergrundinformationen zur Bundesbank gegeben werden, bevor die die Zusammenarbeit zwischen der BaFin und der Bundesbank in diesem Teil der Arbeit dargestellt wird.

I. Gründung und Organisation der Bundesbank[161]

Nach Art. 88 GG wurde die Bundesbank im Jahr 1957 als Währungs- und Notenbank der Bundesrepublik Deutschland errichtet. Die zentrale gesetzliche Grundlage für Bundesbank ist das Gesetz über die Deutsche Bundesbank (BBankG)[162]. Die Bundesbank ist eine bundesunmittelbare juristische Person des öffentlichen Rechts. Ihr Grundkapital im Betrage von 2,5 Milliarden Euro steht dem Bund zu. Sie hat ihren Sitz in Frankfurt am Main[163].

Die Organisationsstruktur der Bundesbank wurde mit der 7. Novelle des BBankG vom Mai 2002 neu gestaltet. Die Änderung richtet sich auf die neue europäische Wirtschafts- und Währungsunion. Der Vorstand ist das oberste Organ der Bundesbank und leitet und verwaltet die Bank. Der Vorstand setzt sich aus dem Präsidenten und dem Vizepräsidenten sowie vier weiteren Mitgliedern zusammen. Die Mitglieder des Vorstands werden vom Bundespräsidenten bestellt. Die Bestellung des Präsidenten und des Vizepräsidenten sowie eines weiteren Mitglieds erfolgt auf Vorschlag der Bundesregierung, die der übrigen drei Mitglieder auf Vorschlag des Bundesrates im Einvernehmen mit der Bundesregierung[164].

161 Die Geschichte der Gründung der Bundesbank siehe *Glauben,* in: *Derleder/Knops/Bamberger*, 2009, § 64 Rn. 2-4.

162 Siehe *Karahan,* in: *Albrecht/Karahan/Lenenbach*, FA Bank- und KapitalmarktR, 2010, § 5 Rn. 6.

163 § 2 BBankG.

164 § 7 BBankG; Im Jahr 2009 wird der Vorstand der Bundesbank von acht auf sechs verkleinert. *Löber,* in: *Siegfried Kümpel*, Bank- und Kapitalmarktrecht, 2011, Rn. 5.436 ff.

Außer dem zentralen Vorstand unterhält die Bundesbank neun Hauptverwaltungen und weiteren Filialen, je eine Hauptverwaltung für den Bereich des Landes Baden-Württemberg (Stuttgart), des Freistaates Bayern (München), der Länder Berlin und Brandenburg (Berlin), der Freien Hansestadt Bremen und der Länder Niedersachsen und Sachsen-Anhalt (Hannover), der Freien und Hansestadt Hamburg und der Länder Mecklenburg-Vorpommern und Schleswig-Holstein (Hamburg), des Landes Hessen (Frankfurt), des Landes Nordrhein-Westfalen (Düsseldorf), der Länder Rheinland-Pfalz und Saarland (Mainz), der Freistaaten Sachsen und Thüringen (Leipzig). Die Hauptverwaltungen werden jeweils von einem Präsidenten geleitet, der dem Vorstand der Bundesbank untersteht[165]. Bei jeder Hauptverwaltung besteht ein Beirat, der regelmäßig mit dem Präsidenten der Hauptverwaltung zusammentrifft und mit ihm über die Durchführung der in seinem Bereich anfallenden Arbeiten berät[166]. Die Bundesbank darf Filialen unterhalten, die der zuständigen Hauptverwaltung unterstehen[167]. Aufgrund des Netzes von Filialen ist die Bundesbank in der Lage, nahen Kontakt mit den Kreisen am Ort zu halten.

II. Aufgaben der Bundesbank

Art. 88 Satz 2 GG wiest darauf hin, dass die Bundesbank dem vorrangigen Ziel der Sicherung der Preisstabilität verpflichtet ist. In § 3 BBankG sind die Aufgaben der Bundesbank geregelt. „Die Bundesbank ist als Zentralbank der Bundesrepublik Deutschlands integraler Bestandteil des Europäischen Systems der Zentralbanken. Sie wirkt an der Erfüllung seiner Aufgaben mit dem vorrangigen Ziel mit, die Preisstabilität zu gewährleisten, hält und verwaltet die Währungsreserven der Bundesrepublik, sorgt für die bankmäßige Abwicklung des Zahlungsverkehrs im Inland und Ausland und trägt zur Stabilität der Zahlungs- und Verrechnungssysteme bei. Sie nimmt darüber hinaus die ihr nach diesem Gesetz oder anderen Rechtsvorschriften übertragenen Aufgaben wahr“. Die Aufgaben der Bundesbank haben sich vor und nach dem 01.01.1999 teilweise verändert.

---

165 § 8 BBankG; *Haug,* in: *Schimansky/Bunte/Lwowski,* Bankrechts-Handbuch, 2011, § 123 Rn. 32.

166 § 9 BBankG; *Karahan,* in: *Albrecht/Karahan/Lenenbach*, FA Bank- und KapitalmarktR, 2010, § 5 Rn. 27 - 29.

167 § 10 BBankG.

1. Vor dem 1.1.1999

Als eine Währungs- und Notenbank nach Art. 88 Abs. 1 GG hat die Bundesbank die Währungssicherung und die Notenausgabe zum Zweck[168]. Die Bundesbank versorgt die Volkswirtschaft mit Geldmitteln[169]. Sie dient als „Bank der Banken" und betreibt Geschäfte mit Kreditinstituten und anderen Marktteilnehmern aber mit gewissen Beschränkungen[170]. Sie dient als „Hüterin der Währung" und gewährleistet die Stabilität der Währung[171]. Ihr wichtigstes Instrumentarium war die Ausgabe von Banknoten und Münzen. Sie hatte das ausschließliche Recht, Banknoten auszugeben. Daneben gehörten zu den währungspolitischen Befugnissen noch die Refinanzierung, die Festsetzung des Diskont- und Lombardsatzes, die Offenmarktpolitik und die Mindestreservepolitik[172].

2. Nach dem 1.1.1999

Seit der Verabschiedung des EG-Vertrags in der Fassung des Maastrichter Vertrages über die Europäische Union vom 07.02.1992 haben sich die Aufgaben der Bundesbank schrittweise verändert. Die Sechste Änderungsnovelle des BBankG vom 22.12.1997 hat die Grundlage für die Einbindung der Bundesbank in das Europäische System der Zentralbanken gebracht. Mit dem Eintritt in die dritte Stufe der Europäischen Wirtschafts- und Währungsunion zum 01.01.1999 hat die Bundesbank die Geld- und Währungspolitik auf die Gemeinschaftsebene sowie die Ausgabe von Banknoten in der EU auf die EZB übertragen[173]. Die Bundesbank dient als integraler Bestandteil des Europäischen Systems der Zentralbanken (im Folgenden als „ESZB" bezeichnet)[174]. Seitdem führt die Bundes-

---

168 *Ruge,* in: *Schmidt-Bleibtreu/Hofmann/Hopfauf*, 2011, Art. 88 GG Rn. 1; *Glauben,* in: *Derleder/Knops/Bamberger*, 2009, § 64 Rn. 8; *Hermann-Josef Blanke,* in: v. *Mangoldt/Klein/Starck*, 2005, Art. 88 GG, Rn. 9.

169 BVerwGE 41, 334 (349); *Herdegen,* in: *Maunz/Dürig*, 2010, Art. 88 GG Rn. 43.

170 §§ 20 bis 22 BBankG; *Haug,* in: *Schimansky/Bunte/Lwowski,* Bankrechts-Handbuch, 2011, § 123 Rn. 15; *Herdegen,* in: *Maunz/Dürig*, 2010, Art. 88 GG Rn. 42.

171 *Herdegen,* in: *Maunz/Dürig*, 2010, Art. 88 GG Rn. 44.

172 *Herdegen,* in: *Maunz/Dürig*, 2010, Art. 88 GG Rn. 47 bis 49; *Glauben,* in: *Derleder/Knops/Bamberger*, 2009, § 64 Rn. 9.

173 *Haug,* in: *Schimansky/Bunte/Lwowski*, Bankrechts-Handbuch, 2011, § 123 Rn. 6; *Löber,* in: *Siegfried Kümpel*, Bank- und Kapitalmarktrecht, 2011, Rn. 5.451; *Ruge,* in: *Schmidt-Bleibtreu/Hofmann/Hopfauf*, 2011, Art. 88 GG Rn. 6; *Herdegen,* in: *Maunz/Dürig*, 2010, Art. 88 GG Rn. 17 und 48; *Jörn Axel Kämmerer,* in: *von Münch/Kunig*, 2003, Art. 88 GG Rn.16; *Sauer/Witteman,* in: *Assies/Beule/Heise/Stube*, FA-BKR, 2010, Kap. 1 Rn. 66; *Peter M. Huber*, Recht der Europäischen Integration, 2002, S. 297, Rn. 135.

174 § 3 Abs. 1 BBankG; Art. 14.3. ESZB-Satzung; *Haug,* in: *Schimansky/Bunte/Lwowski*, Bankrechts-Handbuch, 2011, § 123 Rn. 3; *Herdegen,* in: *Maunz/Dürig*, 2010, Art. 88 GG

bank die einheitliche Geld- und Währungspolitik nach der vom Rat der EZB verabschiedeten Leitlinie durch[175]. Nach Art. 128 AEUV (ex-Art. 106 EGV) hat die EZB „das ausschließliche Recht, die Ausgabe von Euro-Banknoten innerhalb der Union zu genehmigen". Die Bundesbank hat nur „das Recht zur Ausgabe von Euro-Münzen, wobei jedoch der Umfang dieser Ausgabe der Genehmigung durch die [EZB] bedarf"[176].

III. Zusammenarbeit mit der BaFin

Zwar ist die Hauptaufgabe der Bundesbank, die Preisstabilität zu gewährleisten, nicht die Finanzaufsicht. Die Bundesbank hat zudem im Bereich der Finanzaufsicht keine Kompetenz, Entscheidungen zu treffen, und ohne Zwangsmittel anzuwenden. Nur die BaFin kann die aufsichtsrechtlichen Maßnahmen, insbesondere Allgemeinverfügungen und Verwaltungsakte gegenüber den Instituten treffen[177]. Aber die Bundesbank hat eine Mitwirkung bei der Finanzaufsicht, besonders beim Informationsaustausch[178]. Zur Erfüllung ihrer Aufgabe wird die Bundesbank nach § 18 BBankG ermächtigt, Statistiken auf dem Gebiet des Bank- und Geldwesens bei allen Kreditinstituten, Kapitalanlagegesellschaften und Investmentaktiengesellschaften anzuordnen und durchzuführen. Auf Grund ihrer statistischen Erhebungen hat sie insbesondere weitreichende Erkenntnisse, damit sie gemäß § 7 KWG mit der BaFin im Bereich der Finanzaufsicht gut zusammenarbeiten kann[179].

Rn. 75; *Hermann-Josef Blanke,* in: v. *Mangoldt/Klein/Starck*, 2005, Art. 88 GG, Rn. 37; *Ingolf Pernice,* in: *Dreier* (Hrsg.), 2004, Art. 88 GG Rn. 23; *Jörn Axel Kämmerer,* in: *von Münch/Kunig,* 2003, Art. 88 GG Rn. 8, die Bundesbank ist nur noch „ein Ausführungsorgan der EZB".

175 *Haug,* in: *Schimansky/Bunte/Lwowski*, Bankrechts-Handbuch, 2011, § 123 Rn. 5-7.

176 *Kempen,* in: *Streinz*, 2012, Art. 128 AEUV Rn. 8-11; *Ulrich Häde,* in: *Calliess/Ruffert*, 2011, Art. 128 AEUV Rn. 4-12; *Potacs,* in: *Schwarze*, 2009, Art. 106 EGV Rn. 1.

177 § 7 Abs. 2 Satz 4 KWG; *Haug,* in: *Schimansky/Bunte/Lwowski*, Bankrechts-Handbuch, 2011, § 123 Rn. 93; BVerfGE 14, 197 (218): „Die Bundesbank hat im Übrigen im Bereich der Bankenaufsicht keine obrigkeitlichen Befugnisse; nur das Bundesaufsichtsamt trifft Entscheidungen, nur das Bundesaufsichtsamt kann Zwangsmittel anwenden."

178 § 7 Abs. 4 KWG; *Haug*, in: *Schimansky/Bunte/Lwowski*, Bankrechts-Handbuch, 2011, § 123 Rn. 17, 88; *Löber,* in: *Siegfried Kümpel*, Bank- und Kapitalmarktrecht, 2011, Rn. 5.479-482; *Lotte Frach*, 2010, S. 69.

179 BVerfGE 14, 197 (217 f.): „Die Bundesbank wird durch § 7 Abs. 1 KWG ausdrücklich verpflichtet, dem Bundesaufsichtsamt Beobachtungen und Feststellungen mitzuteilen, die für die Erfüllung seiner Aufgaben von Bedeutung sein können, insbesondere auch die Ergebnisse ihrer statistischen Erhebungen nach § 18 BBankG; diese Vorschrift ist deshalb notwendig, weil die Bundesbank Informationen, die sie im Rahmen ihrer normalen Ge-

§ 7 Abs. 1 KWG stellt die laufende Überwachung der Institute durch die Bundesbank sicher. Um eine gute Zusammenarbeit zwischen BaFin und Bundesbank zu ermöglichen, hat das BMF auf der Grundlage der Vereinbarung über die Zusammenarbeit der BaFin und der Bundesbank bei der Beaufsichtigung der Kredit- und Finanzdienstleistungsinstitute zuerst am 10.10.2003 im Benehmen mit der Bundesbank eine Aufsichtsrichtlinie erlassen[180]. Danach wurde sie von der Richtlinie vom 21.02.2008 ersetzt[181], die die BaFin auf Grund des § 7 Abs. 2 Satz 2 KWG im Einvernehmen mit der Bundesbank erlassen hat. Diese Richtlinie ist die wichtigste Grundlage für die Zusammenarbeit zwischen BaFin und Bundesbank.

Die Mitwirkung der Bundesbank an der Finanzaufsicht kann man unter den folgenden Gesichtspunkten betrachten: Erlass allgemeiner Regelungen, der Prozess der laufenden Überwachung und der bankaufsichtliche Prüfungen sowie die internationale Kooperation auf dem Gebiet der Aufsicht[182].

1. Mitwirkung der Bundesbank beim Erlass allgemeiner Regelungen

Nach KWG hat das BMF (oder die Bundesregierung) die Befugnis zum Erlass einer Rechtsverordnung, wenn die Einzelheiten nicht geeignet sind, im KWG geregelt zu werden, sondern besser in Form einer Rechtsverordnung erfolgen können. Das BMF kann auch die Ermächtigung durch Rechtsverordnung auf die BaFin übertragen. Und die Bundesbank hat die Richtlinien der Bundesanstalt zu beachten (§ 7 Abs. 2 Satz 1 KWG). Nach KWG hat die Beteiligung der Bundesbank beim Erlass von Rechtsverordnungen drei Niveaus nach Stärke abgestuft: die Anhörung, das Benehmen und das Einvernehmen.

---

schäftstätigkeit über Kreditinstitute erhält, nicht an Dritte weitergeben darf. Nach § 13 BBankG besteht für die Bundesbank eine Pflicht zur Auskunftserteilung nur gegenüber der Bundesregierung, und zwar nur über Angelegenheiten von wesentlicher währungspolitischer Bedeutung."

180 Richtlinie zur Durchführung und Qualitätssicherung der laufenden Überwachung der Kredit- und Finanzdienstleistungsinstitute durch die Deutsche Bundesbank gemäß § 7 Abs. 2 KWG. *Sauer/Witteman,* in: *Assies/Beule/Heise/Stube*, FA-BKR, 2010, Kap. 1 Rn. 72.

181 Richtlinie zur Durchführung und Qualitätssicherung der laufenden Überwachung der Kredit- und Finanzdienstleistungsinstitute durch die Deutsche Bundesbank (Aufsichtsrichtlinie - AufsichtsRL).

182 *Haug*, in: *Schimansky/Bunte/Lwowski*, Bankrechts-Handbuch, 2011, § 123 Rn. 97-100; Die Mitwirkung der Bundesbank an der Bankenaufsicht, Deutsche Bundesbank Monatsbericht September 2000, S. 36 ff.

a) Anhörung

Diese ist die schwächste Form der Mitwirkung. Bevor eine Rechtsverordnung erlassen wird, hat die Bundesbank die Gelegenheit, sich zu den für die Bestimmungen erheblichen Ansichten zu äußern[183]. Das BMF kann nach Anhörung der Bundesbank durch Rechtsverordnung weitere oder nähere Bestimmungen erlassen, z.B. weitere Unternehmen als Finanzunternehmen (§ 1 Abs. 3 Satz 2 KWG) einzuordnen, den Gegenstand der Prüfung, den Zeitpunkt ihrer Durchführung und den Inhalt der Prüfungsberichte (§ 29 Abs. 4 Satz 1 KWG) zu bestimmen sowie Befreiungen der Anzeigepflichten von Instituten (§ 31 Abs. 1 Satz 1. KWG) zu erwirken. Die Bundesregierung kann nach Anhörung der Deutschen Bundesbank durch Rechtsverordnung Vorschriften erlassen. Beispiele dafür sind Maßnahmen des Moratoriums oder Einstellung des Bank- und Börsenverkehrs (§ 47 Abs. 2 KWG), Wiederaufnahme des Zahlungs- und Überweisungsverkehrs sowie des Börsenverkehrs (§ 48 Abs. 1 Satz 1 KWG).

Aber wenn das BMF nach § 31 Abs. 1 Satz 2. KWG diese Rechtsverordnungsermächtigung über die Befreiungen der Anzeigepflichten von Instituten durch Rechtsverordnung auf die BaFin überträgt, muss die von der BaFin erlassene Rechtsverordnung im Benehmen mit der Deutschen Bundesbank ergehen.

b) Benehmen

Das Benehmen ist eine eingehende Diskussion, um sich gegenseitig zu verständigen. Dadurch kann eine einheitliche Auffassung entstehen. Das Benehmen ist eine intensivere Form als die Anhörung[184]. Das BMF wird ermächtigt, durch Rechtsverordnung im Benehmen mit der Bundesbank nähere Bestimmungen über bestimmte spezielle Angelegenheiten zu erlassen. Beispiele hierfür sind Zusammensetzung, Führung und Verwaltung des Handelsbuchs der Institute (§ 1a Abs. 9 Satz 1 KWG), Ausnahme der Aufsicht für nur E-Geld-Geschäfte betreibende Unternehmen (§ 2 Abs. 5 Satz 3 KWG), Erlasse über die angemessene Eigenmittelausstattung (Solvabilität) der Institute sowie der Institutsgruppen und Finanzholding-Gruppen (§ 10 Abs. 1 Satz 9 KWG), über Inhalt, Art, Umfang, Zeitpunkt und Form der Angaben sowie die zulässigen Datenträger, Übertragungswege und Datenformate (§ 10 Abs. 9 Satz 6 KWG), über die Er-

183 Vlg. § 28 Abs. 1 VwVfG über die Anhörung Beteiligter. *Hartmut Maurer*, Allgemeines Verwaltungsrecht, 2011, § 19 Rn. 20; *Peter M. Huber,* Allgemeines Verwaltungsrecht, 1992, S. 137, 151-152.

184 Vgl. *Lindemann*, in: *Boos/Fischer/Schulte-Mattler*, 2008, § 7 KWG Rn. 14; *Deutsche Bundesbank,* Monatsbericht September 2000, S. 38.

mittlung der Eigenmittelausstattung von Institutsgruppen und Finanzholding-Gruppen (§ 10a Abs. 9 Satz 1 KWG), über die angemessene Eigenmittelausstattung von Finanzkonglomeraten (§ 10b Abs. 1 Satz 2 KWG), die ausreichende Liquidität (§ 11 Abs. 1 Satz 2 KWG), Anzeigepflicht der gruppeninternen Transaktionen mit gemischten Unternehmen (§ 13c Abs. 1 Satz 2 KWG), Risikokonzentrationen und gruppeninterne Transaktionen von Finanzkonglomeraten (§ 13d Abs. 2 Satz 1 KWG), über Großkredite und Millionenkredite (§ 22 Abs. 1 KWG), über Art, Umfang und Zeitpunkt der Anzeigepflichten bei laufenden Aufsicht (§ 24 Abs. 4 Satz 1 KWG), die Einzelheiten der Anzeigepflicht und der Unterrichtung der Kommission der Europäischen Gemeinschaften, des Auskunftsanspruchs sowie der Zugangsgewährung (§ 24b Abs. 4 KWG), über Art und Umfang der Monatsausweise (§ 25 Abs. 3 Satz 1 KWG).

Im Einzelfall kann die BaFin im Benehmen mit der Bundesbank bestimmen, dass die §§ 2c, 10 bis 18, 24, 32 bis 38, 45 und 46a bis 46c KWG nicht auf ein nur das E-Geld-Geschäft betreibendes Unternehmen anzuwenden sind, solange das Unternehmen wegen der Art oder des Umfangs der von ihm betriebenen Geschäfte insoweit nicht der Aufsicht bedarf[185].

c) Einvernehmen.

Wenn Rechtsverordnungen erst nach Erteilung der Zustimmung einer anderen Behörde oder eines anderen Verwaltungsträgers erlassen werden dürfen, ist das Einvernehmen die stärkste Mitwirkungsweise[186]. Das bedeutet, dass vor dem Erlass von Rechtsverordnungen eine Übereinstimmung der BaFin mit der Bundesbank erreicht werden muss. Die meisten oben erwähnten Rechtsverordnungsermächtigungen können vom BMF durch Rechtsverordnung auf die BaFin übertragen werden[187]. Wenn die BaFin in diesem Fall eine Rechtsverordnung erlässt, muss sie im Einvernehmen mit der Deutschen Bundesbank ergehen.

---

185 § 2 Abs. 5 Satz 1 KWG.

186 Vgl. § 58 VwVfG über die Zustimmung von Dritten und Behörden. *Hartmut Maurer*, Allgemeines Verwaltungsrecht, § 9 Rn. 30. Die zustimmungsberechtigte Behörde besitzt die ausschließliche Wahrnehmung bestimmter Aufgaben und die alleinige Geltendmachung besonderer Gesichtspunkte. Sowie *Lindemann*, in: *Boos/Fischer/Schulte-Mattler*, 2008, § 7 KWG Rn. 14; *Deutsche Bundesbank,* Monatsbericht September 2000, S. 38.

187 § 1a Abs. 9 Satz 2 KWG, § 2 Abs. 5 Satz 4 KWG, § 10 Abs. 1 Satz 10 KWG, § 10 Abs. 9 Satz 7 KWG, § 10a Abs. 9 Satz 2 KWG, § 10b Abs. 1 Satz 3 KWG, § 11 Abs. 1 Satz 4 KWG, § 13c Abs. 1 Satz 3 KWG, § 13d Abs. 2 Satz 2 KWG, § 22 Abs. 2 KWG, § 24 Abs. 4 Satz 2 KWG, § 25 Abs. 3 Satz 3 KWG.

Nach § 7 Abs. 2 Satz 2 KWG wird die BaFin ermächtigt, eine Richtlinie zur laufenden Aufsicht im Einvernehmen mit der Bundesbank zu erlassen. Wenn ein Einvernehmen nicht innerhalb einer angemessenen Frist hervorgebracht werden kann, erlässt das BMF solche Richtlinien im Benehmen mit der Deutschen Bundesbank (§ 7 Abs. 2 Satz 3 KWG).

2. Die laufende Überwachung und die bankaufsichtlichen Prüfungen

Die BaFin arbeitet mit der Bundesbank bei der laufenden Finanzaufsicht der Kredit- und Finanzdienstleistungsinstitute zusammen. Bei der laufenden Aufsicht wird die Arbeitsteilung zwischen BaFin und Bundesbank in § 7 KWG geregelt. Die Bundesbank nimmt die Aufgabe der laufenden Überwachung der Institute wahr[188], während die BaFin die aufsichtsrechtlichen Maßnahmen gegenüber den Instituten trifft, insbesondere Allgemeinverfügungen und Verwaltungsakte einschließlich Prüfungsanordnungen nach § 44 Abs. 1 Satz 2 und § 44b Abs. 2 Satz 1 KWG[189]. „Die BaFin legt die von der Deutschen Bundesbank getroffenen Prüfungsfeststellungen und Bewertungen in der Regel ihren aufsichtsrechtlichen Maßnahmen zugrunde“[190].

Der Inhalt (Die Gegenstände) der von der Bundesbank durchgeführten laufenden Überwachung ist in § 7 Abs. 1 Satz 3 aufgeführt, insbesondere fällt die Auswertung der von den Instituten eingereichten Unterlagen, der Prüfungsberichte nach § 26 und der Jahresabschlussunterlagen, die Durchführung und Auswertung der bankgeschäftlichen Prüfungen zur Beurteilung der angemessenen Eigenkapitalausstattung und Risikosteuerungsverfahren der Institute sowie das Bewerten von Prüfungsfeststellungen. Die laufende Überwachung erfolgt in der Regel durch die Hauptverwaltungen der Bundesbank (§ 7 Abs. 1 Satz 4).

In der bankaufsichtlichen Praxis sind Meldungen, Anzeigen und Aufsichtsgespräche auch wichtige Instrumente der Aufsicht zur Risikoerkennung. Meldungen nach dem KWG und auf dessen Grundlage erlassener Rechtsverordnungen bearbeitet die Bundesbank[191]. Bei der laufenden Überwachung bearbeitet die Bundesbank beispielsweise Einzelanzeigen nach §§ 13 bis 14 KWG, in

---

188 § 7 Abs. 1 Satz 2 KWG; Art. 2 AufsichtsRL. *Lindemann,* in: *Boos/Fischer/Schulte-Mattler*, 2008, § 7 KWG Rn. 15.

189 § 7 Abs. 2 Satz 4 KWG; Art. 3 AufsichtsRL. *Lindemann,* in: *Boos/Fischer/Schulte-Mattler*, 2008, § 7 KWG Rn. 17.

190 § 7 Abs. 2 Satz 5 KWG; Art. 11 Abs. 2 AufsichtsRL. *Lindemann,* in: *Boos/Fischer/Schulte-Mattler*, 2008, § 7 KWG Rn. 17-18.

191 Art. 18 Abs. 1 AufsichtsRL.

Sammelanzeigen nach §§ 13 bis 14 KWG aufgeführte Kreditnehmer, Anzeigen nach §§ 24 und 24a KWG, Monatsausweise und weitere Angaben nach §§ 25 und 25a KWG, Meldungen zum Grundsatz I bzw. nach der Solvabilitätsverordnung, Meldungen zum Grundsatz II bzw. nach der Liquiditätsverordnung[192].

In den Aufsichtsprozess führt die Bundesbank grundsätzlich jährlich routinemäßige Aufsichtsgespräche mit den einzelnen Instituten durch. Die BaFin hat das Recht zur Teilnahme.[193] Es kann sein, dass mit Wirtschaftsprüfern oder sonstigen Dritten über einzelne Institute Gespräche geführt werden[194]. Im Übrigen wird ein Forum für Finanzmarktaufsicht bei der BaFin eingerichtet. Die BaFin und die Bundesbank gehören dem Forum an. Dadurch koordinieren die BaFin und die Bundesbank ihre Zusammenarbeit bei der Allfinanzaufsicht[195].

3. Mitwirkung der Bundesbank an internationaler Kooperation auf dem Gebiet der Finanzaufsicht

Angesichts der Globalisierung bedarf es international harmonisierter Aufsichtsregelungen, um dadurch die Risiken bei grenzüberschreitenden Tätigkeiten in anderen Ländern im Gesamten betrachten zu können. Die Bundesbank arbeitet auch mit den Finanzaufsichtsbehörden von anderen Ländern zusammen und trägt zur Angleichung von Aufsichtsstandards bei. Sie nimmt an internationalen Ausschüssen und Arbeitsgruppen teil[196].

Nach der Gründung des ESZB und der Errichtung der EZB hat sich die Rolle der Bundesbank seit 1999 geändert. Um sich an die Integration anzupassen, legt Art. 88 Abs. 2 GG eine verfassungsrechtliche Grundlage, nach dem die Bundesbank „ihre Aufgaben und Befugnisse im Rahmen der Europäischen Union der Europäischen Zentralbank übertragen“ kann. Mit der Übertragung der Währungskompetenz auf europäische Ebene entfällt für die Bundesbank die Währungskompetenz.

---

192 Geschäftsbericht der Deutschen Bundesbank 2008, Webseite der Bundesbank.

193 Art. 12 Abs. 2 AufsichtsRL; *Michael Träm*, Bankenaufsicht, 2006, S. 76.

194 Art. 13 AufsichtsRL.

195 § 3 FinDAG. *Schwirten,* in: *Boos/Fischer/Schulte-Mattler*, 2008, § 3 FinDAG Rn. 3.

196 Bundesbank Monatsbericht September 2000, S. 41; *Haug*, in: *Schimansky/Bunte/Lwowski*, Bankrechts-Handbuch, 2011, § 123 Rn. 100; *Michael Träm*, Bankenaufsicht, 2006, S. 83.

D. Das ESZB und die EZB

I. Gründung

Bei der Unterzeichnung des Vertrages von Maastricht am 07.02.1992 fasste man den Entschluss, eine einheitliche Währung in Europa zu bilden. Dafür ist eine zentrale geldpolitische Institution, die die einheitliche Geldpolitik durchführen und die Preisstabilität gewährleisten kann, erforderlich. Nach einigen Jahren der Vorbereitung wurde das Europäische System der Zentralbanken und die Europäische Zentralbank gemäß Artikel 8 des Vertrages zur Gründung der Europäischen Gemeinschaft und der Satzung des ESZB und der EZB aufgebaut[197]. Gemäß Art. 123 Abs. 1 Satz 2 EGV[198] wurden das ESZB und die EZB unmittelbar nach Ernennung des Direktoriums errichtet, und mit Beginn der dritten Stufe der Wirtschafts- und Währungsunion nahmen das ESZB und die EZB ihre Tätigkeit in vollem Umfang auf. Die ersten Ernennungen wurden ab 01.06.1998 gültig und am selben Tag war die EZB errichtet. Am 01.01.1999 wurde der Euro als eine eigenständige und einheitliche Währung eingeführt[199]. Zu diesem Zeitpunkt entstand das Euro-Währungsgebiet und seitdem nehmen das ESZB und die EZB die währungshoheitlichen Befugnisse wahr. Am Anfang wurde die Zuständigkeit für die Geldpolitik von den nationalen Zentralbanken von elf EU-Mitgliedsstaaten auf die EZB übertragen und bis 2010 kamen noch fünf Staaten dazu[200].

Die Rechtsgrundlage über das ESZB und die EZB waren Art. 8 und Art. 105 bis Art. 115 EGV, die gemeinsam „den institutionellen Kern der Europäischen Währungsunion" bilden[201]. Die näheren Bestimmungen wurden im Protokoll über die Satzung des ESZB und der EZB festgelegt. Am 01.12.2009 ist der Vertrag von Lissabon in Kraft getreten und der EGV wurde im AEUV umbenannt. Die organisatorischen Grundlagen des ESZB und der EZB haben sich auch da-

197 *Palm*, in: *Grabitz/Hilf/Nettesheim*, 2009, Art. 8 EGV Rn. 4 und Art. 123 EGV Rn. 9; *Hatje,* in: *Schwarze*, 2009, Art. 8 EGV Rn. 1.

198 Art. 123 Abs. 1 Satz 2 EGV wird in den AEUV aufgehoben.

199 Art. 123 Abs. 4 Satz 1 EGV; *Löber*, in: *Siegfried Kümpel*, Bank- und Kapitalmarktrecht, 2011, Rn. 5.18; *Matthias Herdegen*, Europarecht, 2011, § 23 Rn. 26; *Beata Dziechciarz*, Rechtliche Integration der nationalen Zentralbanken in das Europäische System der Zentralbanken und in das Eurosystem, 2009, S. 37-41; *Becker/Peppmeier*, 2006, S. 71.

200 *Papathanassiou,* in: *Schimansky/Bunte/Lwowski*, Bankrechts-Handbuch, 2011, § 134 Rn. 2.

201 *Palm*, in: *Grabitz/Hilf/Nettesheim*, 2009, Art. 8 EGV Rn. 1; *Hatje,* in: *Schwarze*, 2009, Art. 8 EGV Rn. 1.

durch teilweise geändert. Art. 8 EGV wurde durch Art. 13 EUV und Art. 282 Abs. 1 AEUV ersetzt und Art. 105 bis Art. 115 EGV wurden im AEUV neu nummeriert oder umgestellt[202].

II. Organisation des ESZB und der EZB

Ob das ESZB und die EZB Organe der Gemeinschaft gemäß Art. 7 EGV waren, war umstritten[203]. Aber gemäß Art. 13 EUV in der neu konsolidierten Fassung[204] gehört die EZB zu den Organen der Europäischen Union. Die detaillierten Bestimmungen über die EZB sind im AEUV und im beigefügten Protokoll (Nr. 4) über die Satzung des ESZB und der EZB (im Folgenden als „ESZB-Satzung" bezeichnet) festgelegt. Im Sechsten Teil „Institutionelle Bestimmungen und Finanzvorschriften", Titel I „Vorschriften über die Organe", Kapitel I des AEUV wird Abschnitt 6 über die EZB eingefügt. Das ist eine Vorbereitung für eine neue europäische Finanzaufsichtsstruktur.

Laut Art. 282 Abs. 1 Satz 1 des AEUV (ex-Art. 107 Abs. 1 EGV) besteht das ESZB aus der EZB und den nationalen Zentralbanken (im Folgenden als „NZBen" bezeichnet) aller EU-Mitgliedsstaaten, unabhängig davon, ob sie den Euro eingeführt haben oder nicht[205]. Die EZB und die NZBen der Mitgliedsstaaten, deren Währung der Euro ist, bilden das Eurosystem und betreiben die Währungspolitik der Union. Das ESZB besitzt selbst keine Rechtspersönlichkeit[206], im Gegensatz dazu besitzt die EZB Rechtspersönlichkeit[207]. Sie besitzt in jedem

---

202 *Kempen*, in: *Streinz*, EUV/AEUV, 2012, Art. 282 AEUV Rn. 1; *Papathanassiou*, in: *Schimansky/Bunte/Lwowski*, Bankrechts-Handbuch, 2011, § 134 Rn. 1.

203 *Palm*, in: *Grabitz/Hilf/Nettesheim*, 2009, Art. 105 EGV Rn. 10, die EZB wurde nun als „Quasi-Organ" oder als „Institution sui generis" oder als „Gemeinschaftsinstitution mit organähnlicher Stellung" bezeichnet.

204 ABl. 2010/C 83/01 vom 30.03.2010.

205 *Löber*, in: *Siegfried Kümpel*, Bank- und Kapitalmarktrecht, 2011, Rn. 5.26; *Ulrich Häde*, in: *Calliess/Ruffert*, 2011, Art. 282 AEUV Rn. 6; *Palm*, in: *Grabitz/Hilf/Nettesheim*, 2009, Art. 107 EGV Rn. 1-2.

206 *Palm*, in: *Grabitz/Hilf/Nettesheim*, 2009, Art. 8 EGV Rn. 12 und Art. 105 EGV Rn. 1 „quasi-eigenständiges Vertragswerk"; Art. 107 EGV Rn. 3, das ESZB ist „nur eine Art Sammelbezeichnung für seine Bestandteile". Vgl. *Kempen*, in: *Streinz*, EUV/AEUV, 2012, Art. 282 AEUV Rn. 4; *Löber*, in: *Siegfried Kümpel*, Bank- und Kapitalmarktrecht, 2011, Rn. 5.34.

207 Art. 282 Abs. 3 AEUV (ex-Art. 107 Abs. 2 EGV); *Kempen*, in: *Streinz*, EUV/AEUV, 2012, Art. 282 AEUV Rn. 8; *Löber*, in: *Siegfried Kümpel*, Bank- und Kapitalmarktrecht, 2011, Rn. 5.55; *Ulrich Häde*, in: *Calliess/Ruffert*, 2011, Art. 282 AEUV Rn. 33-34; *Walter Frenz*, Handbuch Europarecht, Band 6, Institutionen und Politiken, 2011, Kapitel 8 § 1 Rn.1440;

Mitgliedsstaat die weitestgehende Rechts- und Geschäftsfähigkeit, die juristischen Personen nach dessen Rechtsvorschriften zuerkannt ist; sie kann insbesondere bewegliches und unbewegliches Vermögen erwerben und veräußern sowie vor Gericht stehen[208]. Das Verhältnis zwischen EZB und NZBen ist eine hierarchische Unterordnung[209]. Die NZBen sind integraler Bestandteil des ESZB und handeln gemäß den Leitlinien und Weisungen der EZB[210]. Die EZB füllt die dem ESZB nach AEUV übertragenen Aufgaben entweder durch ihre eigene Tätigkeit nach Maßgabe der ESZB-Satzung oder durch die nationalen Zentralbanken nach den Art. 12.1 und 14 ESZB-Satzung aus[211].

Abbildung 4: Beschlussorgane der EZB

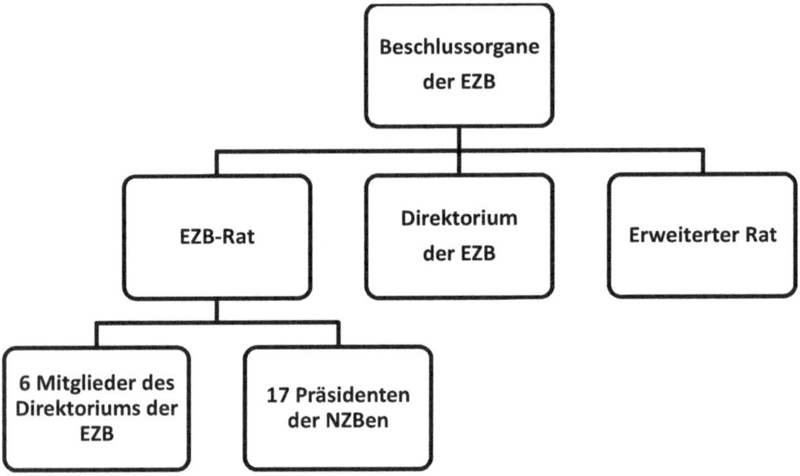

Das ESZB wird von den Beschlussorganen der EZB geleitet. Die Beschlussorgane der EZB sind der EZB-Rat und das Direktorium der EZB[212]. Der

---

Geiger/Khan/Kotzur, 2010, Art. 282 AEUV Rn. 7; *Palm*, in: *Grabitz/Hilf/Nettesheim*, 2009, Art. 107 EGV Rn. 11; *Beata Dziechciarz*, 2009, S. 47; *Peter M. Huber*, Recht der Europäischen Integration, 2002, S. 296, Rn. 129.

208 Art. 9.1 ESZB-Satzung.

209 *Palm*, in: *Grabitz/Hilf/Nettesheim*, Art. 107 EGV Rn. 5; *Matthias Herdegen*, 2011, § 23 Rn. 32.

210 Art. 14.3 ESZB-Satzung.

211 Art. 9.2 ESZB-Satzung. *Walter Frenz,* Handbuch Europarecht, Band 6, Institutionen und Politiken, 2011, Kapitel 8 § 1 Rn. 1467.

212 Art. 129 Abs. 1 AEUV, Art. 282 Abs.2 AEUV (ex-Art. 107 Abs. 3 EGV), Art. 9. 3 ESZB-Satzung; *Löber*, in: *Siegfried Kümpel*, Bank- und Kapitalmarktrecht, 2011, Rn. 5.101; *Mat-*

EZB-Rat besteht aus den Mitgliedern des Direktoriums der EZB und den Präsidenten der NZBen der Mitgliedsstaaten, deren Währung der Euro ist. Das Direktorium besteht aus dem Präsidenten, dem Vizepräsidenten und vier weiteren Mitgliedern[213]. Der Erweiterte Rat der EZB als drittes Beschlussorgan der EZB ist eine Sonderregelung für die Nichtteilnehmerstaaten, die dem Euro-Währungsgebiet nicht beigetreten sind. Damit können die Präsidenten der nationalen Zentralbanken der nicht dem Euro-Währungsgebiet angehörenden Mitgliedsstaaten an der Tätigkeit der EZB teilnehmen[214].

III. Aufgaben des ESZB und der EZB – besonders im Bereich der Finanzaufsicht

Nach Art. 127 Abs. 1 und Art. 282 Abs. 2 Satz 2 und 3 AEUV (ex-Art. 105 Abs. 1 EGV) ist das vorrangige Ziel des ESZB, die Preisstabilität zu gewährleisten[215]. Nur wenn dieses Ziel der Preisstabilität nicht beeinträchtigt wird, unterstützt das ESZB die allgemeine Wirtschaftspolitik in der Union, um zur Verwirklichung der in Art. 3 EUV festgelegten Ziele der Union beizutragen. Nach Art. 127 Abs. 2 AEUV (ex-Art. 105 Abs. 2 EGV) sind die grundlegenden Aufgaben des ESZB die Festlegung und Ausführung der Geldpolitik der Union, Durchführung von Devisengeschäften im Einklang mit Art. 219 AEUV, die Verwaltung der offiziellen Währungsreserven der Mitgliedsstaaten und die Förderung des reibungslosen Funktionierens der Zahlungssysteme[216].

---

thias Herdegen, 2011, § 23 Rn. 27; *Papathanassiou,* in: *Schimansky/Bunte/Lwowski*, Bankrechts-Handbuch, 2011, § 134 Rn. 43; *Sauer/Witteman,* in: *Assies/Beule/Heise/Stube*, FA-BKR, 2010, Kap. 1 Rn. 61; *Peter M. Huber*, Recht der Europäischen Integration, 2002, S. 296, Rn. 128.

213 Art. 283 Abs. 1 und 2 AEUV (ex-Art. 112 EGV); *Löber*, in: *Siegfried Kümpel*, Bank- und Kapitalmarktrecht, 2011, Rn. 5.110; *Papathanassiou,* in: *Schimansky/Bunte/Lwowski*, Bankrechts-Handbuch, 2011, § 134 Rn. 46; *Peter M. Huber*, Recht der Europäischen Integration, 2002, S. 296, Rn. 130.

214 Art. 141 AEUV (ex-Art. 123 Abs. 3 EGV); Art. 45 und 46 ESZB-Satzung; *Löber*, in: *Siegfried Kümpel*, Bank- und Kapitalmarktrecht, 2011, Rn. 5.118-120; *Papathanassiou,* in: *Schimansky/Bunte/Lwowski*, Bankrechts-Handbuch, 2011, § 134 Rn. 49; *Peter M. Huber*, Recht der Europäischen Integration, 2002, S. 296, Rn. 131.

215 *Kempen*, in: *Streinz*, 2012, Art. 127 AEUV Rn. 2; *Ulrich Häde,* in: *Calliess/Ruffert*, EUV/AEUV, 2011, Art. 127 AEUV Rn. 2; *Papathanassiou,* in: *Schimansky/Bunte/Lwowski*, Bankrechts-Handbuch, 2011, § 134 Rn. 13; *Peter M. Huber*, Recht der Europäischen Integration, 2002, S. 296, Rn. 132.

216 Art. 3.1 ESZB-Satzung; *Papathanassiou,* in: *Schimansky/Bunte/Lwowski*, Bankrechts-Handbuch, 2011, § 134 Rn. 16-27; *Karahan,* in: *Albrecht/Karahan/Lenenbach*, FA Bank- und KapitalmarktR, 2010, § 3 Rn. 15-18; *Löber*, in: *Siegfried Kümpel*, Bank- und Kapital-

Zu den Aufgaben des ESZB kommt noch die Durchführung der Bankenaufsicht hinzu, auch wenn diese nicht zu den klassischen Aufgaben des ESZB gehört. Das ESZB trägt zur reibungslosen Durchführung der von den zuständigen Behörden auf dem Gebiet der Aufsicht über die Kreditinstitute und der Stabilität des Finanzsystems ergriffenen Maßnahmen bei. Der Rat kann einstimmig durch Verordnungen und nach Anhörung des Europäischen Parlaments und der EZB besondere Aufgaben im Zusammenhang mit der Aufsicht über Kreditinstitute und sonstige Finanzinstitute mit Ausnahme von Versicherungsunternehmen der EZB übertragen. Aber soweit werden die Aufgaben der Aufsicht über die Kreditinstitute noch von den NZBen in eigener Verantwortung und auf eigene Rechnung wahrgenommen[217].

Seit der ersten und zweiten Bankrechtskoordinierungsrichtlinie sind die Prinzipien der nationalen Zuständigkeit und der Zusammenarbeit festgelegt. Die Zuständigkeit für die Finanzaufsicht liegt noch bei den jeweiligen nationalen Behörden und die Aufgaben der Finanzaufsicht werden dabei durch die Aufsichtsbehörde des Landes, in dem die Erlaubnis erteilt wurde, durchgeführt. Das heißt, dass die Zuständigkeit für die Finanzaufsicht nicht auf die EZB übertragen wird. Im Bereich der Finanzaufsicht ist die EZB zur Zentralstelle des Informationsaustauschs geworden. Die Finanzaufsicht fällt zwar in die nationale Zuständigkeit, die Zusammenarbeit zwischen dem Eurosystem und den nationalen Aufsichtsbehörden sowie unter den nationalen Aufsichtsbehörden ist aber von gewichtiger Bedeutung für die Stabilität des Finanzsystems[218].

E. Koordinierung zwischen den Mitgliedsstaaten der EU

Im Gefolge der zunehmend grenzüberschreitenden Tätigkeiten von Finanzinstituten in der EU wird es wichtiger, die Finanzaufsichtsbehörden der Mitgliedsstaaten miteinander und untereinander zu koordinieren. Im Rahmen des ersten

---

marktrecht, 2011, Rn. 5.211 ff.; *Beata Dziechciarz*, 2009, S. 54-59; *Peter M. Huber*, Recht der Europäischen Integration, 2002, S. 297, Rn. 133.

217 Art. 127 Abs. 5 und 6 AEUV (ex-Art. 105 Abs. 5 und 6 EGV); Art. 3.3 und 25 ESZB-Satzung; *Palm*, in: *Grabitz/Hilf/Nettesheim*, 2009, Art. 105 EGV Rn. 61-62; *Kempen*, in: *Streinz*, 2012, Art. 127 AEUV Rn. 16; *Papathanassiou*, in: *Schimansky/Bunte/Lwowski*, Bankrechts-Handbuch, 2011, § 134 Rn. 117; *Löber*, in: *Siegfried Kümpel*, Bank- und Kapitalmarktrecht, 2011, Rn. 5.276 ff.; *Ulrich Häde*, in: *Calliess/Ruffert*, 2011, Art. 127 AEUV Rn. 53; *Sauer/Witteman*, in: *Assies/Beule/Heise/Stube*, FA-BKR, 2010, Kap. 1 Rn. 63; *Beata Dziechciarz*, 2009, S. 63-66, 180-181.

218 *Beata Dziechciarz*, 2009, S. 64; EZB-Monatsbericht April 2000 S. 62, Mai 2000, S.59; EZB-Monatsbericht November 2004, S. 94.

Grundsatzes der gegenseitigen Anerkennung von Zulassungsentscheidungen (Europäischer Pass) wird ein harmonisierter Aufsichtsstandard an erster Stelle genannt. Zwar hat der seit 1974 von den Zentralbanken der G10-Staaten gegründete Baseler Ausschuss für Bankenaufsicht zu international einheitlichen bankaufsichtlichen Regelungen beigetragen. Dadurch wird eine Zusammenarbeit der nationalen zuständigen Aufsichtsbehörden gewährleistet. Aber seine Beschlüsse sind nicht rechtlich verbindlich[219].

Zur Schaffung eines integrierten europäischen Finanzmarktes sollen die Vorschriften der Finanzaufsicht der Mitgliedsstaaten der EU angeglichen werden. Die EG-Richtlinien sind wichtige Instrumente dafür [220]. Um den EU-Gesetzgebungsprozess zu beschleunigen, hat das Lamfalussy-Verfahren auf vier Stufen im Bereich der Finanzdienstleistungen eingesetzt[221]. Am Anfang bezog sich das Lamfalussy-Verfahren nur auf den Wertpapiersektor, als es im März 2002 gebilligt wurde. Im Dezember 2002 hat der Rat beschlossen, dass das Lamfalussy-Verfahren auch für den gesamten Finanzsektor gilt. Im Bereich der Finanzaufsicht ist auf der 3. Stufe des Verfahrens der Ausschuss der europäischen Bankaufsichtsbehörden (Committee of European Banking Supervisors, CEBS) besonders wichtig, da hierüber die nationalen Bankenaufsichtsbehörden und die EZB zusammenarbeiten.

---

219 *Hirte/Heinrich,* in: *Derleder/Knops/Bamberger*, 2009, § 73 Rn. 10; *Michael Träm*, Bankenaufsicht, 2006, S. 83-84.

220 *Hirte/Heinrich,* in: *Derleder/Knops/Bamberger*, 2009, § 73 Rn. 3.

221 Der Lamfalussy-Verfahren wurde in vier Stufen eingeteilt. Auf der 1. Stufe wird ein Rechtsakt erlassen wie übliches Rechtsetzungsverfahren im Mitentscheidungsverfahren. Auf der 2. Stufe werden die Durchführungsbestimmungen des Rechtsaktes von vier Fachausschüssen erarbeitet. Auf der 3. Stufe werden die zuständige Aufsichtsbehörden der Mitgliedsstaaten durch drei Expertenausschüsse intensive zusammenarbeiten, die aus dem Ausschuss der europäischen Bankaufsichtsbehörden (Committee of European Banking Supervisors, CEBS), dem Ausschuss der europäischen Wertpapierregulierungsbehörden (Committee of European Securities Regulators, CESR) sowie dem Ausschuss der europäischen Aufsichtsbehörden für das Versicherungswesen und die betriebliche Altersversorgung (Committee of European Insurance and Occupational Pensions Supervisors, CEIOPS) bestanden. Auf der 4. Stufe wird die Durchsetzung überwacht. Siehe *Wittig*, in: *Siegfried Kümpel*, Bank- und Kapitalmarktrecht, 2011, Rn. 1.62; *Martin Lembke*, 2010, S. 63 ff. und S. 150; *Hirte/Heinrich,* in: *Derleder/Knops/Bamberger*, 2009, § 73 Rn. 5; *Sauer/Witteman,* in: *Assies/Beule/Heise/Stube*, FA-BKR, 2010, Kap. 1 Rn. 92-93; *Jörn-Carsten Gottwald*, 2011, S. 169 ff.; *Natalia Kohtamäki*, 2012, S. 40-44, 72-77; *Rötting/Lang*, Das Lamfalussy-Verfahren im Umfeld der Neuordnung der europäischen Finanzaufsichtsstrukturen, EuZW 2012, S. 8.

Bei der laufenden Aufsicht sind die Aufsichtsbehörden des Herkunftsmitgliedsstaats vorrangig zuständig[222]. Nur bei der Überwachung der Liquidität der Zweigstelle eines Kreditinstituts hat die zuständige Behörde des Aufnahmemitgliedsstaats eigenständige Befugnis[223]. Außerdem sind die Zuständigkeiten des Aufnahmemitgliedsstaats subsidiär. Das heißt, die meiste Finanzaufsicht liegt grundsätzlich noch bei den zuständigen Aufsichtsbehörden des Herkunftsmitgliedsstaats[224]. Aber die zuständigen Aufsichtsbehörden des Herkunftsmitgliedsstaates können auch die zuständigen Aufsichtsbehörden des Aufnahmenmitgliedsstaates um Überprüfung ersuchen[225]. Durch ein Memorandum of Understanding (MOU) zwischen den Finanzaufsichtsbehörden kann auch eine weitgehende Zusammenarbeit ermöglicht werden[226].

F. Eine neue europäische Finanzaufsichtsstruktur[227]

Kurz nach der 2008 auftretenden weltweiten Finanzkrise wurde der von der Kommission beauftragte De-Larosière-Bericht[228] am 25. Feb. 2009 veröffentlicht, in der die Regulierung und Beaufsichtigung der europäischen Finanzmärkte untersucht wurden. Aufgrund des Berichts hat die EU-Kommission im September 2009 einen neuen Aufsichtsrahmen vorgelegt, in dem grundsätzlich die Finanzaufsicht auf Makro- und Mikroebene enthalten ist[229].

---

222 Art. 40 Abs. 1 Satz 1 RL 2006/48, „Die Bankenaufsicht über ein Kreditinstitut einschließlich der Tätigkeiten, die es gemäß den Artikeln 23 und 24 ausübt, obliegt den zuständigen Behörden des Herkunftsmitgliedsstaats".

223 Art. 41 Abs. 1 RL 2006/48, „Bis zur weiteren Koordinierung bleibt der Aufnahmemitgliedsstaat in Zusammenarbeit mit der zuständigen Behörde des Herkunftsmitgliedsstaats mit der Überwachung der Liquidität der Zweigniederlassung eines Kreditinstituts beauftragt".

224 *Ohler,* in: *Derleder/Knops/Bamberger*, 2009, § 76 Rn. 37-40.

225§ 8 Abs. 3a KWG; § 7 WpHG; Art. 24 Abs. 2 RL 93/22/EWG über Wertpapierdienstleistungen, ABl. Nr. L 141/27 vom 11.06.1993.

226 *Uwe H. Schneider*, Internationales Kapitalmarktrecht. In: Die Aktiengesellschaft 2001 S. 273 ff; *Natalia Kohtamäki*, 2012, S. 81-84.

227 Vgl. *Winterfeld,* in: *Schimansky/Bunte/Lwowski*, Bankrechts-Handbuch, 2011, § 124a Rn. 129-132; *Markus Lenenbach*, 2010, Rn. 15.76; *Klaus J. Hopt*, Auf dem Weg zu einer neuen europäischen Finanzmarktarchitektur, EuZW 15/2009, S. 513; EU-Parlament stimmt Regelungen für neue Finanzaufsicht zu, EuZW 20/2010, S. 763.

228 The High Level Group on Financial Supervision in the EU chaired by Jacques de Larosière, Report, Brussels, 25.02.2009, abrufbar unter: http://www.esrb.europa.eu/shared/pdf/de_larosiere_report_de.pdf?5c1aed0a5ce23e919584 6303dbe13c3f.

229 *Werner Heun,* JZ 5/2012 S. 238; *Hellwig/Höfling/Zimmer,* Gutachten F, 2010, S. F 43-45.

I. Einrichtung eines Europäischen Finanzaufsichtssystems

Auf Grundlage der Empfehlung des de-Larosière-Berichts soll ein neues Finanzaufsichtssystem auf europäischer Ebene errichtet werden[230]. In diesem wird ein Netzverbund für die Finanzaufsicht auf nationaler und auf Unionsebene vorgeschlagen. Ein europäisches Finanzaufsichtssystem - das ESFS (European System of Financial Supervision) - wurde im November 2010 errichtet[231]. Das ESFS besteht aus[232] dem Europäischen Ausschuss für Systemrisiken (European Systemic Risk Board, ESRB), dem Gemeinsamen Ausschuss[233], den zuständigen Aufsichtsbehörden der Mitgliedsstaaten[234] und drei neuen Aufsichtsbehörden.

Die drei neuen Aufsichtsbehörden gestalten die Europäischen Aufsichtsbehörden (European Supervisory Authorities, ESAs), die statt der bestehenden europäischen Aufsichtsausschüsse[235], durch eine Europäische Bankaufsichtsbehörde (European Banking Authority, EBA)[236], eine Europäische Aufsichtsbehörde für das Versicherungswesen und die betriebliche Altersversorgung (European Insurance and Occupational Pensions Authority, EIOPA)[237] und eine Europäische Wertpapier- und Marktaufsichtsbehörde (European Securities and Markets

230 Nr. 183) bis 189) und Empfehlung 18 des de-Larosière-Berichts; *Von Katja Michel*, Die neue Europäische Bankenaufsichtsbehörde, DÖV 2011, S. 728; *Natalia Kohtamäki*, 2012, S. 97-101.

231 Siehe auch Erwägungsgrund 14. der Verordnung (EU) Nr. 1092/2010 des Europäischen Parlaments und des Rates vom 24.11.2010 über die Finanzaufsicht der Europäischen Union auf Makroebene und zur Errichtung eines Europäischen Ausschusses für Systemrisiken. Vlg. *Wittig*, in: *Siegfried Kümpel*, Bank- und Kapitalmarktrecht, 2011, Rn. 1.89; *Natalia Kohtamäki*, Die Reform der Bankenaufsicht in der Europäischen Union, 2012, S. 115ff.

232 Art. 1 Abs. 3 der Verordnung (EU) Nr. 1092/2010.

233 Gemeinsamer Ausschuss der Europäischen Aufsichtsbehörden, der gemäß Art. 54 der Verordnung (EU) Nr. 1093/2010, der Verordnung (EU) Nr. 1094/2010 bzw. der Verordnung (EU) Nr. 1095/2010 eingerichtet wird.

234 Im Sinne der in Art. 1 Abs. 2 der Verordnung (EU) Nr. 1093/2010, der Verordnung (EU) Nr. 1094/2010 und der Verordnung (EU) Nr. 1095/2010 genannten Rechtsakte der Union.

235 Die Stufe-3-Ausschüsse nach dem Lamfalussy-Verfahren sind der Ausschuss der Europäischen Bankaufsichtsbehörden (Committee of European Banking Supervisors, CEBS), der Ausschuss der europäischen Wertpapierregulierungsbehörden (Committee of European Securities Regulators, CESR) und der Ausschuss der europäischen Aufsichtsbehörden für das Versicherungswesen und die betriebliche Altersversorgung (Committee of European Insurance and Occupational Pensions Committee, CEIOPS); *Natalia Kohtamäki*, 2012, S. 140-141-145.

236 Eingerichtet durch die Verordnung (EU) Nr. 1093/2010; *Natalia Kohtamäki*, 2012, S. 155.

237 Eingerichtet durch die Verordnung (EU) Nr. 1094/2010.

Authority, ESMA)[238] ersetzen[239]. Dadurch arbeiten die nationalen zuständigen Finanzaufsichtsbehörden mit den neuen ESAs zusammen. Ab 2011 werden drei neue europäische Finanzaufsichtsbehörden eingerichtet[240].

II. Einsetzung eines Europäischen Ausschusses für Systemrisiken[241]

Zur gemeinschaftlichen Finanzaufsicht auf Makroebene wird der ESRB (European Systemic Risk Board) als neues unabhängiges Gremium ohne Rechtspersönlichkeit eingerichtet[242]. Die Organisation des ESRB obliegt einem Verwaltungsrat, einem Lenkungsausschuss, einem Sekretariat, einem Beratenden Wissenschaftlichen Ausschuss und einem Beratenden Fachausschuss[243]. Sein zentrales Beschlussorgan ist der Verwaltungsrat[244]. Der Lenkungsausschuss unterstützt den Entscheidungsprozess des ESRB und bereitet die Sitzungen des Verwaltungsrats vor. Das von der EZB gestellte Sekretariat des ESRB führt die analytische Arbeit und die logistische Unterstützung aus[245].

Das Hauptziel des ESRB ist, systemische Risiken innerhalb des Finanzsystems der EU zu verhindern oder einzudämmen[246]. Der ESRB kann Warnungen oder Empfehlungen machen. Aber wegen Mangels an Befugnis sind die Emp-

---

238 Eingerichtet durch die Verordnung (EU) Nr. 1095/2010.

239 Empfehlung 22 des de-Larosière-Berichts; *Streinz*, in: *Streinz,* EUV/AEUV, 2012, Art. 13 EUV Rn. 46; *Matthias Herdegen*, 2011, § 7 Rn. 107.

240 Art. 82 der Verordnung (EU) Nr. 1093/2010, ABl. L 331/47; Art. 82 der Verordnung (EU) Nr. 1094/2010, ABl. L 331/83; Art. 82 der Verordnung (EU) Nr. 1095/2010, ABl. L 331/119.

241 Im De-Larosière-Bericht wurde ein neues Gremium mit der Bezeichnung Europäischer Rat für Systemrisiken (European Systemic Risk Council, ESRC) zur Aufsicht auf Makroebene empfohlen. Aber danach ist ein ESRB auf Vorschlag der Kommission einzusetzen; Vorschlag für eine Verordnung des Europäischen Parlaments und des Rates über die gemeinschaftliche Finanzaufsicht auf Makroebene und zur Einsetzung eines Europäischen Ausschusses für Systemrisiken, KOM(2009) 499 endg. vom 23.09.2009; Siehe auch Erwägungsgrund 4 der Verordnung (EU) Nr. 1092/2010; *Wittig*, in: *Siegfried Kümpel*, Bank- und Kapitalmarktrecht, 2011, Rn. 1.88.

242 Begründung 4. KOM(2009) 499 endg.; Erwägungsgrund 15. der Verordnung (EU) Nr. 1092/2010; *Natalia Kohtamäki*, 2012, S. 118-120, 136-139.

243 Art. 4 der Verordnung (EU) Nr. 1092/2010; *Natalia Kohtamäki*, 2012, S. 121-122.

244 *Natalia Kohtamäki*, 2012, S. 124-126.

245 Art. 4 KOM(2009) 499 endg; *Natalia Kohtamäki*, 2012, S. 126-127.

246 Art. 3 KOM(2009) 499 endg.; Erwägungsgrund 10 der Verordnung (EU) Nr. 1092/2010; *Natalia Kohtamäki*, 2012, S. 129.

fehlungen des ESRB nicht rechtsverbindlich[247]. Der ESRB arbeitet auch eng mit den Europäischen Finanzaufsichtsbehörden, den nationalen Zentralbanken und den Mitgliedsstaaten zusammen und sie tauschen miteinander nötige Informationen aus[248]. Als Aufsichtsinstanz auf Makroebene wird der ESRB auch mit dem Europäischen Finanzaufsichtssystems zusammen auf Mikroebene eine Struktur der Finanzaufsicht innerhalb der EU gestalten[249].

Abbildung 5: Organisation des ESFS

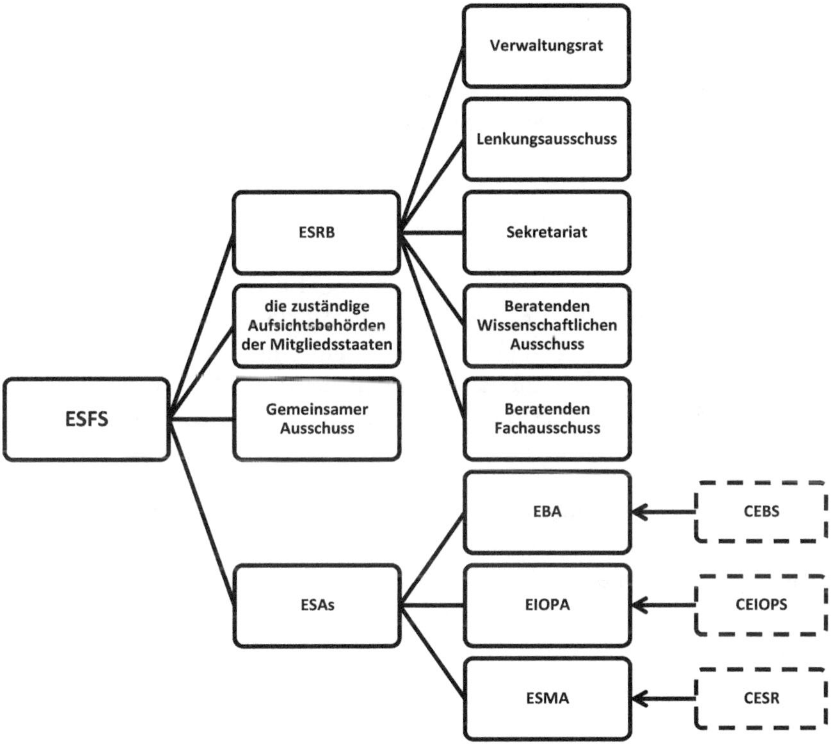

247 Begründung 6.2.1 und zu Art. 16 KOM(2009) 499 endg.
248 Art. 15 KOM(2009) 499 endg; *Natalia Kohtamäki*, 2012, S. 130-131.
249 Begründung 4. und 6.3 KOM(2009) 499 endg.

§ 4 Fazit

Die Finanzaufsicht in Deutschland ging nach dem 01.01.1962 in einer einheitlichen zentralisierten Aufsicht auf das BMF. Seit 2002 wird durch die Einrichtung der BaFin eine Allfinanzaufsicht über Banken, Versicherungsunternehmen und Wertpapierfirmen aufgebaut. Obwohl ihre Organisation unter einem Dach erfolgt, gibt es drei Abteilungen nach Banken-, Versicherungs- und Wertpapieraufsicht innerhalb der BaFin. Die materiellen Aufsichtsgesetze wurden nicht berührt.

Zusätzlich hat zwar die Einlagensicherung in Deutschland im Bereich der Finanzaufsicht keine Rolle gespielt, aber Institute[250] haben seit Juli 1998 nach § 23a KWG und § 2 EAEG die Verpflichtung, einer für sie zuständigen gesetzlichen Entschädigungseinrichtung anzugehören[251].

Wegen der Integration des Finanzmarkts in der EU geht die Finanzaufsicht zunehmend auf die EU-Ebene über. Nach der Empfehlung des de-Larosière-Berichts wurden ESFS und drei europäischen Aufsichtsbehörden eingerichtet. Die Befugnisse der Finanzaufsicht wurden auf EU-Ebene übertragen. Die Schaffung einer einheitlichen materiellen Regelungsordnung in der EU wird angestrebt[252]. Ein konkretes, ausführendes Finanzaufsichtssystem wird eingeführt und seit dem 1. Januar 2011 nimmt der ESRB die Aufsicht in der EU wahr[253]. Allerdings gibt es darunter ergänzend drei europäische Aufsichtsbehörden mit eigenständigen Befugnissen. Die EBA mit Sitz in London ist in der Bankenaufsicht tätig, die EIOPA mit Sitz in Frankfurt am Main in der Versicherungsaufsicht und die ESMA mit Sitz in Paris in der Wertpapieraufsicht[254]. Hier erfolgt die Trennung noch nach der Institution bzw. nach Bankwesen, Versicherungswesen und Wertpapierfirmen.

---

250 Im Sinne des EAEG sind Institute Einlagenkreditinstitute, Kreditinstitute, Finanzdienstleistungsinstitute und Kapitalanlagegesellschaften.

251 Vgl. *Rümker/Winterfeld*, in: *Schimansky/Bunte/Lwowski*, Bankrechts-Handbuch, 2011, § 124 Rn. 168; *Karahan*, in: *Albrecht/Karahan/Lenenbach*, FA Bank- und KapitalmarktR, 2010, § 8 Rn. 224-229; *Fischer*, in: *Boos/Fischer/Schulte-Mattler*, 2008, § 23a KWG Rn. 2.

252 *Uwe H. Schneider*, S. 278 ff.

253 Das Jahresbericht der BaFin 2010, S. 14.

254 *Martin Lembke*, Eine Aufsichtsbehörde für den europäischen Kapitalmarkt, 2010, S. 78-80.

Der ESRB dient als ein europäischer Ausschuss für Systemrisiken, benötigt aber die Unterstützung der EZB, da diese aufgrund ihrer Sachkompetenz und ihrer bereits bestehenden Zuständigkeiten im Bereich der Finanzstabilität eine führende Rolle spielt[255]. Den Vorsitz des ESRB führt der Präsident der EZB für eine Amtszeit von fünf Jahren nach dem Inkrafttreten dieser Verordnung[256]. Der Präsident und der Vizepräsident der EZB sind stimmberechtigte Mitglieder des Verwaltungsrats des ESRB[257]. Das Sekretariat des ESRB wird von der EZB gestellt. Dadurch unterstützt die EZB den ESRB analytisch, statistisch, administrativ und logistisch[258].

Die neu eingerichtete EBA ist ein Bestandteil des ESFS[259]. Sie arbeitet im Rahmen des Gemeinsamen Ausschusses regelmäßig und eng mit dem ESRB zusammen[260]. Infolge zunehmender grenzübergreifender Tätigkeiten von Finanzinstituten ist es unzureichend, wenn die nationalen Aufsichtsbehörden nur Informationsaustausch betreiben[261]. Eine Aufgabe der EBA ist es deshalb beispielsweise, EU-weite Bankenstresstests durchzuführen[262].

255 Erwägungsgrund 24. der Verordnung (EU) Nr. 1092/2010.

256 Art. 5 Abs. 1 der Verordnung (EU) Nr. 1092/2010.

257 Art. 6 Abs. 1 a) der Verordnung (EU) Nr. 1092/2010; Art.1 der Verordnung (EU) Nr. 1096/2010.

258 Erwägungsgründe 8. und 9. sowie Art. 2 der Verordnung (EU) Nr. 1096/2010.

259 Art. 2 Abs. 1 der Verordnung (EU) Nr. 1093/2010.

260 Art. 2 Abs. 3 der Verordnung (EU) Nr. 1093/2010.

261 Erwägungsgrund 8. der Verordnung (EU) Nr. 1093/2010.

262 Pressemitteilung der EU-Kommission vom 19.01.2011, JP/11/49; *Natalia Kohtamäki*, 2012, S. 173ff.; *Von Katja Michel*, DÖV 2011, S. 731-732.

3. Teil: Die Reform der Finanzaufsicht in Taiwan

Das Bankwesen hat sich in den vergangenen Jahrzehnten kräftig gewandelt, vom traditionellen Geschäft hin zu neuartigen Finanzdienstleistungen, von einem lokalen Dienstleister für die Realwirtschaft hin zu einer globalen Finanzindustrie. Diese Wandlung bringt es mit sich, dass das Finanzaufsichtssystem laufend erneuert und angepasst werden muss und auch die Finanzaufsichtsbehörden vor neue Herausforderungen stellt. Wie auf andere Länder trifft dies auch auf Taiwan zu. Im Folgenden werden die Geschichte und die Entwicklung der Finanzaufsicht in Taiwan dargestellt.

§ 1 Der Vorgang der Finanzreform in Taiwan

A. Konservative Finanzpolitik - vor 1989[263]

Nach dem Zweiten Weltkrieg fielen die Banken in Taiwan in zwei Kategorien: einerseits in solche, die während der Besetzung Japans gegründet wurden[264], andererseits in solche, die von China nach Taiwan verlegt wurden[265]. Um die schwierige wirtschaftliche Situation zu meistern, hat der Staat das Finanzsystem und den Finanzmarkt mit strenger Hand kontrolliert[266]. Diese konservative Finanzpolitik hat fast 40 Jahre angehalten. Bis in die 80er Jahre befanden sich die Banken noch im Mehrheitsbesitz des Staates[267]. Damals bestand die Hauptrolle des Finanzmarkts im Erbringen klassischer Bankdienstleistungen, während Ver-

263 In diesem Jahr wurde das BWG umfassend geändert. Das Ziel der Überarbeitung war die Liberalisierung des Finanzsystems. Selbstverständlich wurde die Umwandlung nicht in einem Jahr erreicht, sondern in einem fortschreitenden Prozess.

264 Von 1895 bis 1945 war Taiwan eine Kolonie Japans. Nach dem Zweiten Weltkrieg sind die Banken, die in japanischer Hand waren, in taiwanischen Staatsbesitz übergegangen. Über die Besetzung durch die Japaner siehe *Georg Prinz Zur Lippe,* Diss. TU München, 1991, S. 24; *Chien-Zer Liu,* Bäuerliche Landwirtschaft in Taiwan, 1982, S. 11-13.

265 Staats- und Verwaltungsaufbau Taiwans siehe *Rainer Adam*, Agrarverfassung, Agrarstruktur und wirtschaftliche Entwicklung in Taiwan, 1988, S. 26 ff.; *Chien-Zer Liu,* S. 14-16.

266 Siehe *Marion Brecht*, Taiwans „Cathay"- Skandal, 1990, S. 9; *Sun/Su/Lin/Lin*, 1996, S. 300; *Peter Heck,* Taiwan – Vom Wirtschaftswunder zur ökologischen Krise, 1995, S. 93; *Way-Wen Yang*, The Study of Organization Restructure for Financial Supervisory Agency based on Functional Regulation, Taipei University Law Review, 70/2009, S. 223.

267 Die spezifischen Reglementierungen Taiwans auf dem Finanzsektor siehe *Marion Brecht*, 1990, S. 13 ff. und S. 78.

sicherungen oder Wertpapiere noch nicht so populär waren wie heute. Die öffentlichen Banken nahmen Geschäfte im öffentlichen Auftrag wahr. Sie boten nicht nur Kredit- und Finanzdienstleistungen für Kunden an, sondern halfen auch bei der Erfüllung von Verwaltungsaufgaben der Finanzpolitik, beispielsweise in Form von Unterstützung für kleine und mittlere Unternehmen[268].

Durch gesetzliche Vorschriften erfolgte die Abgrenzung zwischen den Angeboten der Banken, des Versicherungswesens und der Wertpapierhandelsunternehmen. Dementsprechend wurde die Aufgabe der Aufsicht über die verschiedenen Bereiche des Finanzmarktes von verschiedenen Aufsichtsbehörden nach der Art der Finanzgeschäfte streng voneinander getrennt ausgeübt. Daher war das Bankwesen vom Gesetz über Banken, das Versicherungswesen vom Versicherungsgesetz und das Wertpapierhandelsgeschäft vom Wertpapierhandelsgesetz geregelt. Diese deutliche gesetzliche Trennung führte zu der damaligen Arbeitsteilung zwischen den Aufsichtsbehörden.

Im Jahr 1985 waren die Tenth Credit Cooperative Association of Taipei City und die Cathay Trust and Investment Corporation wegen einer großen Menge illegaler Kreditvergaben in Schwierigkeiten geraten und hatten einen „Bank Run" ausgelöst. Daraufhin wurden sie von der Taiwan Cooperative Bank (TCB, 合作金庫) und von den Bankengruppen übernommen[269]. Das Ereignis zeigte nicht nur Mängel in der Aufsicht auf, sondern auch das Bedürfnis nach einer Liberalisierung des Finanzsektors.

B. Epoche der Liberalisierung - nach 1989

Das Hauptziel der Regierung nach dem Zweiten Weltkrieg bestand darin, die Wirtschafts- und Finanzordnung zu stabilisieren. Obwohl die relativ konservative Politik zur Stabilität und Entwicklung der Volkswirtschaft Taiwans beigetragen hat, ging sie nach dem konjunkturellen Aufschwung nicht mit der Zeit. Nach der Erweiterung des Finanzmarkts konnten Sicherheits- und Effizienzargumente

268 Bei der Kreditgewährung an den kleinen und mittleren Unternehmen haben die öffentlichen Banken eine wichtige Rolle gespielt. Sie haben die Finanzpolitik der Regierung aufeinander abgestimmt. *Rui-Zhen Jiang*, Assessing the Impact of Privatization of Public-Owned Banks on Financing of Small-Medium Enterprise, 30.10.2009, abrufbar unter: http://www.cepd.gov.tw/dn.aspx?uid=7999.

269 Über das Ereignis um die Cathay-Gruppe, siehe *Marion Brecht*, Taiwans „Cathay"-Skandal, 1990. In den 80er Jahren stieg der wirtschaftliche Wohlstand Taiwans stark an. Die Tenth Credit Cooperative Association of Taipei City hatte überhöhte Einlagenzinsen angeboten, damit sie große Mengen Geld bekam, um damit Kreditgeschäfte zu betreiben.

das staatliche Monopol auf dem Finanzmarkt nicht mehr rechtfertigen. Die Liberalisierung der Finanzmärkte war zu einem starken Trend in der internationalen Gemeinschaft geworden. So stand auch die Regierung Taiwans gewissermaßen unter dem Druck der inländischen und ausländischen Finanzmärkte und überlegte, die Finanzpolitik Taiwans doch zu liberalisieren und Schritt für Schritt die Märkte zu öffnen[270]. Seit 1989 schließlich hat die Regierung die Politik der Liberalisierung entscheidend vorangetrieben. In den folgenden zwei Jahren wurden 16 private Banken zur Gründung zugelassen. Auch die Gründung von Wertpapierhandelsunternehmen und Versicherungsunternehmen wurde sukzessive zugelassen. Außerbörslicher Handel oder OTC-Handel (Over-the-counter)[271] existiert erst seit 1989. Taiwan Futures Exchange wurde im Jahr 1997 gegründet[272]. Um das Ziel der Liberalisierung, der Globalisierung, der Institutionalisierung und der Selbstregulierung[273] zu erreichen sowie die Stabilität des Finanzsystems in Taiwan zu stärken, hat die Legislative von Taiwan eine Reihe einschlägiger Finanzgesetze verabschiedet und überarbeitet, die neben der Wandlung der globalen Märkte auch eine Herausforderung für die taiwansche Finanzbranche darstellten.

Nachdem das Gesetz über Finanzholding-Gesellschaften (The Financial Holding Company Act) im Juni 2001 in Kraft getreten ist, wurde das Finanzministerium (Ministry of Finance, im Folgenden kurz als „MoF" bezeichnet) vor die Aufgabe gestellt, sich den wachsende Problemen zu stellen, die aus den zunehmenden Fusionen zwischen inländischen Finanzdienstleistern oder Allianzen von Finanzdienstleistern mit Unternehmen anderer Branchen zustande kamen. Finanzielle Konsolidierung und Zunahme geschäftsübergreifender Sektoren (Cross-Business-Bereich) führten zu einem Bedarf an komplexen Überwachungsmechanismen. So wurde es erforderlich, eine einheitliche Finanzaufsicht einzuführen, welche professioneller und zielgerichteter vorgehen konnte. Im Juli 2004 wurden eine neue Finanzaufsichtsbehörde und ein einheitliches Finanzaufsichtssystem in Taiwan errichtet.

---

270 Über den Vorgang zur Liberalisierung siehe *Sai Chang*, Von der traditionellen Gesellschaft zum Take-off: die Wirtschaftsentwicklung Taiwans, 1984, S. 177 ff. und S. 234 ff.

271 Begriff der OTC-Geschäfte siehe *Rudolf*, in: *Siegfried Kümpel*, Bank- und Kapitalmarktrecht, 2011, Rn. 19.101.

272 Das Gesetz über Termingeschäft (Futures Trading Act) wurde am 26.03.1997 erlassen.

273 Der Bankenverband (The Bankers Association of the Republic of China) wurde am 09.08.1983 gegründet, während der Bundesverband deutscher Banken im Jahre 1951 in Köln gegründet wurde. Siehe *Fischer/Klanten*, 2010, Rn. 1.80.

Allerdings gab es nach der Liberalisierung noch einige Ereignisse auf dem Finanzmarkt in Taiwan, die zu Dominoeffekten und Kettenreaktionen[274] auf dem Finanzmarkt führten. Diese hatten je einen Bankenansturm bei vielen Finanzinstituten zur Folge, welche damit in starke Liquiditätsschwierigkeiten gerieten. Die Regierung hat versucht, einen allgemeinen Vertrauensverlust in der Öffentlichkeit zu verhindern. Ein Beispiel ist der Fall der Chung-Hsing Commercial Bank, die erst 1992 neu gegründet wurde, aber im Jahr 2000 auch wegen illegaler Kredite große Verluste einfuhr. Sie wurde vom FiReFonds mit 58,537 Milliarden NTD (etwa 1,5 Milliarden Euro) gestützt und im Jahr 2005 von der Union Bank of Taiwan übernommen[275]. Dieser Fall zeigte die Notwendigkeit zur Reform der Finanzaufsicht in Taiwan überdeutlich. Auch daraufhin wurden die Umstrukturierung des Bankensystems und die Verbesserung des Finanzaufsichtssystems vorangetrieben.

C. Finanzreformen

Im Gefolge der oben genannten Gründe bemühte sich die Regierung um eine Reihe von Finanzreformen. Neue Normen sollten sich an die veränderten Umstände auf dem Finanzmarkt im In- und Ausland anpassen. Die Finanzmarktreformen wurden in zwei Stufen durchgeführt. Der Fokus auf der ersten Stufe war die Beseitigung von Mängeln an Bankbetriebe. Das Ziel auf der zweiten Stufe bestand in der Erhöhung der Renditechancen der Institute sowie in der Stärkung der Wettbewerbfähigkeit. Im Folgenden werden die Finanzreformen in Taiwan und ihre Ergebnisse nachgezeichnet.

I. Erste Finanzreform seit 2000

Vor 2000 hat die Regierung schon geplant, die Finanzreform voranzutreiben. Aber erst ab dem Jahr 2000 kann man konkrete Maßnahmen und Folgen daraus erkennen. Der wichtige Inhalt der ersten Finanzreform umfasste die Bildung eines Gremiums. Eine Ad-hoc-Arbeitsgruppe zur Bekämpfung der Finanzkriminalität wurde gegründet, bei der das MoF und die Generalstaatsanwaltschaft zu-

274 *Hans-Peter Burghof/Bernd Rudolph*, Bankenaufsicht, 1996, S. 22.

275 Über den Fall um Chung-Hsing commercial bank siehe *Liao, Kun-Jung*, Regulatory Policy Dilemma of Financial System in Taiwan: The Case Analysis of Chung Shing Bank, Theory and Policy 68/ 2004, S. 41 ff. Die Auszahlungsbeträge siehe Anhang V: CDIC's Handling of the 56 Failed Financial Institutions Entrusted by the Financial Restructuring Fund.

sammenarbeiteten[276]. Und ein Finanzrestrukturierungsfonds (im Folgenden als „FiReFonds" bezeichnet) wurde im Juli 2001 eingeführt, um angeschlagene Finanzinstitute zu sanieren[277]. Die Kreditabteilungen der Bauern- und der Fischereiverbände, die Missmanagement betrieben haben, sollten mit anderen gesunden Finanzinstituten verschmolzen werden. Das Ziel der ersten Finanzreform ist es, die organisatorische und finanzielle Beschaffenheit der inländischen Banken zu verbessern. Die öffentlichen Banken sollten ihre uneinbringlichen Schulden begleichen und die Non-Performing Loans Ratio (NPL-Ratio)[278] senken. In zwei Jahren sollten alle Kreditinstitute ihre NPL-Ratio auf unter 5% gedrückt haben und ihre Eigenkapitalquote mindestens 8% betragen.

Die Tabelle 2 zeigt die NPL-Ratio während des Zeitraums zwischen 1997 und Juni 2009. Von 1997 bis 2001 hat die NPL-Ratio der inländischen Finanzinstitute ständig zugenommen. Aufgrund der Finanzreform ist die NPL-Ratio der ganz Finanzinstitute von 8,16% im Jahr 2001 auf 3,28% im Jahr 2004 gesunken. Die NPL-Ratio der inländischen Banken ist von 11,27% im Jahr 2001 auf 6,08% am Ende des Jahres 2003 gesunken. Zwischen 2003 und 2009 hat sich diese Zahl weiter verringert. Diese Tabelle 2 zeigt auch, dass sich das Hauptproblem des Finanzmarkts in den Kreditgenossenschaften sowie den Kreditabteilungen der Bauern- und der Fischereiverbände[279] befand. Die NPL-Ratio war bei diesen

276 *Zhi-Cheng Wang,* Modern Financial Law, 2009, S. 16-18.

277 Im Vergleich zur Kreditanstalt für Wiederaufbau (KfW) in Deutschland nennt hier der Finanzrestrukturierungsfonds (Financial Restructuring Fund, 金融重建基金) und näher dazu noch unten vierten Teil § 2 Sub. B. Die KfW wurde nach dem Zweiten Weltkrieg 1948 gegründet und hatte zum Ziel, den Wiederaufbau der deutschen Wirtschaft zu finanzieren.

278 Non-Performing Loans Ratio, Anteil der notleidenden Kredite an den gesamten Ausleihungen. Sie ist ein wichtiger Index bei der Anlagen-Qualitätsanalyse (Assets Quality analysis) der Finanzinstitute.

279 Die Kreditgenossenschaften (Credit Cooperatives, 信用合作社), die Kreditabteilungen der Bauern- und der Fischereiverbände (Credit Departments of Farmers' and Fishermen's Associations, 農漁會) werden von Wissenschaftlern als „Community Financial Institutions" (基層金融機構) bezeichnet und waren die wichtige Säule der Wirtschaft in Taiwan. Ihre Merkmale sind wie folgt: Sie vergeben Kredite nur an ihre Mitglieder und sind eng mit der Gemeinde verbunden. Der ursprüngliche Zweck ihrer Errichtung bestand in der Unterstützung der Entwicklung von Landwirtschaft, Fischerei sowie kleinen und mittleren Unternehmen. Sie waren unprofitorientiert und zwar klein aber für das Finanzsystem Taiwans von zentraler Bedeutung. Aber nach der Umwandlung der Gesellschaftsform ist ihre Bedeutung gesunken. Besonders konnten sie nach der Liberalisierung des Finanzmarkts im freien Wettbewerb mit anderen Banken nicht stehen. Aufgrund mangelhaften Risikomanagements und fehlender Betriebsführung wurden große Verluste angehäuft. Die Reorganisa-

Instituten wesentlich höher als die bei anderen Banken. Daher bildete die Reform des Landwirtschaftsfinanzsystems den Schwerpunkt der zweiten Finanzreform.

Tabelle 2: Die Statistik der NPL Ratio zwischen 1997 und 2009

Unit：%

End of Period	Total	Domestic Banks (include Trust and Investment Companies)	Domestic Banks	Local Branches of Foreign Banks	Credit Cooperatives	Credit Departments of Farmers' and Fishermen's Associations
1997	4,18	3,74	3,71	1,07	6,19	10,68
1998	4,93	4,41	4,37	1,65	7,55	13,10
1999	5,67	4,96	4,88	3,20	10,54	16,03
2000	6,20	5,47	5,34	3,22	12,45	17,90
2001	**8,16**	**7,70**	**11,27**	**3,53**	**11,66**	**19,33**
2002	6,84	6,39	8,85	2,36	10,34	18,62
2003	5,00	4,57	6,08	1,51	6,91	17,57
2004	3,28	2,95	3,80	1,03	3,17	14,46
2005	2,19	—	2,24	0,75	2,09	10,92
2006	2,08	—	2,13	0,69	1,55	8,13

tion der „Community Financial Institutions" war eine große Herausforderung für die damalige Regierung. Über das Agrarkreditsystem siehe *Marion Brecht*, S. 24; *Chien-Zer Liu,* S. 70-73. Über Bauernverband siehe *Penelope Francks,* Agriculture and economic development in East Asia - from growth to protectionism in Japan, Korea and Taiwan, London, Routledge, 1999, S. 182-184; *Aksel de Lasson,* A restudy of the Taiwan Farmers' Association, Alano, Aachen, 1989, S. 1 ff.; *Chien-Zer Liu,* S. 89-90; *Georg Prinz Zur Lippe,* Diss. TU München, 1991, S. 52. Über Fischerverband siehe *Chien-Zer Liu,* S. 92; *Georg Prinz Zur Lippe,* Diss. TU München, 1991, S. 59.

End of Period	Total	Domestic Banks (include Trust and Investment Companies)	Domestic Banks	Local Branches of Foreign Banks	Credit Cooperatives	Credit Departments of Farmers' and Fishermen's Associations
2007	1,79	–	1,84	0,74	1,29	6,25
2008	1,52	–	1,54	1,20	1,24	5,16
2009	1,14	–	1,15	0,91	0,85	4,42
2010	0,60	–	0,61	0,22	0,57	3,15
2011 Nov.	0,44	–	0,45	0,13	0,46	2,34

Quelle: Die Webseite der FSC > Statistics > Overview of Banking Sector > 10. Non-performing Loan Ratio Statistics, abgerufen am 25.03.2013. http://www.banking.gov.tw/en/home.jsp?id=20&parentpath=0,6.

Außerdem wurde in dieser Phase eine neue Aufsichtsbehörde entworfen. Durch neue Finanzinstrumente verschwand der Unterschied zwischen den Geschäftsfeldern von Banken, Versicherungen und Wertpapieren immer mehr, was die Abteilungen der Finanzaufsicht stark schwächte[280]. Es wurde erforderlich, eine neue zentrale Aufsichtsbehörde einzurichten. Zugleich wurde diskutiert, ob auch die Kreditabteilungen der Bauern- und der Fischereiverbände von der landwirtschaftlichen zuständigen Behörde beaufsichtigt werden sollte.

II. Zweite Finanzreform im Jahr 2004

Nach Durchführung der ersten Finanzreform hat sich die Rendite der Finanzinstitute deutlich verbessert. Aber im Vergleich zu anderen Ländern ist der Finanzmarktsektor Taiwans relativ klein und in viele Banken von hoher Ähnlichkeit zersplittert. Daraus ergaben sich Nachteile im Wettbewerb auf den internationalen Finanzmärkten. Aus diesem Grund wollte die Regierung die Finanzreform weiter vorantreiben, um neben einer besseren Rechtsordnung zu erreichen, dass die Banken sich im Sinne der Größe des Unternehmens an das internationa-

280 Siehe *Way-Wen Yang*, Taipei University Law Review 70/2009, S. 225.

le Umfeld anpassen. Die vier Ziele der zweiten Finanzreform wurden verkündet wie folgend[281]:

1. Vor Ende 2005 sollte es drei Finanzinstitute geben, die jeweils einen Marktanteil von mehr als 10% erreichen.
2. Vor Ende 2005 sollte die Zahl der öffentlichen Finanzinstitute höchsten auf sechs sinken.
3. Vor Ende 2006 sollte ein ausländisches Finanzinstitut in Taiwan oder ein taiwansches Finanzinstitut im Ausland an die Börse gehen.
4. Vor Ende 2006 sollte sich die Anzahl der Finanzholding-Gesellschaften halbiert haben.

Um die oben erwähnten Ziele zu erreichen, waren die erste wichtige Maßnahme der zweiten Finanzreform die Privatisierung der öffentlichen Finanzinstitute sowie die Verschmelzung der Banken, ob öffentlich oder privat. Aber im Zuge der zweiten Finanzreform kam es zu heftigen Debatten. Man befürchtete, dass Banken durch die Finanzreform von Minderheitseignern kontrolliert würden bzw. dass Banken von partikulären Finanzgruppen manipulieren würden. Man hat daran kritisiert, dass die damalige Regierung im Zuge der Finanzreform durch die Privatisierung der Banken zu stark eingegriffen hätte[282]. Man befürchtete auch, dass die übernehmenden Unternehmen die Regelungen der Corporate Governance[283] nicht einhalten würden, und dass wegen der Zeitbeschränkung die zweite Finanzreform nicht fristgerecht umgesetzt werden könnte. Während der Privatisierung der öffentlichen Banken wurden viele Amtsdelikte begangen und angezeigt, aber bis Juni 2011 sind noch keine Urteile rechtskräftig. Dies stört auch die Durchführung der zweiten Finanzreform.

281 Pressmitteilung des Exekutiv-Yuan vom 19.10.2005; Der Prüfungsbericht der zweiten Finanzreform von Exekutiv-Yuan im Januar 2009. *Zhi-Cheng Wang,* Modern Financial Law, 2009, S. 18-19.

282 Der Prüfungsbericht der zweiten Finanzreform von Exekutiv-Yuan im Januar 2009.

283 Über die Corporate Governance des Finanzinstituts siehe *Hommelhoff/Hopt/Werder*, Handbuch Corporate Governance, 2003, S. 4 ff.; *Gerke/Steiner,* 2001, S. 530; *Tom Kirschbaum,* Die Entwicklung eines Public Corporate Governance Kodex für öffentliche Banken, BKR 4/2006, S. 141; *Peter O. Mülbert,* Bankenaufsicht und Corporate Governance, BKR 9/2006, S. 349. Der Deutscher Corporate Governance Kodex wurde von der Bundesministerin für Justiz am 26.02.2002 verabschiedet und am 26.05.2010 weiter verändert. Es gibt jeweils einen Corporate Governance Kodex für das Bankwesen, Versicherungsunternehmen, Wertpapierhandelsunternehmen, Finanzholding-Gesellschaften, Futures-Händler und Bills Finance Business Companies.

III. Zwischenfazit

Konservative Finanzpolitik hat die wirtschaftliche Entwicklung in Taiwan geprägt. Im Anhang I zeigt eine Chronologie wichtige Ereignisse im Zusammenhang mit der Regulierung des Finanzmarkts in Taiwan, geordnet von konservativer nach liberaler Politik. Seit der Liberalisierung des Finanzsystems hat sich das institutionelle Umfeld in Taiwan stark verändert. Neue Gesetze wurden beschlossen, bereits bestehende Gesetze überarbeitet und verändert. Die Zentralisierung der Finanzaufsicht ist eine schwerwiegende Veränderung. Die zuständige Aufsichtsbehörde wurde reorganisiert, ein neues Finanzaufsichtssystem eingerichtet. Zwar ist ein Teil der zweiten Finanzreform nicht erreicht worden. Aber die Finanzreform wird sicherlich noch sorgfältig weitergeführt.

§ 2 Die rechtliche Grundlagen der Finanzaufsicht

A. Die Verfassung Taiwans

In Deutschland wird die Finanzaufsicht im Grundgesetz nicht unmittelbar geregelt, sondern findet eher im AEUV ihre Grundlage[284]. Im Wortlaut des Art. 74 Abs. 1 Nr. 11 GG, der das Recht der Wirtschaft (Bergbau, Industrie, Energiewirtschaft, Handwerk, Gewerbe, Handel, Bank- und Börsenwesen, privatrechtliches Versicherungswesen) bezüglich der konkurrierenden Gesetzgebung regelt, erscheint aber der Begriff „Aufsicht“ nicht.

Im Vergleich dazu ist eine Grundlage für die Finanzaufsicht in der Verfassung Taiwans festgelegt. Gemäß Art. 149 der Verfassung Taiwans sollen die Finanzinstitute durch Gesetz der staatlichen Kontrolle unterliegen[285]. Aufgrund des Artikels wird die Legislative ermächtigt, Gesetze bezüglich der Finanzaufsicht zu beschließen. Weiterhin wird 1994 in dem Zusatzartikel 9 Abs. 3 zur Verfassung vorgeschrieben, dass der Staat in Übereinstimmung mit den Grundsätzen der Betriebswirtschaft die öffentlichen Finanzinstitute verwalten soll. Die Geschäftsführung, das Personalwesen, der Haushaltplan und die Revision der öffentlichen Finanzinstitute können durch Gesetze besonders bestimmt werden[286].

---

284 Art. 127 Abs. 5 AEUV (ex-Art. 105 Abs. 5 EGV).

285 Article 149 of The Constitution of the Republic of China, “Financial institutions shall, in accordance with law, be subject to State control”. *Wen-Sheng Hsiao,* 2000, S. 151.

286 Dieser Zusatzartikel 9 Abs. 3 zur Verfassung (The Additional Articles of the Constitution of the Republic of China, 中華民國憲法增修條文) ist in der Fassung vom 21.07.1997 auf

Die Finanzinstitute sind nicht nur Banken, sondern auch Kreditgenossenschaften und Kreditabteilungen der Bauern- und der Fischereiverbände. Die Verfassungsauslegung Nr. 214 am 17.04.1987 hat erklärt, dass Kreditgenossenschaften als Finanzinstitut gelten, wenn sie Bankgeschäfte gewerbsmäßig betreiben und dementsprechend vom Staat gesetzlich überwacht werden[287].

B. Gesetze

Der Finanzmarkt und die Geschäftsleiter der Finanzinstitute in Taiwan werden durch eine Reihe von einschlägigen finanziellen Gesetzen und näheren Rechtsverordnungen reguliert. Anschließend folgt ein Überblick über die Regelungen des Bankrechts.

I. Gesetz über das Bankwesen (The Banking Act of The Republic of China)[288]

1. Die Überarbeitung des BWG

Als die wichtigste Rechtsgrundlage im Bereich des Bankrechts in Taiwan dient das BWG, das auch auf andere Finanzinstitute anzuwenden ist, die nach anderen Gesetzen zugelassen werden, sofern die Gesetze nichts anderes vorsehen[289]. Am 28.03.1931 ist das BWG mit 51 Paragraphen in Kraft getreten. Bisher ist es 21 Mal überarbeitet worden. Die Regierung hat im Jahr 1975 eine umfassende Gesamtnovellierung des BWG vorgelegt, weil die alten Paragraphen mit der gesellschaftlichen und wirtschaftlichen Entwicklung nicht Schritt halten konnten. Der Volltext in der Fassung von 1975 besteht aus 140 Paragraphen, die den Rahmen des derzeitigen Bankrechts aufgestellt haben. Die Kernpunkte sind die Errichtung des fachgemäßen, mittelfristigen und langfristigen Kreditbankensystems, die Erhöhung der Effizienz des Bankbetriebs, die Verbesserung des Betriebs und

den Zusatzartikel 10 Abs. 4 aufgelagert und bleibt in der neusten Fassung. "The State shall manage government-run financial organizations, in accordance with the principles of business administration. The management, personnel, proposed budgets, final budgets, and audits of the said organizations may be specified by law."

287 *Wen-Sheng Hsiao,* 2000, S. 152. „Credit cooperatives involved in the transaction of some banking business belong to financial enterprises. Accordingly, they shall be supervised by the state by law". Die Verfassungsauslegung NO. 214 (釋字第 214 號) auf Englisch ist abrufbar unter: http://www.judicial.gov.tw/constitutionalcourt/EN/p03_01.asp?expno=214.

288 Im Folgenden wird es als BWG bezeichnet.

289 § 139 Abs. 1 BWG.

der Administration der Banken. Die Liquidität[290] und die Mindestreserven[291] wurden neu eingeführt. Damit wurde ein neues Bankenaufsichtssystem gegründet. Der Umfang der Bankgeschäfte wurde neu reguliert und die Bankenaufsicht wurde gestärkt[292].

Der Anhang II zeigt den Prozess der Überarbeitung des BWG. Die größten Einschnitte haben die Novellen von 1989 und 2000 gebracht. Darüber hinaus haben sich Strafvorschriften (mit Freiheitsstrafe oder Geldstrafe) und Bußgeldvorschriften erhöht[293]. Bei der Novelle vom November 2000 wurden 33 Paragraphen geändert, 29 neue Paragraphen angefügt und 13 Paragraphen aufgehoben[294]. Es gab vier Hauptziele: Integration des Banksystems, Modernisierung des Bankbetriebes, Ausweitung des Befugnis der Aufsichtsbehörde gegenüber den in Not geratenen Banken und Verbesserung der aufsichtsrechtlichen Vorschriften gegenüber Finanzinstituten. Durch diese zwei Novellen wurde das BWG auf Liberalisierung hin getrimmt.

2. Die Inhalte des BWG

Das geltende BWG in der Fassung vom 30.12.2008 besteht aus neun Abschnitten bzw. insgesamt 140 Paragraphen. Im ersten Abschnitt stehen Allgemeine Vorschriften. Im zweiten Abschnitt werden die Zulassung, Änderung, Aussetzung zum Geschäftsbetrieb und Liquidierung der Banken geregelt. § 2 BWG hat eine Definition einer Bank gegeben. Im Sinne des BWG sind Banken Institute, die Bankgeschäfte betreiben und in Übereinstimmung mit den Vorschriften des BWG organisiert und eingetragen sind. Gemäß § 52 BWG dürfen Banken nur die Form einer Aktiengesellschaft haben, sofern sie den Vorschriften der anderen

---

290 *Boos,* in: *Boos/Fischer/Schulte-Mattler*, 2008, § 11 KWG Rn. 1 ff.

291 § 42 BWG; § 21 und § 23 Zentralbankgesetz. Die Mindestreserve ist als ein bestimmter Teil der Einlagen von Kreditinstituten bei der Zentralbank zu halten, die ein wichtig geldpolitisches Instrument der Zentralbanken ist und von der Zentralbank festgestellt wird. Mehr Informationen über die Mindestreserve siehe die Anweisung der Bundesbank über Mindestreserven (AMR) und die Verordnung (EG) Nr. 1745/2003 der europäischen Zentralbank vom 12. September 2003 über die Auferlegung einer Mindestreservepflicht (EZB/2003/9).

292 Begründung in der Fassung von 1975, die gesetzgeberische Erfassung aller vorherigen Novellen des BWG Band 1, S. 102. (銀行法歷次修正立法資料彙編第一輯).

293 Begründung in der Fassung von 1989, die gesetzgeberische Erfassung aller vorherigen Novellen des BWG Band 3, S. 1486. (銀行法歷次修正立法資料彙編第三輯).

294 Das Protokoll der Legislative am 13.10.2000, Volumen 89, Heft 54, S. 82. (立法院公報第 89 卷第 54 期 82 頁).

Gesetze entsprechen oder sie vor der Änderung und dem Vollzug des BWG mit besonderer Genehmigung gegründet wurden[295].

Gemäß § 20 BWG umfasst der Begriff „Bank" in Sinne des BWG drei Arten: Geschäftsbanken, Spezialbanken, Treuhand- und Investmentgesellschaften[296], die vom dritten, fünften und sechsten Abschnitt geregelt werden[297]. Im siebten Abschnitt werden ausländische Banken geregelt. Im achten Abschnitt finden sich Straf- und Bußgeldvorschriften. Abschließend kommen die Übergangs- und Schlussbestimmungen. Die Struktur des BWG zeigt die originale Gedankenfolge der getrennten Regulierung der verschiedenartigen Finanzinstitute.

II. Einschlägige Gesetze

Vor 1989 haben die öffentlichen Banken eine wichtige Rolle gespielt. Aber die meisten öffentlichen Banken waren gegründet nach Sondergesetzen und besaßen keine eigene Rechtspersönlichkeit. So war z.B. die 1946 gegründete TCB bis 1985 keine juristische Person und wurde erst im Jahr 2001 zu einer Aktiengesellschaft umgewandelt[298].

Im Zuge der Finanzreform wurde das BWG im November 2000 umfangreich überarbeitet. Dazu zählen noch das Fusionsgesetz für Finanzinstitute[299] und das Gesetz über Treuhandunternehmen, die im selben Jahr neu erlassen wurden. Entsprechend hat die Legislative Taiwans im Juni 2001 sechs einschlägige finanzielle Gesetze in Bezug auf die Finanzreform beschlossen[300]. Drei

---

295 Z.B die Zentralbank Taiwans.

296 Investment and Trust Company. Das Treuhandgesetz tritt am 26.01.1996 und das Gesetz über Treuhandunternehmen am 19.07.2000 in Kraft. Nach § 60 des Treuhandunternehmensgesetzes sollen alle Treuhand- und Investmentgesellschaften, die vorher nach dem BWG gegründet wurden, ab 21.07.2000 innerhalb von fünf Jahren nach dem BWG zur Bank oder nach dem Treuhandunternehmensgesetz zur Treuhandunternehmen umgewandelt werden. Seit Dezember 2008 gibt es keine Treuhand- und Investmentgesellschaften mehr.

297 Der vierte Abschnitt Saving Banks ist in der Fassung der Novelle vom 2000 aufgehoben.

298 Nach dem Zweiten Weltkrieg hat die taiwansche Regierung die Taiwan Industry Bank von Japan übernommen und die TCB gegründet. Vor 1985 war die TCB ein besonders zugelassenes staatliches Finanzinstitut, aber keine Bank und auch keine juristische Person. Vgl. Webseite der TCB, abrufbar unter: http://www.tcb-bank.com.tw/tcb/home/frame_eng.htm.

299 Dadurch können Banken, Versicherungsunternehmen und Wertpapierhandelsunternehmen miteinander zu einen Konglomerat fusionieren.

300 *Yu-Jui Cheng,* Die Bedeutung der Errichtung des Finanzaufsichtsmechanismus im Hin-

neue beschlossene Gesetze sind das Gesetz über die Einrichtung und die Verwaltung des Finanzrestrukturierungsfonds (im Folgenden als „FiReFG“ bezeichnet), das Gesetz über Finanzholding-Gesellschaften und das Gesetz zur Administration über Bills Finance Business. Drei Gesetze wurden überarbeitet: die Änderungen des Einlagensicherungsgesetzes, die Änderungen des Umsatzsteuergesetzes und die Änderungen des Versicherungsgesetzes. Weiterhin wurden noch das Gesetz über Verbriefungen von Immobilien erlassen und das Kreditgenossenschaftsgesetz geändert.

Tabelle 3: Die wichtigen neu erlassenen, einschlägigen Finanzgesetze

Gesetze	Datum	Anmerkungen
Das Gesetz über Treuhandunternehmen	wurde am 19.07.2000 erlassen und am 16.01.2008 neu überarbeitet.	Trust Enterprise Act 信託業法
Das Fusionsgesetz für Finanzinstitute	wurde am 13.12.2000 erlassen.	The Financial Institutions Merger Act (FiFusG) 金融機構合併法
Das Gesetz über die Einrichtung und die Verwaltung des Finanzrestrukturierungsfonds	wurde am 09.07.2001 erlassen.	The Act for the Establishment and Administration of the Financial Restructuring Fund 金融重建基金設置及管理條例
Das Gesetz über Finanzholding-Gesellschaften	wurde am 09.07.2001 erlassen.	The Financial Holding Company Act 金融控股公司法
Das Gesetz zur Administration über Bills Finance Business	wurde am 09.07.2001 erlassen.	The Act Governing Bills Finance Business 票券金融管理法
Die Änderungen des Einlagensicherungsgesetzes	wurde am 09.07.2001 geändert.	Amendment of the Deposit Insurance Act 存款保險條例部分條文修正
Die Änderungen des Umsatzsteuergesetzes	wurde am 09.07.2001 geändert.	Amendment of the Business Tax Act 營業稅法部分條文修正

blick auf die sechs einschlägigen finanziellen Gesetze, Taiwan Cooperative Bank Survey Research Laboratory, 10.2001, S. 34-52.

Gesetze	Datum	Anmerkungen
Die Änderungen des Versicherungsgesetzes	wurde am 09.07.2001 geändert.	Amendment of the Insurance Act 保險法部分條文修正
Die Änderungen des Kreditgenossenschaftsgesetzes	wurde am 03.12.1993 verabschiedet und am 29.05.2002 entsprechend der Finanzreform überarbeitet.	The Credit Cooperatives Act 信用合作社法
Das Gesetz über Verbriefungen von Immobilien	wurde am 23.07.2003 erlassen.	The Real Estate Securitization Act 不動產證券化條例

C. Rechtsverordnungen

Im Bereich der Finanzaufsicht spielen die Rechtsverordnungen eine wichtige Rolle. Um ihren Aufgaben gerecht zu werden, wird die zuständige Aufsichtsbehörde ermächtigt, durch Rechtsverordnungen nähere Bestimmungen zu erlassen. Auch die Zusammenarbeit bei der Beaufsichtigung von Finanzinstituten wird durch die näheren Bestimmungen in Kooperationsvereinbarungen mit den zuständigen Stellen der anderen betroffenen Verwaltungsbehörden geregelt[301]. Die wichtigsten Rechtsverordnungen sind die Richtlinie zur Arbeitsteilung bei der Prüfung der Finanzgeschäfte (金融業務檢查分工方案), die Verordnung über die Prüfung der betriebenen Geschäfte der Finanzinstitute bei der Zentralbank im Auftrag des MoF[302] sowie die Verordnung über die Prüfung der betriebenen Geschäfte der Finanzinstitute bei der CDIC (中央存款保險公司檢查金融機構業務辦法)[303].

§ 3 Finanzaufsichtsträger

A. Pluralismus vor 2004

Vor 2004 wurde die Aufgabe der Finanzaufsicht in Taiwan von verschiedenen Trägern getrennt ausgeübt. Die Finanzinstitute boten Finanzdienstleistungen nach verschiedenen Gesetzen an. Die Grenze zwischen Bankgeschäften, Versi-

301 *Wen-Sheng Hsiao,* 2000, S. 154.

302 Regulations for Entrusting the Central Bank of the Republic of China (Taiwan) to Examine the Operations of Financial Institutions by MoF (財政部委託中央銀行檢查金融機構業務辦法) wurde am 02.02.1962 erlassen.

303 Die Verordnung wurde am 05.01.1987 erlassen und ist seit 29.10.2003 außer Kraft und wurde durch eine neue Verordnung ersetzt.

cherungsgeschäften und Wertpapierhandel wurde vom Gesetzgeber streng gezogen. Die vielen verschiedenen Rechtsquellen führten zu einem komplizierten Regelwerk für die Finanzaufsicht. Über die Aufsichtszuständigkeit entbrannte zwischen den Verwaltungsbehörden oft Streit. Diese Überschneidungen in der Befugnis der Finanzaufsichtsträger in Taiwan wurden ebenfalls scharf kritisiert[304].

Nach dem BWG war MoF die hauptsächlich zuständige Verwaltungsbehörde für Finanzaufsicht. Unter dem MoF stand die Abteilung für Monetäre Angelegenheit (The Bureau of Monetary Affairs, im Folgenden kurz als „BMA" bezeichnet), die die Aufgabe der Bankenaufsicht ausgeübt hatte. Die Abteilung für Versicherungen unter dem MoF hatte die Versicherungsaufsicht ausgeführt. Die Kommission für Wertpapiere und Futures (The Securities and Futures Commission) war zuständig für den Wertpapierhandel. Wenn die Finanzinstitute gegen Gesetze verstießen, hatte das MoF die ausschließliche Befugnis, Maßnahmen gegen Institute einzuleiten[305].

Trotzdem hatte dem MoF nach dem BWG die Befugnis zur Verwaltung der Finanzinstitute oblegen. Jedoch wurde die Überprüfung des Geschäftsbetriebs der Banken tatsächlich von verschiedenen Trägern durchgeführt. Parallel spielte die Zentralbank bei der Bankenaufsicht eine wichtige Rolle. Die Zentralbank bestand darauf, dass sie nach dem Gesetz über die Zentralbank das originäre Prüfungsrecht besäße. Im Gegenteil behauptete das MoF, dass die Zentralbank nur im Auftrag des MoF die Aufgabe der Prüfung ausübe. Tatsächlich hatte vorwiegend die Zentralbank die regelmäßige Prüfung der Finanzinstitute ausgeübt. Außerdem hatte die Zentralbank die TCB beauftragt, einen Teil der Prüfungsaufgaben zu erfüllen. Von 1970 bis 30.06.1996 hatte die TCB nach Beauftragen der Zentralbank die Prüfung der „Community Financial Institutions" übernommen[306]. Aber das Ziel der Prüfung war nicht erreicht. Zwischen Juli 1994 und Dezember 1996 war Massengeld von den „Community Financial Institutions" in einer Panikreaktion abgezogen worden. Dies setzte eine Kettenreaktion in Gang und beeinflusste die Volkswirtschaft in Taiwan stark. Danach wurde die Überprüfung der vorgenannten Kreditinstitute von Juli 1996 bis Juli 2004 durch die

---

304 *Wen-Sheng Hsiao,* 2000, S. 162; *Chih-Jen Lee,* 2003, S. 6; *Huea-Jen Wang,* Zur Einrichtung des Frühwarnsystems in Taiwan, Diss. NCKU Tainan 1993, S. 23-26.

305 *Yung-Ming Shiu,* Finanzaufsichtssystem- und Innovation , Taiwan Banking & Finance Quarterly , Sep. 2001, S. 181.

306 *Sun/Su/Lin/Lin*, 1996, S. 240. Seit 01.07.1996 führte die TCB keine Prüfungen bei den „Community Financial Institutions" mehr durch.

Zentrale Einlagensicherungseinrichtung Taiwans[307] (Central Deposit Insurance Corporation, im Folgenden kurz als „CDIC" bezeichnet) im Auftrag des MoF durchgeführt. Die CDIC hatte nach § 21 Einlagensicherungsgesetz in der Fassung vom 09.01.1985[308] und nach § 45 BWG im Auftrag vom MoF die Prüfung der Finanzinstitute übernommen.

Um die Zusammenarbeit zu erleichtern, erließ das MoF im April 1986 eine Richtlinie zur Arbeitsteilung bei der Prüfung der Finanzgeschäfte[309]. In der Richtlinie wurde festgestellt, dass nach der Klassifizierung der Finanzinstitute die Prüfungsaufgaben entsprechend geteilt werden sollen. Wegen der Liberalisierung der Finanzdienstleistungen wurde die Finanzaufsicht immer komplizierter. Seit 1991 dürfen neue Universalbanken gegründet werden. Und die Zahl der neu eröffneten Zweigestellen im Inland und Ausland hat stark zugenommen. Deswegen ist die Richtlinie in der Zwischenzeit vielmals überarbeitet worden. Zusammenfassend wurden vor 2004 die Aufgaben der Finanzaufsicht in Taiwan vom MoF, der Zentralbank und der CDIC nach Gesetzen und Rechtsverordnungen teils getrennt bzw. teils zusammen wahrgenommen. Die näheren Bedingungen bezüglich der Prüfung wurden nach folgenden Maßgaben festgelegt[310]:

I. Arbeitsteilung der Prüfung

Vor 2004 haben sich die Aufsichtsbehörden die Aufgabe je nach Gegenstand der Finanzaufsicht geteilt.

1. Das MoF übte die Prüfung bei folgenden Finanzinstituten aus:
   a. nach 1991 neu gegründeten Banken,
   b. einem Teil der vor 1991 gegründeten inländischen Banken, Treuhand- und Investmentgesellschaften und Zweigstellen ausländischer Banken,
   c. Versicherungsunternehmen und Wertpapierhandelsunternehmen,
   d. anderen Finanzinstituten, die nach dem BWG vom MoF eigenverantwortlich oder im Benehmen mit der Zentralbank zusammen geprüft werden sollten.

307 Die CDIC wurde im September 1985 gegründet. Ihre Gründung und Aufgaben werden im folgenden Abschnitt E. dargestellt.

308 § 21 Deposit Insurance Act (存款保險條例) wurde in der Fassung vom 18.01.2007 aufgehoben.

309 Diese Richtlinie ist am 01.07.2004 außer Kraft getreten. (金融業務檢查分工方案).

310 Hier wird die Richtlinie in der Fassung vom 19.01.2000 dargestellt. *Chih-Jen Lee,* 2003, S.4.

2. Die Zentralbank hatte die folgenden Finanzinstitute geprüft:
   a. die vor 1991 gegründeten inländischen Banken und Zweigstellen ausländischer Banken, die nicht vom MoF oder der CDIC geprüft wurden,
   b. die Postbank,
   c. Bills Finance Companies[311],
   d. andere Finanzinstitute, die nach dem Gesetz über die Zentralbank von der Zentralbank eigenverantwortlich geprüft oder im Benehmen mit dem MoF zusammen geprüft werden sollten.

3. Die CDIC hatte die folgenden Finanzinstitute zu prüfen:
   a. die Finanzinstitute, die nach dem § 21 Einlagensicherungsgesetz mit Zustimmung des MoF im Einvernehmen zwischen MoF und Zentralbank von der CDIC geprüft wurden,
   b. die „Community Financial Institutions", die an dem Einlagensicherungssystem beteiligt waren,
   c. die „Community Financial Institutions", die nicht am Einlagensicherungssystem beteiligt waren und früher von der TCB bzw. vorläufig von der CDIC geprüft wurden,
   d. andere Finanzinstitute, die im Einvernehmen zwischen MoF, Zentralbank und CDIC von der CDIC geprüft wurden.

II. Prüfungsbericht

1. Nach der Prüfung der nicht-„Community Financial Institutions" hatte die CDIC den Prüfungsbericht dem MoF und der Zentralbank unverzüglich und ein Duplikat des Prüfungsberichts den betreffenden Verwaltungsbehörden vorzulegen. Den Prüfungsbericht der „Community Financial Institutions " hatte die CDIC bei den zuständigen Gemeindebehörden unverzüglich einzureichen und ein Duplikat des Prüfungsberichts dem MoF, der Zentralbank und betreffenden Verwaltungsbehörden auszuhändigen.

---

311 Gemäß § 4 The Act Governing Bills Finance Business sind Bills Finance Companies im Sinne dieses Gesetzes Gesellschaften mit beschränkter Haftung, die von der zuständigen Verwaltungsbehörde zugelassen werden, um kurzfristige Schuldtitel als Finanzgeschäfte zu betreiben. Kurzfristige Schuldtitel sind Zertifikate innerhalb eines Jahrs, wie Schatzwechsel oder Schatzanweisungen, Zertifikate über übertragbare Spareinlagen, von Unternehmen oder von öffentlich betriebenen Instituten emittierte Schuldscheine oder Wechsel sowie andere Schuldverschreibungen, die von der zuständigen Verwaltungsbehörde gestatten wurden.

2. Die Zentralbank und das MoF hatten den Bericht über die Prüfung einander mitzuteilen.
3. Den Prüfungsbericht über die an der Einlagensicherung beteiligten Finanzinstitute sollten die Zentralbank und das MoF der CDIC geben.

III. Zusammenarbeit nach der Prüfung

Um die Aufgabe der Bankenaufsicht durchzuführen, hatte das MoF angeordnet, eine Kommission zur Bankenaufsicht zu gründen. Die Kommission bestand aus neun Mitgliedern, dem stellvertretenden Minister des MoF, dem Vizepräsidenten der Zentralbank, dem Generaldirektor der Abteilung für Monetäre Angelegenheit des MoF, dem Generaldirektor der Abteilung für Finanzaufsicht der Zentralbank, dem Hauptgeschäftsführer der CDIC, dem Hauptgeschäftsführer der TCB[312], dem Generaldirektor der Abteilung der Finanzen in der Provinz Taiwan[313], dem Generaldirektor der Abteilung der Finanzen in der Regierung in Taipei City und in Kaohsiung City. Die Kommission war zuständig für die Koordination der verschiedenen Finanzaufsichtsträger und für die Überprüfung des Ergebnisses der Finanzaufsicht.

B. Einheitliche Aufsicht seit Juni 2004

I. Gründung der Financial Supervisory Commission (FSC)

Seit Anfang der 90er Jahre zählten die Liberalisierung und Globalisierung der Finanzmärkte, darunter die Möglichkeit der Schaffung neuer kommerzieller Banken, die Gewährung des Zugangs zu den Finanzmärkten in Taiwan für ausländische Banken und die schrittweise Aufhebung der Beschränkungen für Finanzprodukte in Taiwan zu den wichtigsten politischen Zielen. Dies würde, so das Credo der Politik, die Qualität der Finanzdienstleistungen verbessern und zu einem intensiveren Wettbewerb auf Taiwans Finanzmarkt führen.

---

312 Gemäß der Richtlinie zur Arbeitsteilung über die Prüfung der Finanzgeschäfte in der Fassung vom 2004 war der Hauptgeschäftsführer der TCB noch ein Mitglied der Kommission über die Bankenaufsicht. Damit ist deutlich zu erkennen, dass die TCB eine wichtige Rolle in Bereich der Bankenaufsicht spielte.

313 Aufgrund des Artikels 9 Absatz 3 der Zusatzartikel zur Verfassung 1997 ist die Ebene der Provinz abgeschafft worden.

Der Pluralismus der zuständigen Finanzaufsichtbehörden und die Komplexität der Finanzdienstleistungen hatten die Durchführung der Finanzaufsicht erschwert. Um das Problem der überlappenden Aufsicht zu lösen, hat das MoF ein organisatorisches Gesetz zur Errichtung eines einheitlichen Finanzaufsichtssystems entworfen. Das Gesetz über die Organisation der FSC (FSCOG) schafft die Rechtsgrundlage für eine einheitliche Finanzaufsichtsbehörde und soll zur Stabilität und Förderung der Entwicklung der Finanzmärkte beitragen. Das Gesetz wurde am 23.07.2003 verabschiedet und ist seit 01.07.2004 gültig. Die FSC wurde am 01.07.2004 zur Förderung einer integrierten Finanzaufsicht errichtet. Nach § 19 BWG ist die FSC die zuständige Finanzaufsichtsbehörde.

Die Hauptziele der FSC sind die Konsolidierung der Banken-, Versicherungs- und Wertpapiersektoren, sowie die Errichtung einer einheitlichen Regulierungsbehörde für die Allfinanzaufsicht[314]. Sie führt die sektorübergreifende Finanzaufsicht aus. FSC ist als eine zentrale Aufsichtsbehörde errichtet worden und eine selbständige Verwaltungsbehörde. Aber sie ist in die hierarchische Ordnung der Verwaltung eingegliedert und untersteht dem Exekutiv-Yuan[315].

II. Aufgaben und Befugnisse der FSC

Nach dem FSCOG ist diese zuständig für die Entwicklung, Überwachung, Verwaltung und Überprüfung der Finanzmärkte und der Geschäftsleiter des Finanzinstituts[316]. Finanzmärkte im Sinne dieses Gesetzes sind einschließlich Bankmarkt, Schuldtitelmarkt, Wertpapiermarkt, Terminmarkt, Derivatemarkt, Versicherungsmarkt und das Clearing-System. Finanzdienstleiter im Sinne dieses Gesetzes sind einschließlich Finanzholding-Gesellschaften, der FiReFonds, CDIC, Bankwesen, Wertpapierhandelsunternehmen, Termingeschäftsunternehmen, Versicherungsunternehmen, E-Geld-Institute und andere Finanzdienstleister[317]. Aber die Zentralbank sorgt immer noch für das Zahlungssystem[318]. Und seit 2004 nimmt The Bureau of Agricultural Finance (BOAF) die ihm nach dem Gesetz übertragenen Aufgaben über die Aufsicht und Verwaltung der Kreditabteilungen der Bauern- und Fischereiverbände wahr[319].

---

314 *Zhi-Cheng Wang*, Modern Financial Law, 2009, S. 22.

315 § 4 des Gesetzes über die Organisation des Exekutiv-Yuan in der Fassung vom 03.02.2011.

316 § 2 Abs. 1 FSCOG.

317 § 2 Abs. 2 FSCOG.

318 § 2 Zentralbankgesetz.

319 Die Darstellung über der BOAF siehe unten Sub. D.

III. Organisation der FSC

Die FSC war eine unabhängige Behörde auf Kabinettsebene. Aber nachdem das Gesetz über die Organisation des Exekutiv-Yuan am 03.02.2011 überarbeitet wurde und am 01.01.2012 in Kraft getreten ist, hat sich die Ausrichtung der FSC verändert. In diesem Gesetz sind nur drei unabhängige Kommissionen, nämlich die Central Election Commission, die Fair Trade Commission und die National Communication Commission, geregelt. Die FSC gehört nicht dazu. Damit wurde das FSCOG am 29.06.2011 entsprechend verändert und tritt am 01.07.2012 in Kraft. Die FSC untersteht dem Exekutiv-Yuan. Das Entscheidungsorgan der FSC ist die Kommission, die aus sechs bis zwölf Mitgliedern besteht. Der Minister des MoF, der Minister des Ministeriums für Wirtschaft und Energie und der Minister des Ministeriums der Justiz gehören auf jeden Fall zu den Kommissionsmitgliedern. Die anderen Kommissionsmitglieder werden aus den Ministern der einschlägigen Ministerien oder aus sachkundigen Finanzwissenschaftlern ausgewählt und werden vom Präsidenten des Exekutiv-Yuan nominiert. Ihre Amtszeit ist im FSCOG der neuen Fassung nicht festgelegt[320]. Die Beschränkung bezüglich der politischen Partei der Kommissionsmitglieder wurde aufgehoben[321]. Durch die Veränderung des FSCOG verlor die FSC ihre Unabhängigkeit und setzt die Politik des Exekutiv-Yuan durch. Dies gilt zwar nicht für den Bereich der Überprüfung der Finanzinstitute[322]. Aber die Instrumente der Aufsichtsbehörde liegen nicht nur bei der laufenden Überwachung, sondern auch bei der Präventivkontrolle und der Eingriffsbefugnis[323]. Die Entscheidung der Kommission wäre von Politik beeinflußbar, wenn sie ohne Unabhängigkeit besitzt[324].

Bei der Organisation der FSC gibt es vier Bereiche: Banking Bureau, Securities and Futures Bureau, Insurance Bureau, und Examination Bureau, die für die Zulassung und allgemeine Aufsicht des Bankwesens, der Wertpapierfirmen, der Versicherungsunternehmen und für die Überprüfungen der Finanzinstitute zuständig sind. Außerdem gibt es noch vier Abteilungen und vier Büros, die die

320 Ihre Amtszeit beträgt nach § 8 FSCOG a.F. vier Jahre.

321 § 8 Abs.4 FSCOG a.F. schreibt vor, dass die Anzahl der Kommissionsmitglieder, die zur gleichen politischen Partei gehören, ein Drittel der Mitglieder der Kommission nicht übersteigen darf. Nach § 9 Abs. 2 a.F. dürfen sie während der Beschäftigungsdauer kein anderes politisches Amt ausüben. *Wen-Sheng Hsiao,* 2000, S. 185.

322 § 10 FSCOG in der Fassung vom 29.06.2011.

323 *Hans Christian Röhl,* in: *Fehling/Ruffert* (Hrsg.), 2010, § 18 Rn. 50-62.

324 *Wen-Sheng Hsiao,* 2000, S. 186.

Verwaltungsaufgaben unterstützen[325]. Am Ende des Jahres 2010 beschäftigte die FSC etwa 847 Mitarbeiter[326].

Abbildung 6: Organisationsstruktur der FSC

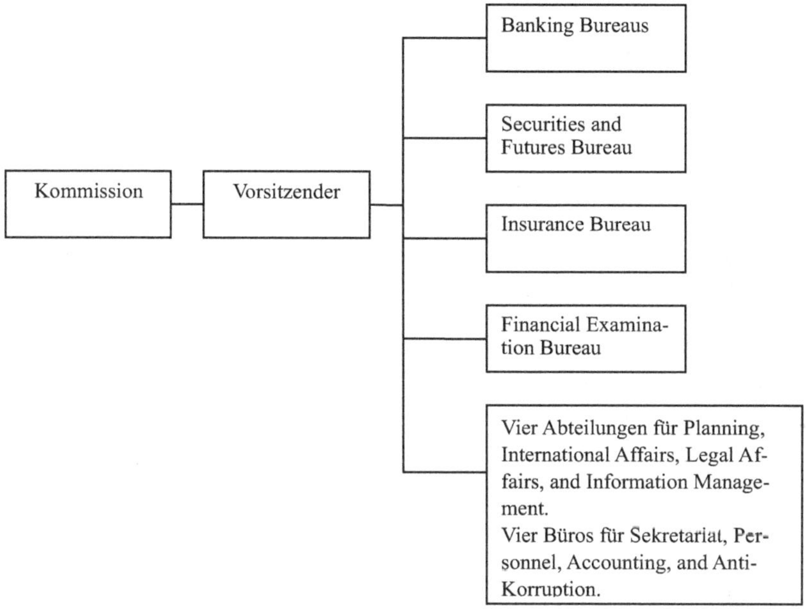

Die Organisationsstruktur der FSC zeigt, dass die zuständige Aufsichtsbehörde zwar einheitlich ausgerichtet ist, aber ihre Abteilungen die Aufgaben der Finanzaufsicht nach wie vor teilweise separat ausüben. Es scheint, dass das Personal des früheren BMA, die Abteilung für Versicherungen, die Kommission für Wertpapier und Futures unter dem MoF auf das Banking Bureau, Insurance Bureau und Securities and Futures Bureau aufgeteilt wurden. Nur das Examination Bureau hat die Aufgabe der Überprüfung von Finanzinstitute integriert. Erschwerend kommt hinzu, dass ein Finanzprodukt unterschiedlich geregelt wird, je nachdem, welches Finanzinstitut dieses vertreibt. So wird beispielsweise der Verkauf von Derivaten im Bankwesen oder in Versicherungsunternehmen oder in den Bills Finance Companies durch verschiedene Rechtsverordnungen gere-

325 § 4 FSCOG.
326 Der Jahresbericht der FSC 2010 S. 9.

gelt. Ersteres wird durch eine Ankündigung ohne Ermächtigung[327], die anderen beiden Derivategeschäfte werden durch ermächtigte Verordnungen geregelt[328]. Das zeigt, dass die Aufsicht noch nach Instituten und nicht nach Aufgaben erfolgt, weil die Verordnungen nicht vereinheitlicht werden. Die Schwierigkeiten stammen aus den komplizierten vielfältigen Rechtsgrundlagen. Im Vergleich dazu gibt es in Deutschland eine Derivateverordnung[329], die für alle Derivategeschäfte gilt, egal von wem sie betrieben werden.

IV. Gegenstände der Finanzaufsicht

Seit der Zentralisierung der Finanzaufsicht werden alle Finanzinstitute in Taiwan vom FSC überprüft. Die nachfolgende Tabelle 4 zeigt, dass „Community Financial Institutions" die größte Gruppe darstellen. Nach der Finanzreform wurden viele Kreditgenossenschaften in Banken umgewandelt oder mit anderen Banken fusioniert, besonders die ungesund waren. Die Kreditabteilungen der Bauern- und der Fischerverbände bleiben hingegen bestehen. Seit 1991 wurden viele neue inländische Banken gegründet. Aber nach der zweiten Finanzreform ging diese Zahl wieder zurück.

---

327 Directions for Banks Conducting Financial Derivatives Businesses (銀行辦理衍生性金融商品業務應注意事項), wurde am 25.04.1995 erlassen und das letzte Mal am 31.12.2009 geändert.

328 Regulations Governing Derivatives Transactions Conducted by Insurance Companies (保險業從事衍生性金融商品交易管理辦法) wurde am 29.08.2007 auf Grund des § 146 Abs. 8 des Versicherungsgesetzes neu erlassen. Regulations Governing the Trading of Financial Derivatives by Bills Finance Companies 23.04.2002 (票券金融公司從事衍生性金融商品交易管理辦法) wurde am 23.04.2002 auf Grund des § 40 Abs. 2 des Gesetzes zur Administration über Bills Finance Companies erlassen und zum letzten Mal am 29.12.2008 verändert.

329 Verordnung über Risikomanagement und Risikomessung beim Einsatz von Derivaten in Sondervermögen nach dem Investmentgesetz (DerivateV) in der Fassung vom 06.02.2004 (BGBl. I S. 153).

Tabelle 4: Anzahl der Finanzinstitute in Taiwan zwischen 1987 und 2010 (ohne Filialen)

Jahr	Zentralbank	Inländische Banken	Zweigstellen ausländi-scher Banken	Medium Business Banks	Kreditgenossenschaften	Die Kreditabteilung der Bauernverbände	Die Kreditabteilung der Fischereiverbände	Postbank	Investmentgesellschaft	Lebensversicherungsun-ternehmen	Total
1987	1	16	32	8	74	282	19	1	8	8	449
1988	1	16	32	8	74	282	22	1	8	8	452
1989	1	16	33	8	74	285	22	1	8	11	459
1990	1	16	35	8	74	285	24	1	8	15	467
1991	1	17	36	8	74	285	26	1	8	15	471
1992	1	32	36	8	74	285	27	1	7	22	494
1993	1	33	37	8	74	285	27	1	7	27	501
1994	1	34	37	8	74	285	27	1	6	28	503
1995	1	34	38	8	73	285	27	1	5	31	503
1996	1	34	41	8	73	285	27	1	5	32	507
1997	1	39	45	8	64	287	27	1	5	32	509
1998	1	42	46	6	54	287	27	1	4	33	501
1999	1	47	41	5	50	287	27	1	3	33	495
2000	1	48	39	5	48	287	27	1	3	32	491
2001	1	48	38	5	39	260	25	1	3	28	448
2002	1	47	36	5	37	253	25	1	3	29	437
2003	1	45	36	5	35	253	25	1	3	29	433
2004	1	45	35	4	32	254	25	1	3	28	428
2005	1	42	36	4	29	253	25	1	2	29	422

Jahr	Zentralbank	Inländische Banken	Zweigstellen ausländischer Banken	Medium Business Banks	Kreditgenossenschaften	Die Kreditabteilung der Bauernverbände	Die Kreditabteilung der Fischereiverbände	Postbank	Investmentgesellschaft	Lebensversicherungsunternehmen	Total
2006	1	40	33	3	28	253	25	1	2	29	415
2007	1	39	32	1	27	261	25	1	1	29	417
2008	1	37	32	1	27	264	25	1	0	30	418
2009	1	37	32	1	26	275	25	1	0	30	428
2010	1	37	28	1	26	276	25	1	0	30	425
Quelle: Statistik aus der Zentralbank Taiwans											

C. Die Zentralbank Taiwans[330]

I. Gründung und Organisation

Nach dem Zweiten Weltkrieg war die Zentralbank im Jahr 1949 nach Taiwan umgezogen. 1961 nahm sie ihren Betrieb in Taiwan wieder auf. Aber erst am 8. November 1979 wurde das neu überarbeitete Gesetz über die Zentralbank verkündet (im Folgenden als Zentralbankgesetz bezeichnet)[331]. Gemäß diesem Gesetz untersteht die Zentralbank dem Exekutiv-Yuan[332]. Trotzdem übt sie die Währungspolitik unabhängig aus. Die Ziele der Zentralbank sind die Förderung der finanziellen Stabilität, die Gewährleistung eines effizienten Bankbetriebs, die Aufrechterhaltung der Währungsstabilität im Inland und im Verhältnis zu wichtigen ausländischen Währungen. Sie ist noch der wirtschaftlichen Entwicklung im Rahmen der drei oben genannten Ziele verpflichtet. In der Finanzreform

330 Die englische Webseite der Zentralbank ist abrufbar unter: http://www.cbc.gov.tw/mp2.html.

331 *Wen-Sheng Hsiao*, 2000, S. 6.

332 Vorher unterstand die Zentralbank dem Präsidenten. Im Vergleich zur Deutschen Bundesbank, die eine bundesunmittelbare juristische Person des öffentlichen Rechts ist, ist die Zentralbank Taiwans nach § 1 Zentralbankgesetz eine zweitrangige zentrale Behörde.

Taiwans kommt der Zentralbank eine wichtige Rolle zu. Sie übernimmt nämlich wieder einen Teil der Finanzaufsichtsaufgaben.

Die Zentralbank besteht aus einem Präsidenten, zwei Vizepräsidenten[333], dem Vorstand[334] und dem Aufsichtsrat[335]. Der Vorstand und der Aufsichtsrat sind zuständig für Beschlüsse und Kontrolle. Der Präsident der Zentralbank verwaltet die Ausführung der Beschlüsse und vertritt die Zentralbank[336]. Zu den Mitgliedern des Vorstands zählen elf bis 15 Personen, die den Präsidenten der Zentralbank, den Minister des Finanzministeriums und den Minister des Wirtschaftsministeriums unbedingt beinhalten müssen. Die anderen Mitglieder müssen mindestens eine Person für den Bereich der Landwirtschaft, des Gewerbes und des Bankwesens umfassen[337]. Die Mitglieder des Aufsichtsrats sind fünf bis sieben Personen. Sie werden vom Exekutiv-Yuan bestellt und vom Präsidenten ernannt[338]. Der Vorstand und der Aufsichtsrat halten eine Sitzung in drei Monaten ab[339].

II. Die Aufgabe im Bereich der Finanzaufsicht

Selbstverständlich ist die erste Aufgabe der Zentralbank die Ausführung der Währungspolitik[340]. Mit dem Wirtschaftsaufschwung haben sich die Aufgaben der Zentralbank vom Streben nach Wirtschaftswachstum auf die Aufrechterhaltung der Finanzmarktstabilität verlagert[341]. Die Zentralbank ist auch am Aufbau und an der Reform des Finanzsystems tatkräftig beteiligt. Ob die Zentralbank eine originäre Befugnis zur Prüfung der Finanzinstitute oder nur eine Übertragungsbefugnis besitzen sollte, war strittig. Nach der am 02.02.1962 vom MoF erlassenen Verordnung[342] und der am 24.04.1962 von der Zentralbank erlassenen

333 § 9 Abs. 1 Zentralbankgesetz.

334 § 5 Zentralbankgesetz.

335 § 7 Zentralbankgesetz.

336 § 10 Abs. 1 Zentralbankgesetz.

337 § 5 Abs. 1 und 2 Zentralbankgesetz. Vgl. *Wen-Sheng Hsiao,* 2000, S. 33 ff.

338 § 7 Abs. 1 Zentralbankgesetz.

339 § 6 der Sitzungsordnung des Vorstands der Zentralbank (Regulations Governing Meetings of the Board of Directors of the Central Bank of China) und § 6 der Sitzungsordnung des Aufsichtsrats der Zentralbank (Regulations Governing Meetings of the Board of Supervisors of the Central Bank of China).

340 § 2 Zentralbankgesetz. *Wen-Sheng Hsiao,* 2000, S. 75 ff.

341 *Wen-Sheng Hsiao,* 2000, S. 7 und 21.

342 Regulations for Entrusting the Central Bank of the Republic of China (Taiwan) to Examine the Operations of Financial Institutions by MoF (財政部委託中央銀行檢查金融機構業務辦法) ist am 29.06.2004 außer Kraft.

Verordnung[343] hatte die Zentralbank im Auftrag des MoF die Aufgaben der Prüfung durchgeführt, bis die Verordnung aufgehoben wurde. Zwar hat § 38 Zentralbankgesetz in der Fassung vom 08.11.1979 vorgeschrieben, dass die Zentralbank durch dieses Gesetz ermächtigt wird, die Aufgabe zur Prüfung aller Finanzinstitute im Inland zu übernehmen[344]. In der am 25.12.2002 von der Zentralbank neu erlassenen Verordnung über die Prüfung der betriebenen Geschäfte der Finanzinstitute wird jedoch geregelt, dass die Zentralbank nach § 38 Zentralbankgesetz und im Auftrag des MoF nach § 45 BWG die Aufgaben der Prüfung über Finanzinstitute zu erfüllen hat. Die Zentralbank hatte auch bis 01.07.2004 nach § 45 BWG im Auftrag des MoF die Geschäfte der Finanzinstitute geprüft. Erst am 01.07.2004 wurde diese Rechtsverordnung[345] und am 27.04.2011 wurde § 38 Zentralbankgesetz entsprechend überarbeitet. Damals wurde festgesetzt, dass die Zentralbank -- falls erforderlich -- im Rahmen der eigenen Befugnis die Prüfungsaufgabe der Finanzinstitute ausübt.

III. Zusammenarbeit zwischen der FSC und der Zentralbank

1. Mitwirkung der Zentralbank beim Erlass allgemeiner Regelungen

Die FSC und die Zentralbank wurden beide ermächtigt, Rechtsverordnungen zu erlassen, denn manche Einzelheiten sind nicht geeignet, im BWG, sondern stattdessen in Form einer Rechtsverordnung geregelt zu werden. Die Beteiligung der Zentralbank beim Erlass von Rechtsverordnungen wird folgendermaßen abgestuft:

---

343 Regulations for the Central Bank of the Republic of China (Taiwan) to Examine the Operations of Financial Institutions (中央銀行檢查金融機構業務辦法) ist am 25.12.2002 außer Kraft.

344 § 38 des Zentralbanksgesetzes in der Fassung vom 08.11.1979 "In conformity with the powers and functions authorized in this Act, the Bank shall undertake the examination of the operations of all financial institutions in the country. The above examination may be performed in conjunction with the bank examination program delegated to the Bank by the Ministry of Finance. The Bank may delegate a government financial institution to perform the examination of the operations of credit cooperatives and the credit departments of farmers' associations."

345 Directions for the Central Bank of the Republic of China (Taiwan) to Examine the Operations of Financial Institutions (中央銀行檢查金融機構業務要點) In der Fassung vom 01.07.2004 wurde als erster Punkt vorgeschrieben: "The Central Bank of the Republic of China (Taiwan) has prescribed these Directions to govern the examination of the operations of financial institutions, pursuant to the provision of Article 38 of the Central Bank of the Republic of China (Taiwan) Act."

a) FSC im Benehmen mit der Zentralbank

Die FSC kann im Benehmen mit der Zentralbank durch Rechtsverordnung nähere Bestimmungen hinsichtlich folgender Sachverhalte/Geschäfte erlassen: Kündigung und Pfand der Termineinlage (§ 8-1 Abs. 1 BWG), Beschränkung auf die Höhe des Betrags und die Bedingungen des Organkredits[346] (§ 33 Abs. 2 BWG), Bedingungen über ungesicherte Kredite oder Garantie und das Verhältnis zwischen Aktiva und Passiva eines Kreditinstituts (§ 36 Abs. 1 und 2 BWG), Erlaubnis und Verwaltung von EC-Karten (§ 42-1 BWG), Erlaubnis für Geldmarktgeschäfte und Kreditkarten (§ 47-1 BWG), finanzieller Informationsdienst zwischen den Banken in Bezug auf die Liquidation einer großen Geldsumme (§ 47-3 Abs. 1 Satz 3 BWG), Emission von Schuldverschreibungen von Universalbanken (§ 72-1 Satz 2 BWG), Umfang der Bankgeschäfte ausländischer Banken (§ 121 Abs. 1 BWG).

b) Zentralbank im Benehmen mit der FSC

Die Zentralbank kann im Benehmen mit der FSC durch Rechtsverordnung nähere Bestimmungen über den Umfang der Verbindlichkeiten (§ 42 Abs. 2 BWG) bzw. die Ration der Liquidität (§ 43 BWG) von Banken erlassen.

c) Erlass allein von der Zentralbank

Die Zentralbank kann ohne Benehmen mit der FSC allein durch Rechtsverordnung nähere Bestimmungen über den maximalen Zinssatzes bei Pfand im Erforderlichkeitsfall (§ 37 Abs. 2 BWG), über Bedingungen und Frist der mittel- und langfristigen Darlehen beim Hausbau oder Wohnungskauf (§ 40 BWG), über die Festlegung der Mindestreserve (§ 42 Abs. 1 BWG), sowie über die Finanzierung zwischen Banken und Wertpapierfirmen (§ 73 Abs. 2 BWG) erlassen.

2. Die laufende Überwachung und die bankaufsichtlichen Prüfungen

Wie oben bereits erwähnt, hatte die Zentralbank lange Zeit im Auftrag des MoF nach § 45 BWG die Aufgaben der Prüfung von Finanzinstituten erfüllt. Früher übernahm sie die Aufgaben infolge der Arbeitsteilung. Aber zurzeit ist der FSC zuständig für die Prüfung, und die Zentralbank ist nur zuständig für die notwendige Prüfung im Rahmen der Währungspolitik. Sie arbeiten aber noch durch ge-

---

346 Kredite an Geschäftsleiter des Instituts, nicht zu den Geschäftsleitern gehörende Gesellschafter des Instituts oder ihre Ehegatten, Blutsverwandtschaft bis in den dritten Grad der Seitenlinie und vermittelte indirekte Verwandtschaftsbeziehungen durch Heirat bis in den zweiten Grad.

genseitige Teilnahme an den regelmäßigen Sitzungen sowie beim Informationsaustausch eng zusammen. Bei der laufenden Überwachung wirkt die Zentralbank in folgenden Bereichen ebenfalls noch mit:

a) Erlaubnis der FSC im Benehmen mit der Zentralbank

Wenn die Banken eine Zweigniederlassung im Ausland errichten wollen, erteilt die FSC im Benehmen mit der Zentralbank die Erlaubnis dazu (§ 27 BWG).

b) Erlaubnis der Zentralbank

Manche Geschäftsbereiche brauchen sogar eine Genehmigung der Zentralbank, wenn es z.B. die Zulassung zum Währungsumtausch (§ 4 BWG), zum finanziellen Informationsdienst zwischen den Banken in Bezug auf die Liquidation einer großen Geldsumme (§ 47-3 Abs. 1 Satz 2 BWG), zum Währungsumtausch ausländischer Banken (§ 121 Abs.2 BWG), oder zur Annahme der Einlagen mit ausländischer Währung (§ 122 BWG) betrifft.

c) Zentralbank

In manchen Fällen ist die Zentralbank zuständig für die Verfolgung und Ahndung von Ordnungswidrigkeiten. Verstößt man gegen die nach § 37 Abs. 2 BWG[347], § 40 BWG[348], § 42 BWG[349] und § 73 BWG[350] von der Zentralbank erlassenen Verordnungen, kann die Zentralbank gegen den Betroffenen ein Bußgeld verhängen und dies der FSC mitteilen (§ 134 BWG).

D. The Bureau of Agricultural Finance, Council of Agriculture

I. Hintergrund und Gründung

Die Landwirtschaft und Fischerei galten als Basis für die Wirtschaftsentwicklung Taiwans. Beide Sektoren sind eng mit der jeweiligen Region verbunden und mit der Politik der Regierung gut koordiniert. Die Kreditabteilungen der Bauern- und Fischereiverbände haben bei der ländlichen Entwicklung Taiwans gerade für den Mittelstand eine wichtige Rolle gespielt. Während der konserva-

347 Der maximale Kreditzinssatz für Pfand oder Hypothek.

348 Bedingungen und die Dauer der Rückzahlung.

349 Umfang der Verbindlichkeiten der Banken.

350 Finanzierung zwischen Banken und Wertpapierhandelsunternehmen.

tiven Finanzpolitik haben sie Arbeitern, Bauern und Fischern aus der Region Finanzgeschäfte angeboten, die sie von Finanzinstituten nur schwer bekommen hätten[351]. Ihr Beitrag zum Wirtschaftswachstum Taiwans nach dem Zweiten Weltkrieg ist bemerkenswert. Aber etwa seit 1991 sahen sie sich mit der Liberalisierung der Finanzgeschäfte konfrontiert und konnten aufgrund ihrer Größe im Wettbewerb mit neu gegründeten privaten Banken nicht bestehen. Die „Community Financial Institutions“ zeigten sich sehr anfällig für Krisen und lösten zwischen 1995 und 1997 infolge der Finanzkrise in Asien[352] Bank-Runs aus.

Zurückzuführen war dies u.a. auf ein schlechtes internes Kontrollsystem der „Community Financial Institutions“. Aber auch die Aufsicht von außen wurde nicht zuverlässig durchgeführt. Das größte Problem bestand in der großen Anzahl fauler Kredite. Die oben erwähnte Tabelle 2 über die Statistik der Non-Performing Loan Ratio zeigt, dass der Anteil der NPL der Kreditabteilungen der Bauern- und Fischereiverbände zwischen 1997 und 2001 fortwährend angestiegen ist. Im Jahr 2001 wurde sogar ein Wert von über 19% erreicht. Am Ende hätte die verbreitete Krise die gesamte Volkswirtschaft gefährden können. Das führte zur Notwendigkeit einer Umgestaltung der Kreditabteilungen der Bauern- und Fischereiverbände[353].

Dabei stellte sich zunächst die Frage nach der Rechtsform bzw. dem Rechtsstatus der Kreditabteilungen. Als Teil eines Verbands, welcher eine juristische Person des Privatrechts ist, gehören die Kreditabteilungen der Bauern- und Fischereiverbände zu den Verbänden und sind keine Bank im Sinne des BWG. Sie bieten Kreditgeschäfte an, werden aber nicht vom BWG geregelt. Sie sind kein Rechtsträger und haben auch keine unabhängige Rechtsfähigkeit, sondern sind abhängig von den jeweiligen Verbänden. Das führt zu Unklarheit bezüglich der zuständigen Aufsichtsbehörde[354].

---

351 Siehe *Rainer Adam*, Agrarverfassung, Agrarstruktur und wirtschaftliche Entwicklung in Taiwan, Saarbrücken 1988, S. 99 ff. Die Bauerverbände in Taiwan „ähneln in gewisser Weise den Landwirtschaftskammern in Deutschland, nehmen aber zusätzliche Aufgaben von Kredit-, Bezug- und Absatzgenossenschaften wahr.“

352 Die Asienkrise seihe *Dirk Hennhöfer*, Bankenaufsicht und Finanzkrisen: Ein Ländervergleich der Bankenaufsicht Thailands im Vorfeld der Asienkrise mit den deutschen Aufsichtsnormen, Diss. Universität Mannheim 2001, S. 159-162; *Zhi-Cheng Wang*, Modern Financial Law, 2009, S. 287-289.

353 *Chen/Chang/Liang*, Die Umgestaltung der Kreditgenossenschaften und der Kreditabteilungen der Bauernverbände und der Fischerverbände, Taiwan New Century Foundation Forum, Heft 15, 30.09.2001.

354 Die Überwachung und Kontrolle der Kreditabteilungen der Bauernverbände siehe *Rainer*

Am 13.12.2000 wurde das FiFusG beschlossen. Zwischen 2001 und 2002 wurden 36 „Community Financial Institutions“ aufgrund der Anordnungen des MoF nach dem FiFusG von anderen Banken übernommen. Das im Jahr 2001 verabschiedete Gesetz über die Einrichtung und Verwaltung des Finanzumstrukturierungsfonds hat das nötige Vermögen dafür angeboten, damit die in Not geratenen Finanzinstitute saniert bzw. umgewandelt werden konnten.

Aufgrund seiner Besonderheit im Vergleich mit den Kreditinstituten wird das Landwirtschaftsfinanzwesen getrennt verwaltet. Dafür wurde das Landwirtschaftsfinanzgesetz (Agricultural Finance Act, LwFiG) am 23.07.2003 erlassen, welches am 30.01.2004 in Kraft getreten ist. Das Amt für Landwirtschaftsfinanzen (The Bureau of Agricultural Finance, BOAF) ist am gleichen Tag errichtet worden und unterliegt dem Council of Agriculture (COA), das wiederum dem Exekutiv-Yuan untersteht. Das BOAF ist das gesetzliche, ausführende Organ für die Aufsicht der Landwirtschaftsfinanzinstitute. Seitdem wird das Finanzsystem in Taiwan in ein duales System geteilt[355].

II. Die Struktur des Landwirtschaftsfinanzsystems

Die Struktur des Landwirtschaftsfinanzsystems in Taiwan besteht aus den Landwirtschaftsfinanzinstituten, der zuständigen Behörde, der Aufsichtsbehörde und drei Unterstützungsfonds[356].

1. Die Landwirtschaftsfinanzinstitute sind nach § 2 LwFiG zweistufig aufgebaut. Oben steht „The Agriculture Bank of Taiwan“[357], darunter die Kreditab-

---

Adam, Agrarverfassung, Agrarstruktur und wirtschaftliche Entwicklung in Taiwan, Saarbrücken, 1988, S. 112-114. Die Selbstkontrolle der Bauernverbände hat nur geringe Bedeutung als die Kontrollgewalt des Staates. Die Problem und Unzulänglichkeiten der Kreditabteilungen der Bauernverbände siehe *Rainer Adam*, 1988, S. 151-154.

355 Wie erwähnt, beziehen sich „Community Financial Institutions“ auf die Kreditgenossenschaften und die Kreditabteilungen der Bauern- und der Fischereiverbände zusammen. Aber der BOAF ist nur für die Kreditabteilungen der Bauern- und Fischereiverbände zuständig. Gemäß § 2 Landwirtschaftsfinanzgesetz wird hier das Landwirtschaftsfinanzinstitut für die Kreditgenossenschaften der Bauern- und Fischereiverbände sowie die neue gegründete The Agriculture Bank of Taiwan genannt.

356 *Sin-Rong Rao*, Neue Landwirtschaft Progression - Bekräftigung des Landwirtschaftsfinanzsystems, Agriculture Policy & Review from Council of Agriculture, Haft 182, 08.2007.

357 The Agriculture Bank of Taiwan ist am April 2005 nach § 3 LwFiG gegründet worden. Ihr Kapital beträgt 20 Milliarden NT$ (etwa fünf hundert Millionen Euro), davon 44,5% vom Staat und 55,5% von den Kreditabteilungen der Bauern- und Fischereiverbände. Ihre Aufgabe nach § 4 Abs. 2 LwFiG besteht in der Beratung und Unterstützung bei der Ent-

teilungen der Bauern- und Fischereiverbände.

2. Die oberste für das Landwirtschaftsfinanzsystem zuständige Behörde ist gemäß § 5 LwFiG der COA. Die unteren zuständigen Behörden sind die Lokalregierungen.
3. Die Aufsichtsbehörde: Der COA selbst führt keine Überprüfung der Kreditabteilungen der Bauern- und Fischereiverbände durch. Der COA hat die Prüfung nach § 7 LwFiG auf die FSC übergetragen. Die Zentralbank ist zuständig für die Überprüfung in Bezug auf Fremdwährungsgeschäfte, während die CDIC für die Einlagensicherung zuständig ist.
4. Außerdem wird das Landwirtschaftsfinanzsystem durch drei Fonds unterstützt: Der Fonds für landwirtschaftliche Entwicklung358, die Stiftung für landwirtschaftliche Kredit-Garantien359 und der FiReFonds. Die drei Fonds gewähren Subventionen und Bürgschaften sowie bei der Sanierung von in Not geratenen Kreditabteilungen der Bauern- und Fischereiverbänden.

---

wicklung der Kreditabteilungen der Bauern- und Fischereiverbände, in der Gewährung von Darlehen für Bauern, Förster, Fischer und Viehzüchter, sowie in der Stabilisierung des Landwirtschaftsfinanzwesens.

358 Der Fonds für landwirtschaftliche Entwicklung (Agricultural Development Fund, 農業發展基金) war in § 5 Abs. 1 in der Fassung vom 03.09.1973 des Gesetzes über Landwirtschaftliche Entwicklung (Agricultural Development Act) geregelt. Darin stand geschrieben, dass die Regierung einen Fonds für landwirtschaftliche Entwicklung errichten soll. In der neuesten Fassung vom 7.2.2003 wird er nach § 54 Abs. 1 desselben Gesetzes auf 150 Milliarden NT$ (etwa 37,5 Milliarden Euro) aufgestockt. Nach § 3 der Verordnung zur Durchführung des Fonds für landwirtschaftliche Entwicklung gehört er zum Sondervermögen des Haushaltsgesetzes. Der COA, der Exekutiv-Yuan ist zuständig dafür. § 54 Abs. 1 „In meeting the needs for future agricultural development, the government shall establish an agricultural development fund of one hundred and fifty billion New Taiwan Dollars to promote farmers' welfare and agricultural development. The sources of the said agricultural development fund, in addition to donations, shall be secured to fulfill the set amount through government budget planning in 12 years."

359 Die Stiftung für landwirtschaftliche Kredit-Garantien (Agricultural Credit Guarantee Fund, 財團法人農業信用保證基金) ist im September 1983 gegründet worden. Am Anfang hatte sie ein Vermögen von 300 Millionen NT$ (etwa 7 Millionen Euro), davon 50% vom Staat, 10% von der Taipeh- und Kaushong-Regierung, je 10% von drei landwirtschaftlichen Banken und 10% von allen Kreditabteilungen der Bauern- und Fischereiverbände. Später wurde das Stiftungsvermögen auf etwa 4,8 Milliarden NT$ (etwa 120 Millionen Euro) erhöht. Die Stiftung gewährt jenen Bauern und Fischern Darlehen, denen es an Sicherheiten mangelt. Die Stiftung unterstand der FSC. Seit 01.01.2006 unterliegt sie dem BAOF.

III. Aufgaben

Das BOAF untersteht dem COA und ist zwar zuständig für die Aufsicht der Landwirtschaftsfinanzinstitute, aber zu seinen Hauptaufgaben gehören die Verwaltung und die Leitung der Landwirtschaftsfinanzinstitute. Das Büro soll die Kreditabteilungen der Bauern- und Fischereiverbände dazu anhalten, die NPL Ratio zu senken. Des Weiteren hat das BOAF folgende Aufgaben: Einstufung der Kreditabteilungen nach der Qualität der Aktiv-Darlehen und nach der Risikofähigkeit zur Verwaltung, Führung/Lenkung der politisch-orientierten speziellen landwirtschaftlichen Darlehen, Durchführung des unabhängigen Handelsbuchs und der Adäquatheit des Kapitals der Landwirtschaftsfinanzinstitutionen.

Im Falle der Überprüfung der Landwirtschaftsfinanzinstitute wird gemäß § 7 Abs. 1 LwFiG die Durchführung der Aufgaben an die zuständige Finanzaufsichtbehörde bzw. FSC oder an sonstige Wirtschaftsprüfer (Organisationen) übertragen.

E. Die Zentrale Einlagensicherungseinrichtung (CDIC)

I. Gründung und Organisation

Nach § 46 BWG soll eine Einlagensicherungseinrichtung durch den Staat oder die Banken errichtet werden, um die Interessen von Einlegern zu wahren. Am 09.01.1985 wird das Einlagensicherungsgesetz verabschiedet und am 27.09.1985 wird eine zentrale Einlagensicherung eingerichtet. Die Körperschaft der CDIC ist eine Aktiengesellschaft. Nach dem Gesetz wird das Kapital der CDIC vom MoF, der Zentralbank und der beteiligten Finanzinstitute zusammen angelegt. Aber die vom MoF und der Zentralbank investierten Beträge müssen mindestens 50% des insgesamt gezeichneten Kapitals betragen[360]. Tatsächlich ist die CDIC ein 99.9995% staatseigenes Unternehmen und untersteht der Rechts- und Fachaufsicht des FSC[361]. Seit 1995 beträgt die Bilanzsumme der CDIC 10

360 § 3 Abs. 2 Einlagensicherungsgesetz „The Ministry of Finance in conjunction with the Central Bank shall establish the Central Deposit Insurance Corporation to conduct the business of deposit insurance. The total capital shall be determined by the Executive Yuan. Shares of the aforesaid capital shall be subscribed by the Ministry of Finance, the Central Bank and the insured financial institutions. The total capital subscribed by the Ministry of Finance and the Central Bank shall exceed 50% of the said capital". Vgl. *Zhi-Cheng Wang,* Financial Law, Kapitel 12 das Einlagensicherungsgesetz, 2008, S. 356.

361 § 2 Einlagensicherungsgesetz und § 2 Organisatorisches Gesetz über die FSC; siehe den

Milliarden NTD (etwa 0.25 Milliarden Euro)[362]. Der Vorstand leitet und verwaltet die CDIC. Der Vorstand der CDIC besteht aus sieben Mitgliedern, die vom Finanzministerium und der Zentralbank ernannt werden. Im Jahr 2009 beschäftigte die CDIC etwa 157 Mitarbeiter[363].

II. Aufgaben

Die CDIC nimmt die ihr nach den Gesetzen oder anderen Rechtsvorschriften übertragenen Aufgaben wahr. Ihre vorwiegenden Aufgaben sind zur Wahrung des Rechts von Einlegern, die Durchführung der Überprüfung nach dem Gesetz oder dem Beauftragen durchzuführen und die Behandlung der in Not geratenen Finanzinstitute.

1. Einlagensicherung und Entschädigung

Von Anfang an wurde das Einlagensicherungssystem auf freiwilliger Basis errichtet, weil damals etwa 80% der Einlagensumme von den öffentlichen Banken stammten und diese auf jeden Fall daran teilnahmen. Aber nach der Liberalisierung des Finanzmarkts und der Privatisierung der öffentlichen Banken ist das Einlagensicherungssystem wieder wichtiger geworden. Wenn Finanzinstitute dem Einlagensicherungssystem nicht beigetreten sind, konnten ihre Einleger nicht geschützt werden[364]. Demzufolge wird eine gesetzlich vorgeschriebene Einlagensicherung bei der Überarbeitung des Einlagensicherungsgesetzes am 20.01.1999 festgelegt, der alle Finanzinstitute, die Einlagengeschäfte betreiben, angehören müssen. In der Überarbeitung des Einlagensicherungsgesetzes in der Fassung vom 18.01.2007 wurde das Einlagensicherungssystem wieder ergänzt.

Jahresbericht der CDIC 2009, S. 31, Notes to financial statements der CDIC, 1. GENERAL.

362 Das Stammkapital der CDIC wurde in § 4 (Vorschriften über die Durchsetzung des Einlagensicherungsgesetzes) in der Fassung vom 12.08.1985 auf 2 Milliarden NT$ vorgeschrieben. Aber das eingezahlte Kapital betrug nur 800 Millionen NT$. Auf Grund der zunehmenden Zahl der in Not geratenen Finanzinstitute war die Bilanzsumme zu wenig. Inzwischen hat sich die Bilanzsumme am 29.07.1991 auf 5 Milliarden NT$ und am 08.11.1995 auf 10 Milliarden NT$ zweimal erhöht. In der Fassung vom 11.12.2007 wird diese Vorschrift aufgehoben, weil die Bilanzsumme in der Gesellschaftssatzung der CDIC (存保公司章程) bestimmt ist. Siehe den Erwägungsgrund der Überarbeitung § 4 (Vorschriften über die Durchsetzung des Einlagensicherungsgesetzes) und den Jahresbericht der CDIC 2009, S. 42, Expansion and Improvement of Taiwan's Deposit Insurance System.

363 Siehe den Jahresbericht der CDIC 2009 S. 23, Human Resources (1) Employee Structure.

364 *Zhi-Cheng Wang,* Financial Law, Kapitel 12 das Einlagensicherungsgesetz, 09.2008, S. 350; *Wei-Yi Lin,* Monografie über Rückblick und Aussicht auf 20 Jahre zwischen 1985 und 2005: Der Entwicklungsgang der Errichtung und Funktionen der CDIC, 09.2005, S. 9.

Die Finanzinstitute mit Genehmigung zum Betreiben des Einlagengeschäfts müssen bei der CDIC eine Einlagensicherung beantragen. Wenn nicht, teilt die CDIC der zuständigen Behörde mit, ihren Geschäftsleiter abzuberufen oder die Genehmigung aufzuheben. Das neu gegründete Finanzinstitut muss nicht nur eine Zulassung für die Annahme von Einlagen von der FSC erhalten, sondern auch eine Zulassung für die Einlagensicherung von der CDIC bekommen. Zum 30.04.2011 haben alle Finanzinstitute in Taiwan am Einlagensicherungssystem teilgenommen[365].

Im Jahr 1985 hat das Einlagensicherungssystem vorgesehen, dass die Gesamtheit der Einlagen desselben Einlegers bis zu einem Betrag von NT$ 700.000 abgedeckt ist. Im August 1987 ist der Umfang der Deckungssumme auf 1 Million NT$ (etwa € 25.000) gestiegen, im Juli 2007 noch einmal auf 1,5 Million NT$[366]. Im Oktober 2008 hat die Regierung wegen der Finanzkrise verkündet, dass die umfassende Einlagensicherung bis 31.12.2009 die Einlagen desselben Einlegers bei den an der Einlagensicherung beteiligten Finanzinstituten in voller Höhe decken wird. Danach wurde diese Maßnahme um ein Jahr verlängert bis 31.12.2010[367]. Ab 01.01.2011 beträgt der Deckungssatz der Einlagensicherung auf 3 Million NT$ (etwa € 75.000).

Aufgrund des dualen Finanzsystems werden die Finanzinstitute und die Landwirtschaftsfinanzinstitute mit zwei Sonderreserven für die Auszahlung der Einlagensicherung ausgestattet[368]. Wenn die zuständigen Behörden, der FSC und das BOAF, nach den Gesetzen die Einstellung des Geschäftsbetriebs für ein Finanzinstitut anordnen, wird die CDIC gemäß § 28 Abs. 1 Einlagensicherungsgesetz die Entschädigungsansprüche durch eine der folgenden Maßnahmen erfüllen[369]:

---

365 Nur eine Ausnahme ist die Zweigstelle der Deutsche Bank in Taipeh, weil seine Einleger unter dem Schutz der deutschen Einlagensicherung abgedeckt werden. Nach § 10 Abs. 1 Satz 2 des Einlagensicherungsgesetzes ist eine ausländische Bank von der taiwanischen Einlagensicherung befreit, wenn die Einlagen ihrer Kunden durch die Einlagensicherung in ihrem Heimatland versichert werden. Siehe den Jahresbericht der CDIC 2009 S. 9.

366 Die Geschichte der CDIC ist abrufbar unter: http://www.cdic.gov.tw/ct.asp?xItem=1282&ctNode=647&mp=1.

367 Am 08.10.2009 erließen die FSC, der MoF und die Zentralbank zusammen eine Maßnahme zur Pauschalgarantie für Einlagen (Measures to Support the Blanket Guarantee of All Bank Deposits) erlassen. Siehe den Jahresbericht 2009 der CDIC S. 11, Protection of Depositors and Deposits in the Insured Institutions.

368 § 6 Einlagensicherungsgesetz.

369 *Zhi-Cheng Wang,* Financial Law, Kapitel 12 Das Einlagensicherungsgesetz, 2008, S. 362-

a) Auszahlung von Bargeld, Überweisung oder andere Zahlungsmethode,
b) Auszahlung durch andere an der Einlagensicherung beteiligte Finanzinstitute mit gleichen Mengen an Einlagen,
c) Unterstützungsgewährung von anderen an der Einlagensicherung beteiligten Finanzinstituten oder Finanzholding-Gesellschaften, wodurch sie die Geschäfte, das Vermögen und die Schulden des eingestellten Finanzinstituts übernehmen.

Die geschätzten Kosten bei den vorgenannten Nr. b) und c) müssen weniger als die geschätzten Verluste aus der Ausschüttung nach Maßgabe von Nr. a) betragen. Das heißt das Prinzip des Minimums der Kosten[370].

2. Überprüfungen

Bevor das Einlagensicherungsgesetz am 18.01.2007 verändert wurde, hat die CDIC nach § 21 Einlagensicherungsgesetz und im Auftrag vom MoF die Aufgabe der Prüfung der an der Einlagensicherung beteiligten Finanzinstitute wahrgenommen. Aber nach § 24 Abs. 1 Einlagensicherungsgesetz in der neusten Fassung kann die CDIC jetzt diese Finanzinstitute nur mehr im Bereich der Einlagensicherung selbst überprüfen, und zwar[371]:

a) hinsichtlich der Genauigkeit der Bemessungsgrundlage der Prämie,
b) hinsichtlich des Inhalts ihrer elektronischen Dateien,
c) ob es irgendwelche Ursachen für die Kündigung des Einlagensicherungsvertrags gibt,
d) hinsichtlich der Aktiva und Passiva vor Erfüllung der Entschädigung sowie

---

366.

370 *Zhi-Cheng Wang,* Modern Financial Law, 2009, S. 312-315; *Zhi-Cheng Wang,* Financial Law, Kapitel 13, Das Gesetz über die Einrichtung und die Verwaltung des Finanzumstrukturierungsfonds, 2008, S. 373, 390-391.

371 Article 24: „The CDIC may inspect the following items of an insured institution: 1. Accuracy of deposit assessment base and content of the electronic data files stipulated in Paragraph 1 of the preceding Article. 2. Any event causing the termination of the deposit insurance agreement. 3. Assets and liabilities of insured institutions prior to the fulfillment of insurance responsibilities. 4. Property information and information needed to pursue civil liabilities for illegal acts or omissions by employees of failed insured institutions and by those of problem insured institutions that receive financial assistance according to Paragraph 1 of Article 29." Vgl. *Zhi-Cheng Wang,* Financial Law, Kapitel 12 das Einlagensicherungsgesetz, 2008, S. 357.

e) hinsichtlich der Informationen über das Vermögen von Mitarbeitern, die illegale Geschäfte betrieben haben und jetzt zivilrechtlich verfolgt werden.

3. Handhabung von in Not geratenen Finanzinstituten

Bevor der Finanzrestrukturierungsfonds errichtet wurde, hat die zuständige Aufsichtsbehörde bei der Handhabung von in Not geratenen Finanzinstituten die CDIC als Aufsichtsperson zur Überwachung oder zur Übernahme ernannt[372]. Im Falle der Übernahme nach § 62-3 Abs. 1 Nr. 1 BWG kann die CDIC im Auftrag der übernehmenden Institution die Geschäfte der in Not geratenen Finanzinstitute ganz oder teilweise betreiben.

4. Durchführung des Finanzrestrukturierungsfonds

Infolge des neu erlassenen FiReFG ist die CDIC das ausführende Organ des FiReFonds. Die von ihr wahrgenommen Aufgaben werden im Teil 4 § 2 B Abschnitt erläutert.

---

372 *Zhi-Cheng Wang,* Financial Law, Kapitel 12 das Einlagensicherungsgesetz, 2008, S. 358.

§ 4 Fazit

Seit das Finanzsystem in Taiwan in zwei Kategorien, nämlich Kreditinstitute und Landwirtschaftsfinanzinstitute aufgeteilt wurde, ist das Finanzaufsichtssystem nicht mehr einheitlich. Aber die Prüfung der Finanzinstitute wird noch einheitlich vom FSC durchgeführt. Die Zentralbank arbeitet mit dem FSC bei der Überprüfung zusammen und spielt dabei eine wichtige Rolle. Die CDIC ist von Bedeutung besonders bei der Ausführung des FiReFonds. Das COA und die jeweiligen lokale Regierungen sind die zuständige Behörde für landwirtschaftliche Finanzinstitute. Die Abbildung 7 zeigt die Finanzaufsichtsstruktur in Taiwan. Einerseits geht es davon, dass die landwirtschaftlichen Finanzinstitute unterschiedliche Merkmale als die Banken haben. Beispielsweise ist ihr Maß eher klein und sie bieten nur lokale Finanzdienstleistungen für beschränkte Gruppen. Aber andererseits ist die Natur von Finanzdienstleistungen gleich bei Banken sowie bei landwirtschaftlichen Finanzinstituten und sollen vom einheitlich aufsichtsrechtlichen Maßstab geregelt werden.

Abbildung 7: Die Finanzaufsichtsstruktur in Taiwan

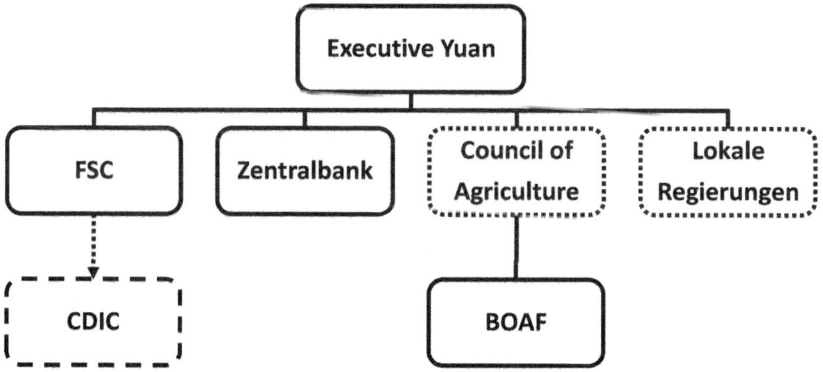

4. Teil: Maßnahmen gegenüber in Not geratenen Finanzinstituten

§ 1 Überblick

Finanzaufsicht beinhaltet den Prozess zur Zulassung vor der Gründung eines Finanzinstituts sowie die laufende Überwachung des Geschäftsbetriebs[373]. Um die Aufgaben der Finanzaufsicht durchzuführen, besitzt die zuständige Aufsichtsbehörde Mittel und Instrumente. Das Sammeln von Informationen und Daten ist Voraussetzung für eine effektive Finanzaufsicht. Hierzu werden Informations- und Anzeigepflichten von Finanzinstituten über die Geschäftsentwicklung im KWG sowie im BWG Taiwans geregelt. Ferner hat die zuständige Aufsichtsbehörde die Befugnis, Maßnahmen gegenüber Finanzinstituten zu treffen. Im Idealbild würde es gar kein in Not geratenes Finanzinstitut geben, da die Finanzaufsicht gut funktioniert hätte. Aber wenn es doch passiert, muss ein Plan dafür vorbereitet sein.

Um das europäische Kartellrecht anzugleichen, sind die Kartellverbote für das Bank- und Kreditwesen in Deutschland seit 2005 weggefallen. Damit gelten die allgemeinen kartellrechtlichen Vorschriften auch im Bank- und Kreditwesen unbeschränkt[374]. Im Vergleich dazu werden alle Finanzinstitute in Taiwan nach dem „Fair Trade Act" (FTA) seit dessen Inkrafttreten von dessen kartellrechtlichen Vorschriften geregelt[375]. Es handelt sich dabei hauptsächlich um Verschmelzung, gegenseitige Investitionen und Kooperationskartelle, die ohne vor-

---

373 Vgl. *Rolf-E. Breuer,* Regulierung und Bankenaufsicht zwischen Nationalstaat und globalem Finanzmarkt, Deutsche Bank Research, 29.06.2000 Nr. 86, S. 4.

374 Vgl. *Bunte,* in: *Schimansky/Bunte/Lwowski*, Bankrechts-Handbuch, § 140 Rn. 1 ff.; *Niggemann,* in: *Albrecht/Karahan/Lenenbach*, FA Bank- und KapitalmarktR, 2010, § 12 Rn. 3.

375 Der „Fair Trade Act" in Taiwan wurde am 04.02.1991 verabschiedet und ist am gleichen Tag des nächsten Jahres in Kraft getreten. Am 17.10.2002 hat die Fair Trade Commission (FTC) eine Rechtsverordnung gegenüber den Tätigkeiten des Finanzinstituts erlassen. Dadurch wird der Maßstab der Geschäftstätigkeit von Finanzinstituten in Rahmen des „Fair Trade Act" noch verdeutlicht. Im Sinne dieser Rechtsverordnung sind Finanzinstitute einschließlich Banken, Finanzholding-Gesellschaften, Kreditgenossenschaften, Kreditabteilungen der Bauern- und der Fischereiverbände, Bills Finance Company, Postbank, Wertpapier- und Termingeschäftshandelsunternehmen, Versicherungsunternehmen und Treuhandunternehmen.

herige Erlaubnis nicht vorgenommen werden dürfen (§§ 11, 14 FTA Taiwan)[376]. Zwar soll der Finanzmarkt liberalisiert und das Interesse der Allgemeinheit an einem unverfälschten Wettbewerb geschützt werden, aber ob der Staat in Not geratene Banken retten soll, bleibt strittig. Nach der herrschenden Meinung[377] sollen mindestens die systemrelevanten Banken[378] nicht scheitern dürfen.

Jede Finanzkrise hat bestimmte Schwachpunkte des jeweiligen Finanzaufsichtssystems aufgezeigt. Man kann beobachten, dass Finanzkrisen häufig zu einer Rechtsreform des jeweiligen Finanzaufsichtssystems geführt haben. In Taiwan lagen die langjährigen Missstände vor allem bei den „Community Financial Institutions". Infolge der Finanzkrise von 1997 in Asien traten diese Probleme besonders hervor. Um die in Not geratene Finanzinstitute zu sanieren, hat die Regierung Taiwans einige Maßnahmen nach einer Rechtsverordnung getroffen, die nachstehend dargestellt werden. Jedoch hat die Finanzkrise im Jahr 2007 Deutschland so stark getroffen, dass sogar gesetzliche Stabilisierungsmaßnahmen eingeleitet wurden.

Sowohl in Deutschland als auch in Taiwan gibt es kein spezielles Insolvenzrecht für Banken oder Finanzinstitute[379]. Die grundsätzlichen Bestimmungen zu Maßnahmen für in Not geratene Finanzinstitute werden im KWG und im BWG geregelt. Im Übrigen wurde in beiden Ländern ein besonderer Fonds errichtet,

---

376 Es gab Finanzinstitute, die ohne Erlaubnis verschmolzen und deswegen von der Commision of Fair Trade mit einer Geldbuße verhängt wurden. Vgl. Fair Trade Commission Decision of 03.12.1997, Disposition Kung Ch'u Tzu No. 214. (行政院公平交易委員會 86.12.03. 公處字第 214 號處分書).

377 Art. 124 Abs. 4 der Richtlinie 2006/48/EG; *Hellwig/Höfling/Zimmer,* Gutachten G, 2010, S. G 29; *Fleckner/Hopt/Kumpan/Steffek*, Kontrollerlangung über systemrelevante Banken nach den Finanzmarktstabilisierungsgesetzen (FMStG/FMStErgG), WM 18/2009, S.821; *Uwe H. Schneider,* Zwischenruf - Was ist eine systemisch relevante Bank? ZRP 2009, S. 120.

378 Welche Banken zu den sogenannten systemrelevanten Banken gehören, ist eine heikle Frage. Wenn Banken jedoch wissen, dass sie systemrelevant sind, hätten sie einen Anreiz, erhöhte Risiken einzugehen, dass sie ja sowieso vom Staat gestützt werden. Das könnte zur Moral Hazard führt. Siehe *Hofmann,* in: *Schmidt-Bleibtreu/Hofmann/Hopfauf,* GG-Kommentar, 2011, Art. 14 GG Rn. 67b; *Peter O. Mülbert*, Festschrift für Uwe H. Schneider, Systemrelevanz, 2011, S. 855; *Hellwig/Höfling/Zimmer,* Gutachten F, 2010, S. F 55-59; *Schneider,* ZRP 2009, S. 121; *Von Marcus Günther,* Systemrelevanz von Finanzinstituten, WM 18/2010, S. 825.

379 In Deutschland enthält das am 01.01.2011 in Kraft getretene Restrukturierungsgesetz schon ein Insolvenzplanverfahren. Vgl. *Sven Schelo*, Neue Restrukturierungsregeln für Banken, NJW 4/2011 S. 188; *Tobias C. Riethmüller*, WM 49/2010, S. 2296.

um die in Schieflage geratenen Finanzinstitute zu sanieren. Aber die zuständige Aufsichtsbehörde in Taiwan hat Anordnungen getroffen, dass die in Not geratenen Finanzinstitute mit anderen Banken zwangsweise fusioniert wurden. Im Vergleich dazu werden die notleidenden Kredite von Unternehmen des Finanzsektors in Deutschland übernommen oder betroffene Banken werden zunächst verstaatlicht und danach wieder privatisiert.

In diesem Teil werden die unterschiedlichen Maßnahmen gegenüber in Not geratenen Finanzinstituten in Taiwan und Deutschland erläutert und entsprechende Gesetze dargestellt. Folgende Tabelle 5 gibt einen Überblick über die hauptsächlichen Regelungen im KWG und im BWG in Bezug auf Maßnahmen gegenüber Kreditinstituten.

Tabelle 5: Ein Überblick über die hauptsächlichen Regelungen in Bezug auf Maßnahmen gegenüber Kreditinstituten

	Deutschland	Taiwan
Angemessene Eigenmittel	§ 10 Abs. 1 KWG	§ 44 BWG
Liquidität	§ 11 KWG	§ 43 Abs. 1 BWG
Maßnahmen bei unzureichenden Eigenmitteln oder unzureichender Liquidität	§ 45 KWG	§ 43 Abs. 2, § 44-1 und § 44-2 BWG
Verstöße gegen Aufsichtsrecht	§ 35, § 36, § 37 KWG	§ 61-1 BWG
Maßnahmen bei Gefahr	§ 46 KWG	§ 62 BWG
Insolvenzantrag	§ 46b KWG	§ 62 Abs. 4
Sonderfonds	Finanzmarktstabilisierungsfonds	Finanzrestrukturierungsfonds
Weitere Regelungen	Gesetze	Rechtsverordnungen
	FMStG; FMStFG; FMStErgG; RettungsG	Rechtsverordnung über die Übernahme eines Finanzinstituts
	KredReorgG; RStrukFG	Rechtsverordnung über die Überwachung eines Finanzinstituts

§ 2 Das Modell in Taiwan

A. Rechtsverordnung zur Überwachung und Übernahme der Finanzinstitute

I. Ermächtigungsgrundlage

Bevor ein Finanzrestrukturierungsfonds errichtet wurde, hat die zuständige Aufsichtsbehörde die in Not geratenen Banken sowie Kreditabteilungen der Bauern- und der Fischereiverbände nach einer Rechtsverordnung saniert, die auf Grund der Ermächtigung des § 62 Abs. 3 BWG ermöglicht wurde. Dadurch wurden die Anforderungen an die Überwachung und die Übernahme der Finanzinstitute konkretisiert[380]. Am 01.05.1992 hat das MoF auf Grund der Ermächtigung des BWG eine Rechtsverordnung zur Überwachung und Übernahme der Finanzinstitute (im Folgenden als „ÜwÜnV" bezeichnet) neu erlassen[381]. Sie besteht aus 16 Paragraphen.

Aber die § 11 Abs. 1 Nr. 3 und § 14 Nr. 4 ÜwÜnV[382] wurden vom Justiz-Yuan am 30.07.1999 durch die Verfassungsauslegung Nr. 488[383] für verfassungswidrig erklärt. Gemäß Art. 15 der Verfassung Taiwans wird das Eigentum gewährleistet[384]. Inhalt und Schranken dürfen im Maße des von Art. 23 der Verfassung anerkannten Grundsatzes der Verhältnismäßigkeit nur durch Gesetz bestimmt werden. Durch Gesetz können die Regierung oder eine zuständige Behörde ermächtigt werden, Rechtsverordnungen zu erlassen. Dabei müssen Inhalt, Zweck und Ausmaß der erteilten Ermächtigung im Gesetz bestimmt werden[385]. Die Rechtsgrundlage muss in der Rechtsverordnung angegeben sein. Zwar ha-

380 *Tong-lin Jin(金桐林)*, Banking Law, 2006, S. 419.

381 Damals war der MoF noch die zuständige Aufsichtsbehörde für Finanzaufsicht. Deswegen wurde die ÜwÜnV vom MoF erlassen und die Aufgaben in der ÜwÜnV wurden auch vom MoF durchgeführt.

382 Die in § 11 Abs. 1 Nr. 3 und § 14 Nr. 4 ÜwÜnV in der Fassung vom 01.05.1992 geregelte Maßnahmen waren vollständige oder teilweise Übertragung des Geschäftebetriebs, des Vermögens und der Schulden des betroffenen Finanzinstituts.

383 Die Verfassungsauslegung NO. 488 (釋字第 488 號) auf Englisch ist abrufbar unter: http://www.judicial.gov.tw/constitutionalcourt/german/p03_01.asp?expno=488.

384 Art. 15 der Verfassung Taiwans "The right of property shall be guaranteed to the people."

385 Diese Anforderung bei der Ermächtigung zum Erlassen von Rechtsverordnungen ist seit 12.02.1993 in der Verfassungsauslegung Nr. 313 vom Justiz-Yuan (Constitution Court of Taiwan) referiert zu Deutsche Art. 80 GG anerkannt.

ben die Bestimmungen § 11 Abs. 1 Nr. 3 und § 14 Nr. 4 der ÜwÜnV den § 62 Abs. 3 BWG als ihre Ermächtigungsgrundlage gehalten, wenn die Interessen der Aktionäre und Mitglieder des betroffenen Finanzinstituts wesentlich beeinträchtigt wurden, besonders im Falle einer Übernahme. Dann nämlich wurden Geschäfte, Vermögen und Schulden des Finanzinstituts von anderen Finanzinstituten ganz oder teilweise übernommen. Die Interessen der Aktionäre und Mitglieder des betroffenen Finanzinstituts sollen auch auf gerechte Weise geschützt werden. Bei einer Zwangsfusion kann darüber diskutiert werden, was im Interesse des Unternehmens und der Aktionäre liegt.

Am 02.10.2001 wurde die ÜwÜnV entsprechend der erwähnten Verfassungsauslegung und der Veränderung des BWG überarbeitet. Die neu erlassene ÜwÜnV besteht aus 17 Paragraphen. In der neuesten Fassung stützen sich die Ermächtigungsgrundlagen der Rechtsverordnung auf § 43 Treuhandunternehmensgesetz[386], § 37 Kreditgenossenschaftsgesetz[387] und § 52 The Act Governing Bills Finance Business[388] in Verbindung mit dem § 62 Abs. 3 BWG.

---

386 § 43 des Treuhandunternehmensgesetzes „①If a trust enterprise, due to obvious adverse changes in its business or financial status, fails to pay its liabilities when due or it is likely that the trust enterprise damages a trustor's or beneficiary's interests, the Competent Authority may order it to transfer the trust agreement and its trust property to another trust enterprise designated by the Competent Authority. ②If a trust enterprise is unable to continue to engage in a trust business due to a dissolution, suspension, shut down, or cancellation or revocation of approvals, it shall consult and let another trust enterprise assume its trust business and such assumption shall be approved by the Competent Authority. ③If the trust enterprise does not process pursuant to the preceding Paragraph, the Competent Authority shall designate another trust enterprise to assume the trust business of the original trust enterprise. ④If the items which are mentioned in the preceding three paragraphs and are transferred or assumed are collective trust funds or beneficiary securities raising business, a trust enterprise which assumes such items shall announce these items. If the assumed items are other trust businesses, the foresaid trust enterprise shall request an opinion of a beneficiary; in the case that the beneficiary does not consent to such an announcement or does not show any indication whether he/she/it consents to the announcement, then his/her/its trust agreement is deemed to be terminated."

387 § 37 des Kreditgenossenschaftsgesetzes „The regulation of credit cooperatives shall be governed, mutatis mutandis, by Articles 5 to 9, 11 to 17, 22 to 24, 26, 30 to 35, 36 to 45, 48, 49, 51, 55 to 57, 62 to 69, 74 to 76, and 79 of the Banking Law".

388 § 52 The Act Governing Bills Finance Business „Articles 62 through 62-9 of the Banking Act shall apply to a Bills Finance Company which due to obvious adverse changes in its business or financial status, fails to pay its debts when due or risks damage to its customers' interests".

II. Anwendungsbereich - § 2 ÜwÜnV

Die ÜwÜnV ist anzuwenden auf Banken, Kreditgenossenschaften, Treuhandunternehmen und Bill Finance Businesses. Nach dem Inkrafttreten vom FiReFG am 11.07.2001 sind die Kreditabteilungen der Bauern- und der Fischereiverbände seit 2001 durch die Errichtung des Finanzrestrukturierungsfonds ausgeschlossen worden. Die zwangsweise Fusion eines in Not geratenen Finanzinstituts ist keine freiwillige Fusion wie die bei anderen gesunden Finanzinstituten. Das FiFusG gilt für alle Finanzinstitute. Aber in besonderen Fällen ist bei der Fusion des in Not geratenen Finanzinstituts, das im § 62 BWG vorgeschrieben ist, die ÜwÜnV vorrangig anzuwenden. Nur soweit die ÜwÜnV keine näheren Bestimmungen vorschreibt, bleiben die Vorschriften des FiFusG unberührt[389].

III. Voraussetzungen

Der Anwendungsfall der Überwachung oder der Übernahme des in Not geratenen Finanzinstituts setzt voraus, dass eine Gefahr für die Sicherheit der dem Finanzinstitut anvertrauten Vermögenswerte oder für die Erfüllung der Verpflichtungen eines Finanzinstituts besteht. Wenn Finanzinstitute wegen ihrer deutlichen Verschlechterung des Geschäftsbetriebs oder der Finanzlage zahlungsunfähig sind und ihre Schulden nicht begleichen können, oder die Interessen ihrer Einleger, Treuhandgeber oder Begünstigten beeinträchtigt sind, kann die zuständige Aufsichtsbehörde Aufsichtspersonen bestellen oder anordnen, die die Geschäftsführung des betroffenen Finanzinstituts übernehmen, oder sie kann festlegen, dass der Treuhandvertrag und das Treuhandvermögen an ein von der zuständigen Behörde bestimmtes Treuhandunternehmen veräußert werden[390].

IV. Instrumente

Das MoF kann nach eigenem Ermessen in besonderen Fällen geeignete Maßnahmen gegenüber Finanzinstituten ergreifen. Wenn die Vorraussetzungen der Verordnung erfüllt sind, kann das MoF anordnen, dass das Finanzinstitut überwacht oder übernommen wird.

1. Im Fall einer Überwachung

Im Fall einer Überwachung hat die FSC Aufsichtspersonen bestellt. Das betroffene Finanzinstitut muss der Aufsichtsperson Informationen der Sitzung schrift-

---

389 Siehe auch Erwägungsgrund des § 2 des FiFusG.

390 § 62 Abs. 3 BWG und § 43 Treuhandunternehmensgesetz.

lich mitteilen. Dies muss sieben Tage vor Einberufung einer Hauptversammlung, einer Sitzung des Vorstands oder Aufsichtsrats, einer Ermittlungssitzung über Kreditgewährung und Investment, oder einer sonstigen gesetzlichen oder wesentlichen Sitzung geschehen[391]. Aufsichtspersonen sind nach § 9 ÜwÜnV zu folgendem befugt:

(1) Überwachung und Verbesserungsvorschläge zu den Leitlinien des Geschäftsbetriebs,

(2) Überwachung und Verbesserungsvorschläge zu Mängeln an Geschäftsbetrieb und Finanzlage,

(3) Überwachung und Verbesserungsvorschläge zur Sicherheit von Forderungen,

(4) Überwachung von Vermögen, Verträgen und Zertifikaten,

(5) Überwachung und Beratung über Verlust oder Forderungsausfälle des Vermögens,

(6) Überwachung und Verbesserungsvorschläge zur Erstellung der Betriebsrechnung und des Lageberichts,

(7) Überwachung und Beratung über Erwerb und Veräußerung des Vermögens,

(8) Überwachung und Beratung über Kreditgewährung und Investment,

(9) Überwachung und Beratung über Clearing,

(10) Verlangen gegenüber dem Vorstand zur Abberufung von Managern,

(11) Anwesenheit bei der Sitzung des Vorstands und des Aufsichtsrats, der Hauptversammlung und bei sonstigen gesetzlichen oder wesentlichen Sitzungen sowie Stellungnahmen,

(12) Verlangen gegenüber Aufsichtsratsmitgliedern zur Durchführung ihrer Aufgaben,

(13) Verlangen gegenüber dem betroffenen Finanzinstitut zur Vorlage von Geschäftsbetriebs-, Lagebericht oder anderen Berichten innerhalb einer bestimmten Frist,

(14) Revision von Rechnungen, Dokumenten und Vermögen,

(15) Andere vom MoF bestimmte oder zugelassene Angelegenheiten.

---

391 § 10 ÜwÜnV.

2. Im Fall einer Übernahme

Die Institution, die die Geschäftsführung der betroffenen Bank übernommen hat, kann unter ihrem Namen für das betroffene Finanzinstitut klagen und verklagt werden und sich im außergerichtlichen Handeln vertreten lassen[392]. Durch die Eröffnung des Übernahmeverfahrens verlieren der Vorstand, der Aufsichtsrat und die Hauptversammlung des Finanzinstituts ihre Befugnisse und die Befugnisse gehen auf die übernehmende Institution über[393]. Die übernehmende Institution kann mit konkretem Plan im Einverständnis mit dem MoF beim betroffenen Finanzinstitut die folgenden Maßnahmen treffen[394]:

(1) Eine andere Bank, ein Finanzinstitut oder die CDIC beauftragen, ganz oder teilweise das Geschäft des Finanzinstituts zu betreiben,

(2) Kapitalerhöhung, Kapitalherabsetzung und Kapitalerhöhung nach einer Kapitalherabsetzung,

(3) Vollständige oder teilweise Übertragung des Geschäftebetriebs, des Vermögens und der Verpflichtungen,

(4) Fusion mit anderer Bank,

(5) Veräußerung von Vermögen außerhalb des Geschäftebetriebs,

(6) Verzicht und Veräußerung von wesentlichen Rechten oder Versprechen von wesentlichen Pflichten,

(7) Bestellung oder Abberufung wichtigen Personals,

(8) Andere vom MoF bestimmte oder zugelassene Angelegenheiten.

V. Bekanntmachung und Kosten

Der Beschluss des MoF nach der ÜwÜnV Aufsichtspersonen oder eine übernehmende Institution zu bestellen, ist gegenüber den einschlägigen Stellen zu übermitteln sowie in der Zeitung und auf der Webseite der zuständigen Behörde öffentlich bekanntzumachen[395]. Die Kosten, die dem MoF wegen der Bestellung einer Aufsichtsperson oder durch die Delegation von Aufgaben an eine andere Institution entstehen, sind von dem betroffenen Finanzinstitut gesondert zu erstatten[396].

---

392 § 11 ÜwÜnV.

393 § 12 ÜwÜnV.

394 § 13 ÜwÜnV.

395 § 3 ÜwÜnV.

396 § 62-9 BWG, § 6 ÜwÜnV.

VI. Außerkraftsetzung der Verordnung

Aufgrund der Überarbeitung des BWG am 30.12.2008 hat sich die Ermächtigungsgrundlage der ÜwÜnV verändert. In zwei Jahren Vorbereitungszeit hat die FSC im Jahr 2011 nach neu angefügten und geänderten Paragraphen zwei neue Rechtsverordnungen statt der erwähnten Verordnung erlassen. Die ÜwÜnV ist am 12.01.2011 außer Kraft getreten.

B. Finanzrestrukturierungsfondsgesetz

I. Hintergrund und Zweck

Nach der Finanzkrise in Asien im Jahre 1997 haben sich die Vermögenswerte der Finanzinstitute in Taiwan rasch verringert. Die NPL-Ratio der inländischen Finanzinstitute zwischen 1997 und 2001 hat von 4,78% auf 8,16% zugenommen[397]. Obwohl es das Einlagensicherungssystem gab, wurde das Mindestdeckungsniveau nur auf NT$ 1.000.000 (etwa € 25.000) festgelegt. Außerdem war die Prämie für die Einlagensicherung zu niedrig, wodurch der Einlagensicherungsfonds für alle in Not geratene Finanzinstitute nicht ausreichend ausgestattet wurde[398]. Daraufhin wurde ein gesetzliches Rettungsverfahren entwickelt. Die Errichtung eines Finanzrestrukturierungsfonds (im Folgenden als „FiRe-Fonds" bezeichnet) gehört dazu.

Das FiReFG wurde am 09.07.2001 erlassen und ist am 11.07.2001 in Kraft getreten. Der FiReFonds folgt dem amerikanischen Vorbild der Resolution Trust Corporation (RTC) und der Entwurf des FiReFG wurde nach dem amerikanischen Gesetz „financial institutions reform recovery and enforcement act of 1989" angefertigt[399]. Der Zweck des FiReFG ist es, zur Stabilisierung der Finanzordnung, zur Verbesserung der Beschaffenheit der Finanzbranche und zur Schaffung eines soliden Finanzumfelds beizutragen[400].

---

397 Siehe Tabelle 2.

398 *Zhi-Cheng Wang,* Financial Law, Kapitel 13, das Gesetz über die Einrichtung und die Verwaltung des Finanzumstrukturierungsfonds, 2008, S. 377; *Tong-lin Jin*, Banking Law, 2006, S. 495.

399 Siehe Erwägungsgrund 3 des FiReFG; vgl. *Zhi-Cheng Wang,* Financial Law, Kapitel 13, 2008, S. 378.

400 § 1 FiReFG "For the sake of disposing distressed financial institutions to maintain an orderly credit system, improve the constitution of the financial industry, create a sound financial environment, and establish an administration and operation mechanism, this Act is

II. Organisation des FiReFonds

Der FiReFonds ist keine Gesellschaft im Sinne des Gesellschaftsgesetzes[401], gilt aber als ein Finanzinstitut und eine Asset Management Gesellschaft im Sinne des FiFusG[402]. Der FiReFonds ist ein Sondervermögen im Sinne von § 4 Nr. 5 des Haushaltsgesetzes[403]. Die FSC ist dafür zuständig. Der FiReFonds ist parteifähig und kann daher unter seinem Namen klagen und verklagt werden[404]. In diesem Sinne ist der FiReFonds wie eine Anstalt oder eine Körperschaft des öffentlichen Rechts.

Um seine Aufgaben durchzuführen, hat der FiReFonds nach § 5 FiReFG einen Verwaltungsausschuss und ein Bewertungsgremium eingerichtet. Das Bewertungsgremium ist zuständig für die Feststellung der in Not geratenen Finanzinstitute, der Folge des Vorrangs, der Maßnahmen, der Arten und Bepreisung der Schulden und Vermögenswerte sowie für die Überwachung der Ausführung des Fonds. Die Feststellung des Bewertungsgremiums wird dem Verwaltungsausschuss vorgelegt. Der Verwaltungsausschuss entscheidet über die Überprüfung der Verwendung des Fonds[405]. Die CDIC ist beauftragt, den Beschluss durchzuführen[406].

III. Voraussetzungen und Maßnahmen

Die Hauptaufgabe des FiReFonds ist es, die in Not geratenen Finanzinstitute zu sanieren. Der Fall eines in Not geratenen Finanzinstituts im Sinne des § 4 Abs. 1 FiReFG liegt im Folgenden vor[407]:

1. wenn der Nettowert eines Finanzinstituts nach der Überprüfung der FSC oder BOAF oder nach einer Prüfung durch einen Wirtschaftsprüfer negativ ist,
2. bei Zahlungsunfähigkeit,

---

enacted for the establishment of Executive Yuan Financial Restructuring Fund."

401 The Company Act Taiwans.

402 Siehe Erwägungsgrund 4 des FiReFG, § 10 Abs. 2 FiReFG.

403 Budget Act § 4 "The Fund is divided into two categories: 2. Special Fund: (5) Special Revenue Fund: refers to the Fund with a specific source of revenue and for specific-purpose use".

404 § 5 Abs. 1 FiReFG.

405 *Zhi-Cheng Wang,* Financial Law, Kapitel 13, 2008, S. 393-394.

406 § 5 Abs. 3 FiReFG.

407 *Zhi-Cheng Wang,* Financial Law, Kapitel 13, 2008, S. 383-384.

3. bei wesentlichen Verschlechterungen des Betriebs oder der Finanzlage gemäß § 62 Abs. 1 BWG oder bei Verlusten in Höhe von mehr als ein Drittel des Kapitals nach § 64 BWG hat das Finanzinstitut innerhalb einer von der FSC zu bestimmenden Frist den Mangel zu beheben. Ist es aber nach dem Ablauf der Frist nicht den Forderungen nachgekommen, legen die FSC und der Verwaltungsausschuss des FiReFonds fest, dass das Finanzinstitut unfähig ist, seine Geschäfte fortzuführen.

Zwar gibt es keine Beschränkung der Arten des Finanzinstituts im FiReFG bei der Anwendung des FiReFonds. Aber nach § 4 Abs. 2. FiReFG haben die in Not geratenen „Community Financial Institutions" den Vorrang in der Anwendung des FiReFonds. Bei der Handhabung muss dem Grundsatz der Gleichbehandlung in Form und Inhalt (formal und substanziell) entsprochen werden. Bei der Entscheidung, welche Finanzinstitute in erster Linie gerettet werden, stellt das Bewertungsgremium des FiReFonds gemäß § 6 Abs. 1 FiReFG nach folgenden Grundsätzen fest:

1. Die Schließung des Finanzinstituts oder ein Bank-Run beim Finanzinstitut können systematische Risiken des Finanzsystems auslösen (ein systemrelevantes Finanzinstitut).
2. Die Finanzlage des Finanzinstituts ist ernsthaft verschlechtert.
3. Die Kosten der Handhabung sind niedriger.

Der FiReFonds beauftragt die CDIC, die Aufgabe durchzuführen. Die Methode zur Handhabung gemäß § 10 Abs. 1 FiReFG sind:

1. Entschädigung für Schulden des Finanzinstituts und Übernahme des Vermögens des Finanzinstituts,
2. Entschädigung für die Differenz zwischen den Schulden und den Aktiva.

IV. Finanzierung des FiReFonds

Gemäß § 3 FiReFG sind die Finanzierungsquellen des FiReFonds die folgenden[408]:

1. die Umsatzsteuereinnahmen, die zwischen 01.01.2002 und 30.12.2010[409] ge-

408 *Zhi-Cheng Wang*, Financial Law, Kapitel 13, 2008, S. 379-380.

409 In der Fassung vom 09.07.2001 welche nur bis zum 30.12.2005 galt. Aber bis zum Ende 2004 hat der FiReFonds schon über 40 Milliarden NT$ (etwa eine Milliarde Euro) bezahlt.

genüber den Finanzinstituten im Sinne des § 11 Abs. 1 Umsatzsteuergesetz[410] erhoben wurden,

2. die ab Januar 2002 für zehn Jahre bezahlte Beitragseinnahmen der Einlagensicherung, die anhand des seit 01.01.2000 erhöhten Hebesatzes der Einlagensicherung erhoben werden,
3. Erträge aus der Veräußerung von NPL im Rahmen des FiReFonds,
4. sonstige Erträge des FiReFonds,
5. alle Beträge, die nach dem Staatshaushaltsverfahren zugeteilt werden.

Anhang V zeigt die Handhabungen der CDIC gegenüber den in Schwierigkeit geratenen Finanzinstituten zwischen 2001 und 2010. Es gab insgesamt 38 Kreditabteilungen der Bauern- und Fischereiverbände, neun Kreditgenossenschaften und neun Banken, die vom FiReFonds entschädigt wurden. Die Gesamtsumme beträgt etwa 207 Milliarden NTD (etwa 5 Milliarden Euro), davon entfallen auf die Kreditabteilungen der Bauern- und der Fischereiverbände etwa 49,5 Milliarden NTD (24%), auf die Kreditgenossenschaften etwa 43,3 Milliarden NTD (21%) und auf die Banken etwa 114,2 Milliarden NTD (55%).

V. Die Befristung

Gemäß § 14 FiReFG in der Fassung vom 09.07.2001 war der FiReFonds nur auf drei Jahre befristet und wurde unter Voraussetzung der Genehmigung des Parlaments für ein Jahr verlängert. Der FiReFonds war vom Zeitpunkt des Inkrafttretens an bis 10.07.2005 gültig. Nach dem Datum des Außerkrafttretens kann der FiReFonds gemäß § 15 Abs. 2 FiReFG in der neuesten Fassung vom 08.07.2009 die folgenden Maßnahmen treffen[411]:

1. Auszahlung, Übernahme und Versteigerung der Vermögenswerte des im Prozess behandelten Finanzinstituts,

---

Um den Umfang des Fonds zu erweitern und ihre Frist zu verlängern, wurde das FiReFG am 22.06.2005 überarbeitet. Die Finanzierungsquelle aus Umsatzsteuereinnahmen wurde bis 30.12.2010 verlängert. Der Gesamtbetrag des FiReFonds wurde auf elf Milliarden NTD beschränkt.

410 § 11 Abs. 1 Value-added and Non-value-added Business Tax Act, „The business tax rate shall be 2% for enterprises engaged in banking, insurance, investment trust, securities, futures, commercial paper and pawnshops, but 5% for all other operations which are not connected exclusively with their authorized business, and 1% for reinsurance premiums of insurance enterprises."

411 *Zhi-Cheng Wang*, Financial Law, Kapitel 13, 2008, S. 378-379.

2. Erhebung von Steuern und Versicherungsprämien, die in § 3 Abs. 1 Nr.1 und 2 FiReFG bestimmt werden,
3. Erfüllung der ausständigen Forderungen und Schulden,
4. Klagen und sonstige Angelegenheiten in Bezug auf den FiReFonds.

Wenn die Steuern und Versicherungsprämien, die in § 3 Abs. 1 Nr.1 und 2 FiReFG bestimmt werden, nicht mehr erhoben werden können (Bedingung), ist der FiReFonds beendet (Folge)[412].

Nach Beendigung des FiReFonds werden die in Not geratenen „Community Financial Institutions" nach dem am 30.05.2006 erlassenen LwFiG behandelt[413]. Auf die übrigen Finanzinstitute sind BWG, FFG und die zwei nächstfolgenden Rechtsverordnungen anzuwenden.

C. Die neusten Regelungen im BWG

Das geltende BWG in der Fassung vom 30.12.2008 hat Maßnahmen gegenüber Finanzinstituten in besonderen Fällen geregelt.

I. Verstöße gegen Aufsichtsrecht

Wenn die Bank gegen die Bestimmungen dieses Gesetzes, gegen die zur Durchführung dieser Gesetze erlassenen Verordnungen oder gegen die Satzung der Bank verstoßen hat oder die Bank den reibungslose Geschäftsbetrieb gestört hat, kann die FSC nach § 61-1 BWG sie auffordern, den Mangel innerhalb einer bestimmten Frist zu beheben. Zusätzlich kann die FSC je nach Schwere des Verstoßes folgende Maßnahmen treffen:

1. Widerruf der Beschlüsse,
2. teilweises Tätigkeitsverbot,
3. Anordnung zur Abberufung von Managern oder Mitarbeitern,
4. Abberufung von Mitgliedern des Vorstands oder des Aufsichtsrats oder Tätigkeitsverbot für die Geschäftsleiter innerhalb einer bestimmten Frist,
5. sonstige erforderliche Maßnahmen.

---

412 *Zhi-Cheng Wang*, Financial Law, Kapitel 13, 2008, S. 392.
413 Siehe oben 3. Teil § 3 Abschnitt D.

Wenn es nötig wird, um die Mängel des Geschäftsbetriebs der Banken zu beheben, kann die FSC eine Institution benennen, die Hilfestellung leistet.

II. Maßnahmen bei unzureichenden Eigenmitteln oder unzureichender Liquidität

Banken müssen ausreichende Liquidität und angemessene Kapitalausstattung haben. Die Zentralbank wird nach § 43 BWG im ersten Halbsatz ermächtigt, durch Rechtsverordnung im Benehmen mit der FSC nähere Anforderungen an die ausreichende Liquidität jederzeit zu bestimmen, während die FSC in § 44 Abs. 4 BWG ermächtigt wird, eine Rechtsverordnung über das Verhältnis von Eigenkapital zu Risikoaktiva zu bestimmen[414]. Banken werden nach der Angemessenheit der Eigenkapitalausstattung in vier Ratings abgestuft (§ 44 Abs. 2 BWG): angemessene, unzureichende, deutlich unzureichende und ernsthaft unzureichende Kapitalausstattung. Beträgt der Quotient von Eigenkapital zu Risikoaktiva weniger als zwei Prozent (2%), liegt der Fall des ernsthaft unzureichenden Kapitals vor (§ 44 Abs. 3 BWG).

Damit hat die FSC am 30.06.2009 auf Grund der Ermächtigung vom § 44 Abs. 4 BWG eine Verordnung über das Kapital-Rating der Banken erlassen. § 2-1 der Verordnung regelt die Mindestkapitalanforderungen acht Prozent, sechs Prozent und zwei Prozent wie folgt:

1. Angemessene Kapitalausstattung: die Eigenkapitalquote beträgt acht Prozent oder höher und entspricht den Mindestanforderungen der Eigenmittelerfordernis,
2. Unzureichende Kapitalausstattung: die Eigenkapitalquote beträgt 6 Prozent oder mehr, aber weniger als acht Prozent, oder erfüllt nicht die Mindestanforderungen der Eigenmittelerfordernis,
3. Deutlich unzureichende Kapitalausstattung: die Eigenkapitalquote beträgt 2 Prozent oder mehr, aber weniger als sechs Prozent,
4. Ernsthaft unzureichende Kapitalausstattung: die Eigenkapitalquote beträgt weniger als zwei Prozent. Wenn das eigene Vermögen am Gesamtvermögen weniger als zwei Prozent beträgt, gilt dies als äußerst unzureichende Kapitalausstattung.

---

414 Regulations Governing the Capital Adequacy Ratio and Capital Category of Banks vom 30.06.2009 sind abrufbar unter: http://law.banking.gov.tw/Eng/FLAW/FLAWDAT0202.asp.

Wenn die Liquidität einer Bank den Anforderungen des § 43 BWG bzw. Liquiditätsanforderungen nicht entspricht, teilt die FSC der Bank mit, innerhalb einer von der FSC zu bestimmenden Frist den Mangel zu beheben. Bei unzureichenden Eigenmitteln kann die FSC nach dem Kapital-Rating der Banken alle oder einige der folgenden Maßnahmen ergreifen:

1. Bei unzureichender, deutlich unzureichender und ernsthaft unzureichender Kapitalausstattung sind Rückkauf eigener Anteile sowie die Ausschüttung von Gewinnen auf Bargeld zu untersagen. Die Bank mit angemessener Kapitalausstattung darf den Rückkauf der Anteile oder eine Gewinnausschüttung nicht durchführen, wenn dadurch ihr Rating herabgestuft werden könnte (§ 44-1 BWG).
2. Wenn eine Bank mit unzureichender Kapitalausstattung bewertet wird, kann die FSC auffordern (§ 44-2 Abs.1 Nr. 1 BWG),
   (1) innerhalb einer zu bestimmenden Frist der Bank einen Wiederherstellungsplan von Kapital oder sonstigen Verbesserungsplan für die Finanzlage und die Geschäfte vorzulegen. Wenn die Bank innerhalb der Frist keinen Plan eingereicht hat oder dem Plan nicht nachgekommen ist, werden Maßnahmen der nächsten Stufe bzw. Maßnahmen für Banken mit deutlich unzureichender Kapitalausstattung eingeleitet.
   (2) die Neuanschaffung von Risikoaktiva zu beschränken oder andere erforderliche Maßnahmen zu treffen.
3. Wenn die Kapitalausstattung einer Bank deutlich unzureichend ist, kann die FSC nach § 44-2 Abs. 1 Nr. 2 BWG:
   (1) die im vorhergehenden Satz bestimmten Maßnahmen treffen,
   (2) die Abberufung der verantwortlichen Geschäftsleiter verlangen und die Verwaltungsbehörde, die für die Eintragung von Unternehmen zuständig ist, übermitteln, dies zu beachten,
   (3) Beschaffung einer vorherigen Genehmigung der zuständigen Behörde vor dem Erwerb oder der Veräußerung von bestimmten Vermögen verlangen,
   (4) die Veräußerung von bestimmtem Vermögen anordnen,
   (5) Kreditvergabe oder andere Transaktionen mit den Beteiligten[415] beschränken oder untersagen,

415 Die Beteiligten sind bezeichnet im § 33-1 BWG als die Personen, die in besonders enger Beziehung zu den kreditgewährenden Banken stehen.

(6) Reinvestments und teilweise Tätigkeiten beschränken oder Schließen einer Filiale oder Abteilung innerhalb einer bestimmten Frist anordnen,

(7) die Zinssätze für Einlagen der betroffenen Bank darauf beschränken, dass sie nicht höher sein sollen als die von anderen Banken vergleichbaren,

(8) die Vergütung der verantwortlichen Geschäftsleiter verringern,

(9) Aufsichtspersonen bestellen oder sonstige erforderliche Maßnahmen treffen.

4. Im Falle einer ernsthaften unzureichenden Kapitalausstattung soll die FSC nach § 44-2 Abs. 1 Nr. 3 BWG gegenüber der betroffenen Bank die im vorhergehenden Satz bestimmten Maßnahmen und gleichzeitig die im § 62 Abs. 2 BWG vorgeschriebenen Maßnahmen treffen bzw. eine Anordnung zur Übernahme erlassen.

5. Wenn eine Bank Verluste in Höhe von mehr als einem Drittel des Kapitals erlitten hat, haben dies die Mitglieder des Vorstands oder Aufsichtsrats nach § 64 BWG der FSC unverzüglich anzuzeigen. In dem Falle kann die FSC anordnen, die Mängel innerhalb von drei Monaten zu beheben. Kommt die Bank der Aufforderung nach Ablauf der Frist nicht nach, soll die FSC anordnen, dass die Geschäftsführung der betroffenen Bank von anderen Institutionen (übernehmende Institution) übernommen wird oder ihre Geschäfte einstellt.

III. Maßnahmen bei Gefahr

Wenn Banken aufgrund einer deutlichen Verschlechterung des Geschäftsbetriebs oder der Finanzlage zahlungsunfähig sind oder die Interessen ihrer Einleger beeinträchtigt werden können, kann die zuständige Aufsichtsbehörde nach § 62 Abs. 1 BWG eine übernehmende Institution bestellen, um die Geschäftsführung der betroffenen Bank zu übernehmen. Die FSC kann die Einstellung des Geschäftsbetriebs und die Abwicklung dieser Geschäfte gegenüber der Bank anordnen oder sonstige erforderliche Maßnahmen treffen. Soweit es erforderlich ist, kann die FSC den einschlägigen Behörden oder Institutionen übermitteln, dass dem Geschäftsleiter verboten wurde, sein Vermögen zu übertragen oder zugunsten Dritter zu belasten. Außerdem darf in solchen Fällen der Geschäftsleiter das Land nicht verlassen[416].

416 Hier geht es um das Privatvermögen des Geschäftsleiters, nicht um das Vermögen der Bank. Siehe 1 Erwägungsgrund des § 62 BWG. *Zhi-Cheng Wang,* Modern Financial Law, 2009, S. 434-436.

Wenn die Kapitalausstattung einer Bank als ernsthaft unzureichend eingestuft wird, muss die FSC nach § 62 Abs. 2 BWG innerhalb von 90 Tagen ab dem eingestuften Datum eine übernehmende Institution bestellen, die die Geschäftsführung der Bank übernimmt. Im verpflichtenden Fall, zum Beispiel einer Umstrukturierung des Kapitals oder einer zwangsweise Fusion innerhalb einer bestimmten Frist, beginnen die 90 Tage ab dem nächsten Tag nach Ablauf der Frist, wenn die Bank ihrer Pflicht nicht nachgekommen ist[417].

§ 62 Abs. 3 BWG hat die FSC ermächtigt, durch Rechtverordnung nähere Bestimmungen über das Verfahren, die Befugnis, die Kosten und sonstige erforderliche Angelegenheiten im Falle von Übernahmen zu erlassen. Hier befindet sich die Ermächtigungsgrundlage für die Rechtsverordnung über die Übernahme der Finanzinstitute, die im nachfolgenden Abschnitt D I dargestellt wird.

IV. Insolvenzantrag

Auf eine Insolvenz einer Bank wird nur im § 62 Abs. 5 BWG eingegangen. Wenn die Eröffnung eines Insolvenzverfahrens über das Vermögen einer Bank beim Gericht beantragt worden ist, hat das Insolvenzgericht der FSC ein Duplikat des Insolvenzantrags unverzüglich zu übermitteln und ihre konkrete Stellungnahme beim Eröffnungsbeschluss zu berücksichtigen. Weil ein Antrag auf Eröffnung des Insolvenzverfahrens von den Gläubigern der Bank gestellt wird, könnte es sein, dass die Interessen ihrer Kunden beeinträchtigt werden. Eine Übernahme oder ein Liquidationsverfahren nach BWG sollen vorrangig vor dem generellen Insolvenzverfahren sein[418].

D. Zwei neu erlassene Rechtsverordnungen

Die weiteren Vorschriften zur Behandlung von in Not geratenen Finanzinstituten bilden zwei neue Rechtsverordnungen, die am 12.01.2011 erlassen wurden. Nach Ablauf der Frist des FiReFG wird die FSC nach diesen beiden Rechtsverordnungen handeln. Die beiden Rechtsverordnungen haben die alte ÜwÜnV ersetzt.

---

417 *Zhi-Cheng Wang,* Modern Financial Law, 2009, S. 435.

418 Siehe 7 Erwägungsgrund des § 62 BWG. Im Gegensatz dazu kann der Antrag auf Eröffnung des Insolvenzverfahrens über das Vermögen des Instituts nach § 46b Abs. 1. Satz 4 KWG nur von der BaFin gestellt werden. *Zhi-Cheng Wang,* Modern Financial Law, 2009, S. 440.

I. Die Rechtsverordnung über die Überwachung der Finanzinstitute

Unter der Voraussetzung von § 44-2 Abs. 1 Nr. 2 (9) BWG, nämlich wenn die Kapitalausstattung der Bank unzureichend ist, kann die FSC Maßnahmen treffen, die Bank zu überwachen.

Im BWG in der Fassung vom 30.12.2008 wurde § 44-2 neu angefügt. Die § 44-2 Abs. 5 BWG und § 37 Genossenschaftengesetz in Verbindung mit § 44-2 Abs. 5 BWG sind die Ermächtigungsgrundlagen für die Verordnung über die Überwachung eines Finanzinstituts (im Folgenden als „ÜberwachungV" bezeichnet). § 2 ÜberwachungV legt den Anwendungsbereich der Verordnung nur auf Banken und Genossenschaften fest. Die ÜberwachungV besteht aus 13 Paragraphen. Die wichtigsten Punkte sind[419]:

1. Die Laufzeit der Überwachung beschränkt sich auf 180 Tage ab der Bestellung einer Aufsichtsperson. Falls erforderlich, kann es im Einverständnis mit der FSC verlängert werden.
2. Die Kosten, die durch die Bestellung einer Aufsichtsperson entstehen, sind von den überwachten Banken oder Genossenschaften gesondert zu erstatten.
3. Die Berichtspflicht der Aufsichtsperson.
4. Die Aufgaben der Aufsichtsperson.
5. Ein konkreter Plan der überwachten Banken oder Genossenschaften.
6. Das Verfahren der Einberufung einer wichtigen Sitzung.
7. Anzeigepflicht der überwachten Banken und Genossenschaften.
8. Bedingungen für die Beendigung der Überwachung.

II. Die Rechtsverordnung über Übernahme von Finanzinstituten

§ 62 Abs. 3 BWG, § 62-3 Abs. 2 BWG, § 37 Kreditgenossenschaftsgesetz und § 52 Gesetz zur Administration über Bills Finance Business sind die Ermächtigungsgrundlagen für die Verordnung über die Übernahme eines Finanzinstituts (im Folgenden als „ÜbernahmeV" bezeichnet). Die Übernahmevoraussetzungen werden in § 44-2 Abs. 1 Nr. 3 und § 62 sowie § 64 BWG geregelt. Die FSC kann anordnen, dass das Vermögen und die Geschäftsführung des betroffenen Finanzinstituts auf eine Institution („übernehmende Institution") übertragen werden, wenn

---

419 Siehe auch Erwägungsgrund der ÜberwachungV.

1. Sich der Geschäftsbetrieb oder die Finanzlage eines Finanzinstituts deutlich verschlechtert hat, wodurch es zahlungsunfähig geworden ist oder die Interessen seiner Einleger beeinträchtigt werden können (§ 62 Abs. 1 BWG),
2. die Kapitalausstattung eines Finanzinstituts deutlich unzureichend ist (§ 44-2 Abs. 1 Nr. 3 BWG),
3. das Finanzinstitut Verluste in Höhe von mehr als einem Drittel des Kapitals erlitten hat und die Mängel innerhalb der von der FSC bestimmten Frist nicht behoben werden (§ 64 Abs. 2 Satz 2 BWG).

Die ÜbernahmeV besteht aus 16 Paragraphen. Die wichtigsten Punkte über das Übernahmeverfahren beinhalten Bekanntmachung der Anordnung und der Beendigung der Übernahme, Bedingungen für die Beendigung der Übernahme, Verbot der Emission von Anteilen des betroffenen Finanzinstituts, die Aufgaben und die Berichtspflicht der übernehmenden Institution und Deckung der Kosten[420]. Die übernehmende Institution kann Fachleute beauftragen, die bei der Durchführung ihrer Aufgabe helfen. Die übernehmende Institution kann unter ihrem Namen für das betroffene Finanzinstitut klagen und verklagt werden und sich im außergerichtlichen Handeln vertreten lassen[421].

E. Fazit

Das Modell der Maßnahmen gegenüber in Not geratenen Finanzinstituten in Taiwan gleicht eher dem in den USA. Im BWG wird der zuständigen Aufsichtsbehörde eine sehr weite Ermächtigung gegeben. Die zuständige Aufsichtsbehörde bzw. die FSC besitzt eine starke Befugnis und ein Ermessen. Das erkennt man an den zwei von der FSC erlassenen Rechtsverordnungen, nach der die FSC sich entscheiden kann, wie und wann die in Not geratenen Finanzinstitute behandelt werden. Weiterhin ist auffällig, dass die beauftragte CDID eine wichtige Rolle bei der Sanierung der in Not geratenen Finanzinstitute spielt.

420 Siehe Erwägungsgründe der ÜbernahmeV.
421 § 6 ÜbernahmeV.

§ 3 Die Rettungsaktion in Deutschland

A. Das Finanzmarktstabilisierungsgesetz[422]

Um den wegen der seit Mitte 2008 weltweiten Finanzmarktkrise abgestürzten deutschen Finanzmarkt zu retten, wurde von der Bundesregierung ein Rettungspaket mit einem Umfang von 480 Milliarden Euro vorgelegt. Das verabschiedete FMStG (Enteignungsgesetz) zielt darauf, die Stabilisierung des Finanzmarktes zu stärken und die angespannte Liquiditätslage zu überwinden[423]. Am 17.10.2008 ist das FMStG beschlossen und am folgenden Tag in Kraft getreten. Von der Gesetzentwurfseinbringung bis Zustimmung hat es eine Woche gedauert[424].

I. Inhalt des FMStG

Das FMStG besteht aus sieben Artikeln. Die beiden Kernbestandteile des FMStG sind dessen Artikel 1 Finanzmarktstabilisierungsfondsgesetz (im Folgenden als „FMStFG" bezeichnet[425]) und Artikel 2 Finanzmarktstabilisierungsbeschleunigungsgesetz (im Folgenden als „FMStBG" bezeichnet[426]). Weitere Artikel enthalten Änderungen des KWG, des VersicherungsaufsichtsG und der Insolvenzordnung. Der Brennpunkt des FMStG ist die Errichtung eines Finanzmarktstabilisierungsfonds (SoFFin), ein öffentlich-rechtliches Sondervermögen des Bundes[427]. Die administrative Struktur des FMStG besteht aus dem SoFFin, der Finanzmarktstabilisierungsanstalt (FMSA) und dem Lenkungsausschuss.

---

422 Das Gesetz zur Umsetzung eines Maßnahmenpakets zur Stabilisierung des Finanzmarktes (Finanzmarktstabilisierungsgesetz - FMStG) vom 17.10.2008, BGBl. I S. 1982.

423 § 2 FMStG, Gesetzentwurf des FMStG, A. Problem und Ziel. Vgl. *Winterfeld,* in: *Schimansky/Bunte/Lwowski*, Bankrechts-Handbuch, 2011, § 124a Rn. 11; *Jaletzke,* in: *Jaletzke/Verannenman*, FMStG, 2009, Einführung Rn. 14; *Becker/Mock,* FMStG, 2009, Einleitung Rn. 4.

424 *Jaletzke,* in: *Jaletzke/Veranneman*, FMStG, 2009, Einführung Rn. 14; *Eder/Hörl/Winkler*, Finanzmarktstärkung in Europa, 2008, S. 261; *Thilo Brandner*, Parlamentarische Gesetzgebung in Krisensituationen, NVwZ 2009, S.212; *Marius E. Mann*, Das Finanzmarktstabilisierungsgesetz, DZWIR 2008 Heft 12, S. 496; *Thomas Böckenförde*, Die getarnte Enteignung, NJW 2009, S. 2484.

425 Das Gesetz zur Errichtung eines Finanzmarktstabilisierungsfonds.

426 Das Gesetz zur Beschleunigung und Vereinfachung des Erwerbs von Anteilen an sowie Risikopositionen von Unternehmen des Finanzsektors durch den Fonds „Finanzmarktstabilisierungsfonds – FMS".

427 *Sauer/Witteman,* in: *Assies/Beule/Heise/Stube*, FA-BKR, 2010, Kap. 1 Rn. 46.

Die Verwaltung des Fonds wird von der FMSA wahrgenommen, die der Rechts- und Fachaufsicht des BMF unterliegt und von einem dreiköpfigen Lenkungsausschuss geleitet wird[428]. Sie ist an die auf der Grundlage des Gesetzes oder der Rechtsverordnung ergehenden Weisungen oder Entscheidungen des BMF sowie des Lenkungsausschusses gebunden[429].

II. Anwendungsbereich - Begünstigter § 2 FMStFG

Berechtigte, Maßnahmen des Fonds in Anspruch zu nehmen, sind Unternehmen des Finanzsektors. Die Institute im Sinne des § 1 Abs. 1b des KWG, d.h. Kreditinstitute und Finanzdienstleistungsinstitute, Versicherungsunternehmen und Pensionsfonds im Sinne des § 1 Abs. 1 Nr. 1 und 2 des VAG, Kapitalanlagegesellschaften im Sinne des InvG und Betreiber von Wertpapierbörsen, dessen Finanzsektoren mit Sitz in Deutschland, können Stabilisierungsmaßnahmen nach dem FMStFG in Anspruch nehmen. Auch die Zweckgesellschaften werden von Stabilisierungsmaßnahmen mittelbar begünstigt[430].

III. Die drei Stabilisierungsmaßnahmen

Die FMSA übernimmt die Kompetenz zur Entscheidung über Stabilisierungsmaßnahmen nach dem FMStFG[431] und besitzt drei Instrumente: Garantieübernahme, Rekapitalisierung und Risikoübernahme, die in den §§ 6 bis 8 FMStFG geregelt sind. Um das FMStFG durchzuführen, hat die Bundesregierung am 20.10.2008 die Finanzmarktstabilisierungsfondsverordnung (FMStFV) erlassen, in der die Bedingungen der Maßnahmen konkretisiert wurden. Die FMSA steht einem Entschließungsermessen zu, ob und wie eine Stabilisierungsmaßnahme nach pflichtgemäßem Ermessen zu treffen ist. Nach § 4 Abs. 1 Satz 3 FMStFG besteht kein Rechtsanspruch auf Leistungen des Fonds[432].

---

428 Vgl. *Koberstein-Windpassinger,* in: *Eckhard M. Theewen*, 2010, S. 846-848; *Sauer/Witteman,* in: *Assies/Beule/Heise/Stube*, FA-BKR, 2010, Kap. 1 Rn. 47.

429 § 1 Abs. 1 Finanzmarktstabilisierungsfondsverordnung (FMStFV).

430 *Jaletzke/Magnusen,* in: *Jaletzke/Veranneman*, 2009, § 2 FMStFG Rn. 2; *Eder/Hörl/Winkler*, S. 261-262.

431 § 4 Abs. 1 und 2 FMStFG und § 1 FMStFV.

432 *Jaletzke/Denzer,* in: *Jaletzke/Verannenman*, 2009, § 4 FMStFG Rn. 19-21; *Marius E. Mann*, DZWIR 12/2008 S. 496.

1. Garantieübernahme (§ 6 FMStFG und § 2 FMStFV)

Dem SoFFin stehen 400 Milliarden Euro für die Abgabe von Garantieerklärungen der FMSA zur Verfügung, „um Liquiditätsengpässe des begünstigten Unternehmens zu beheben und dessen Refinanzierung am Kapitalmarkt zu unterstützen". Der SoFFin garantiert für Schuldtitel oder Verbindlichkeiten von Unternehmen des Finanzsektors, die ab Inkrafttreten des Gesetzes (18.10.2008) bis zum 31.12.2010 ausgegeben wurden und deren Laufzeit 36 Monate nicht übersteigt[433]. Gemäß § 2 Abs.2 FMStFV ist die Garantieübernahme als vorrangiges Stabilisierungsinstrument vor den beiden anderen Stabilisierungsmaßnahmen zu betrachten[434].

2. Rekapitalisierung (§ 7 FMStFG und § 3 FMStFV)

Die Rekapitalisierungsmaßnahmen beruhen auf den Voraussetzungen, dass „ein wichtiges Interesse des Bundes vorliegt und der vom Bund angestrebte Zweck sich nicht besser und wirtschaftlicher auf andere Weise erreichen lässt"[435]. Mit Beteiligung des SoFFin fließt Kapital unmittelbar an das Unternehmen. Obwohl das in Not geratene Unternehmen des Finanzsektors sofort eine angemessene Eigenkapitalausstattung erreichen könnte, soll der SoFFin sorgfältig das gemeinsame Interesse des Markts in Bertacht ziehen[436]. Durch § 3 FMStFV wurden die näheren Bestimmungen über die Gegenleistung und die sonstigen Bedingungen der Rekapitalisierung geregelt. Die Maßgaben der Rekapitalisierung enthalten eine marktgerechte Vergütung und eine angemessene Eigenmittelausstattung. Die Obergrenze für ein Unternehmen des Finanzsektors und seine verbundenen Unternehmen liegt bei 10 Milliarden Euro[437]. Die Stabilisierungsmaßnahmen sind zeitlich begrenzt und der SoFFin soll die erworbenen Anteile (Aktien, stillen Beteiligungen und anderen Rechte) nach einer bestimmten Zeit wieder veräußern. Den Aktionären und Gesellschaftern der betreffenden Unternehmen des Finanzsektors ist ein Bezugsrecht einzuräumen[438].

---

433 § 2 Abs. 1 FMStFV i.V.m. § 6 FMStFG; danach wurde die Angabe „36 Monaten" im FMStErgG durch die Angabe „60 Monaten" ersetzt bzw. die Laufzeit der garantierten Verbindlichkeiten betrug zwischen 36 bis 60 Monate.

434 *Eder/Hörl/Winkler*, S. 262.

435 § 7 Abs. 2 FMStFG. *Verannenman,* in: *Jaletzke/Verannenman*, 2009, § 7 FMStFG Rn. 8-10.

436 *Norbert Horn*, Das Finanzmarktstabilisierungsgesetz und das Risikomanagement zur globalen Finanzkrise, BKR 11/2008, S. 454; *Marius E. Mann*, DZWIR 12/2008, S. 498.

437 § 3 Abs. 2 FMStFV.

438 *Verannenman,* in: *Jaletzke/Verannenman*, 2009, § 7 FMStFG Rn. 21; *Verannenman/Backmann,* in: *Jaletzke/Verannenman*, 2009, § 13 FMStBG Rn. 6.

Gleichzeitig wird das FMStBG erlassen, um das Verfahren zum Erwerb von Anteilen von Unternehmen des Finanzsektors durch den Fonds zu beschleunigen und zu vereinfachen. Dadurch werden die aktien- und kapitalmarktrechtlichen Vorschriften für die Rekapitalisierung insbesondere geregelt. Hauptsächlich ist die Kapitalerhöhung ohne Beteiligung der Hauptversammlung. Der Vorstand einer Aktiengesellschaft des Finanzsektors kann bis zum 31.12.2010 das zum 18.10.2008 vorhandene Grundkapital bis zu 50 Prozent durch Ausgabe neuer Aktien gegen Einlagen an den Fonds erhöhen[439]. Er braucht nur die Zustimmung des Aufsichtsrates[440]. Wenn das Unternehmen durch die Beschlussfassung der Hauptversammlung das Grundkapital erhöhen möchte, kann die Einberufungsfrist auch verkürzt werden[441].

3. Risikoübernahme (§ 8 FMStFG und § 4 FMStFV)

Der SoFFin kann die Risikopositionen eines Unternehmens des Finanzsektors oder einer Zweckgesellschaft übernehmen, die von den betroffenen Unternehmen des Finanzsektors vor dem 13. Oktober 2008 erworben wurden[442]. Die Risikoübernahme nach § 8 FMStFG setzt grundsätzlich eine angemessene Eigenmittelausstattung des begünstigten Unternehmens voraus[443]. Die Obergrenze für die Risikoübernahme bezogen auf ein einzelnes Unternehmen des Finanzsektors und seine verbundenen Unternehmen liegen vorbehaltlich einer Entscheidung des Lenkungsausschusses im Einzelfall bei fünf Milliarden Euro[444]. Gemäß § 16 FMStBG werden eine Reihe der zivilrechtlichen und insolvenzrechtlichen Regelungen ausgeschlossen. Dadurch wird der Erwerb von Risikopositionen erleichtert[445]. Der SoFFin soll eine dem übernommenen Risiko angemessene Verzin-

439 § 3 Abs. 1 FMStBG; *Verannenman/Gärtner,* in: *Jaletzke/Verannenman*, 2009, § 3 FMStBG Rn. 5.

440 § 3 Abs. 2 FMStBG. *Verannenman/Gärtner,* in: *Jaletzke/Verannenman*, 2009, § 3 FMStBG Rn. 12.

441 § 7 Abs. 1 FMStBG unter Bezugnahme auf § 16 Abs. 4 WpÜG, die Einberufungsfrist beträgt nur mindestens einen Tag, während nach § 123 Abs. 1 AktG mindestens 30 Tage und nach § 16 Abs. 4 Satz 1 WpÜG mindestens 14 Tage vor dem Tage der Versammlung vorgesehen sind. *Verannenman/Hofmeister,* in: *Jaletzke/Verannenman*, 2009, § 7 FMStBG Rn. 5.

442 § 4 Abs. 1 FMStFV. *Kremer/Beck,* in: *Jaletzke/Verannenman*, 2009, § 8 FMStFG Rn. 16; *Eder/Hörl/Winkler*, S. 262.

443 § 4 Abs. 2 Nr.3 FMStFV. *Kremer/Beck,* in: *Jaletzke/Verannenman*, 2009, § 8 FMStFG Rn. 38.

444 § 4 Abs. 2 Nr.6 FMStFV. *Kremer/Beck,* in: *Jaletzke/Verannenman*, 2009, § 8 FMStFG Rn. 49.

445 Siehe *Kremer/Fürmaier,* in: *Jaletzke/Verannenman*, 2009, § 16 FMStBG Rn. 1; *Be-*

sung bekommen, die mindestens die Refinanzierungskosten deckt[446]. Das begünstigte Unternehmen kann verpflichtet werden, eine Ausgleichszahlung zu leisten, wenn der SoFFin bei der Weiterveräußerung der Risikoposition einen Verlust erleidet[447].

IV. Bedingungen für Stabilisierungsmaßnahmen (§ 10 FMStFG und § 5 FMStFV)

1. Umsichtige Geschäftspolitik

Die von den begünstigten Unternehmen des Finanzsektors zu erfüllenden Anforderungen können sich nach Art und Adressaten der Stabilisierungsmaßnahme unterscheiden. Sie können durch Vertrag, Selbstverpflichtung oder Verwaltungsakt festgelegt werden. Aber erste Voraussetzung für die Gewährung von Stabilisierungsmaßnahmen des Fonds ist es, dass Unternehmen des Finanzsektors eine solide und umsichtige Geschäftspolitik anbieten müssen[448]. In § 5 FMStFV werden nähere Bestimmungen über die zu erfüllenden Anforderungen geregelt. Unternehmen, die Stabilisierungsmaßnahmen des Fonds in Anspruch nehmen möchten, sollen mit besonderen Risiken verbundene Geschäfte oder Geschäfte in bestimmten Produkten oder Märkten reduzieren oder aufgeben. Bedingungen für Stabilisierungsmaßnahmen müssen dem Grundsatz der Verhältnismäßigkeit entsprechen[449]. Durch Rekapitalisierung begünstigte Unternehmen müssen den Kreditbedarf der deutschen Wirtschaft durch marktübliche Konditionen gebührend berücksichtigen[450].

2. Verpflichtungserklärung

Um sicherzustellen, dass die von den begünstigten Unternehmen des Finanzsektors zu erfüllenden Anforderungen eingehalten werden, muss eine Verpflichtungserklärung nach § 10 Abs. 2 Satz 1 Nr. 9 FMStFG abgegeben und veröffent-

---

cker/Mock, § 16 FMStBG Rn. 1; *Stefan Werner*, Das Finanzmarktstabilisierungsgesetz, jurisPR-BKR 4/2009 Anm. 4.

446 § 4 Abs. 2 Nr.1 FMStFV.

447 § 4 Abs. 2 Nr.2 FMStFV.

448 § 10 Abs. 1 und Abs. 2 FMStFG; *Obermüller/Kuder,* Insolvenzrecht in der Bankpraxis, 2011, Rn. 1.912.

449 § 5 Abs. 1 Satz 3 FMStFV; *Horbach/Popow/Diehl,* in: *Jaletzke/Verannenman*, 2009, § 10 FMStFG Rn. 21.

450 § 5 Abs. 2 Nr. 2 FMStFV; *Horbach/Popow/Diehl,* in: *Jaletzke/Verannenman*, 2009, § 10 FMStFG Rn. 30.

licht werden[451]. Und nach § 2 FMStBG wird die Verpflichtungserklärung den entsprechenden aktienrechtlichen Vorschriften nicht entgegenstehen.

3. Die Vergütungssysteme

Wenn Unternehmen Rekapitalisierungsmaßnahmen nach § 7 FMStFG oder eine Risikoübernahme nach § 8 FMStFG in Anspruch nehmen, müssen sie insbesondere weitere Bedingungen erfüllen, wie Regelungen über Vergütungen, Abfindungen oder Bonifikationen. Insbesondere werden die Vergütungssysteme des begünstigten Unternehmens überprüft, dass sie nicht zur Eingehung unangemessener Risiken verleiten und an langfristigen und nachhaltigen Zielen ausgerichtet sind[452]. Die Vergütung der Organmitglieder und Geschäftsleiter muss auf ein angemessenes Maß begrenzt werden[453]. Die Kriterien werden in § 5 Abs. 2 Nr. 4 a) FMStFV geregelt. Die Aufgabe, die persönliche Leistung, die wirtschaftliche Lage, der Erfolg und die Zukunftsaussichten des Unternehmens sollen berücksichtigt werden. Eine Vergütung von über 500.000 Euro pro Jahr ist grundsätzlich unangemessen[454]. Der Fonds kann verlangen, dass die Vergütung der Geschäftsleiter im elektronischen Bundesanzeiger, im Anhang des Jahresabschlusses oder im Lagebericht veröffentlicht wird. Wenn die Anstalt die Vorsandsgehälter für zu hoch hält, kann sie die Bezüge auf ein angemessenes Maß im Rahmen der zivilrechtlichen Möglichkeiten unter Einbeziehung des § 87 Abs. 2 des Aktiengesetzes herabsetzen.

4. Vertragliche Rechtsfolgen bei Verstößen gegen die Bedingungen

Aufgrund der Ermächtigungsgrundlage des § 10 Abs. 2 Satz 4 FMStFG sind die Rechtsfolgen einer Nichtbeachtung der Anforderungen in § 5 Abs. 9 FMStFV geregelt. Die Stabilisierungsmaßnahmen können durch Vertrag, Selbstverpflichtung oder Verwaltungsakt festgelegt werden. Soweit die Bedingungen vertraglich vereinbart werden, sind auch die Rechtsfolgen eines Verstoßes durch das begünstigte Unternehmen vertraglich zu regeln[455].

---

451 § 5 Abs. 8 FMStFV; *Horbach/Popow/Diehl,* in: *Jaletzke/Verannenman*, 2009, § 10 FMStFG Rn. 103-107.

452 § 5 Abs. 2 Nr. 3 FMStFV; *Horbach/Popow/Diehl,* in: *Jaletzke/Verannenman*, 2009, § 10 FMStFG Rn. 33-56.

453 *Obermüller/Kuder,* 2011, Rn. 1.914a-c; *Eder/Hörl/Winkler*, S. 263.

454 Ob die Begrenzung auf Gehälter über 500.000 Euro gesetzwidrig ist, ist strittig. Vgl. *Marius E. Mann*, DZWIR 12/2008, S. 499, „möglicherweise wäre ein ausdifferenziertes Stufensystem" sinnvoll.

455 *Horbach/Popow/Diehl,* in: *Jaletzke/Verannenman*, 2009, § 10 FMStFG Rn. 109-110.

B. Das Finanzmarktstabilisierungsergänzungsgesetz (FMStErgG)[456]

I. Hintergrund und Struktur des Gesetzes

Nach einigen Monaten der Durchführung des FMStG wurde über die Nachbesserung des FMStG diskutiert. Wegen der anhaltenden Finanzkrise wurde es notwendig, die Rahmenbedingungen im FMStFG zu ergänzen, um eine flexiblere Handhabung der verfügbaren Stabilisierungsinstrumente zu ermöglichen. Das FMStErgG ist am 08.04.2009 verkündet worden. Das Gesetz enthält Änderungen des FMStFG, des FMStBG, des FMStG und der FMStFV in den Artikel 1, 2, 4 und 5 FMStErgG. Dadurch werden einige Bedingungen klar erklärt und einige zivil- und gesellschaftsrechtliche Bestimmungen ausgeschlossen. Nach dem Artikel 5 FMStErgG wird § 2 Abs. 1 Satz 2 FMStFV geändert, so dass die Garantielaufzeiten von 36 Monaten auf 60 Monate verlängert werden. Der Schwerpunkt des FMStErgG liegt auf Artikel 3 des Rettungsübernahmegesetzes (nachfolgend RettungsG[457]). Im folgenden Abschnitt wird das RettungsG erläutert.

II. Rettungsübernahmegesetz (Art. 3 FMStErgG)

1. Die Regelungen des RettungsG

Das RettungsG enthält eine Option zur Enteignung von systemrelevanten bestandsgefährdeten Unternehmen des Finanzsektors als ultima ratio (letztes Mittel)[458]. Nur wenn es „für die Sicherung der Finanzmarktstabilität erforderlich ist und andere rechtlich und wirtschaftlich zumutbare Lösungen nicht zur Verfügung stehen"[459], kommt eine Verstaatlichung in Betracht. Damit ist gemeint, dass der Staat die Aktien an den betroffenen Unternehmen des Finanzsektors

---

456 Gesetz zur weiteren Stabilisierung des Finanzmarktes vom 07.04.2009, BGBl. I S. 725.

457 Gesetz zur Rettung von Unternehmen zur Stabilisierung des Finanzmarktes vom 07.04.2009, BGBl. I S. 725, 729.

458 BVerfGE 24, 367,405; *Ivo Appel/Matthias Rossi,* Finanzmarktkrise und Enteignung, 2009, S. 35 und 52; *Fleckner/Hopt/Kumpan/Steffek*, WM 18/2009, S.821; *Thomas Böckenförde*, Die getarnte Enteignung, NJW 2009, S. 2484; *Wolfers/Rau,* NJW 19/2009 S.1297; *Clemens Stewing,* Enteignung und Systemrelevanz von Finanzunternehmen vor dem Hintergrund des Europäischen Wettbewerbsrechts, EWS 2009, S. 304; *Andreas Engels*, „Lex Hypo Real Estate" – Das Finanzmarktstabilisierungsergänzungsgesetz auf verfassungsrechtlichem Prüfstand, BKR 2009, S. 365.

459 § 1 Abs. 4 Nr. 1 RettungsG; Begründung des FMStErgG, Teil A.

erwerben kann. Die zuständige Behörde ist das BMF als Enteignungsbehörde[460]. Die Enteignung erfolgt durch Erlass einer Rechtsverordnung der Bundesregierung statt durch Verwaltungsakt[461]. Der Zweck des Gesetzes ist es, die Finanzkrise zu überwinden. Die Maßnahme der Verstaatlichung ist nur zeitweilig. Sobald das betreffende Unternehmen des Finanzsektors nachhaltig stabilisiert worden ist, ist es wieder zu privatisieren[462].

2. Die Verfassungsmäßigkeit der Enteignung im RettungsG

Ob die Enteignung mit Bezug auf Art. 14 Abs. 3 GG verfassungsgemäß ist, war umstritten[463]. Trotzdem wird in § 1 Abs. 4 Nr. 1 RettungsG das Verhältnismäßigkeitsprinzip betont[464]. Zudem war in § 6 RettungsG eine zeitliche Befristung vorgesehen, dass eine Eröffnungsentscheidung nur bis zum 30. Juni 2009 getroffen werden kann. Wegen dieser Zeitbeschränkung wird das RettungsG als "Lex Hypo Real Estate" bezeichnet, weil tatsächlich nur die HRE in den Anwendungsbereich des Gesetzes gefallen ist. Trotzdem wurde im RettungsG die HRE nicht direkt erwähnt. Als ein Einzelfallgesetz wird das RettungsG auch heftig kritisiert[465]. Der SoFFin hat durch Rekapitalisierungsmaßnahmen nach § 7 FMStFG angestrebt, 100% der Anteile der HRE zu erwerben und die vollständige Kontrolle der HRE zu bekommen[466]. Ob die Rechtsvorschriften über die Ent-

460 § 3 Abs. 1 RettungsG.

461 § 2 Abs. 1 RettungsG.

462 § 6 Abs. 2 RettungsG; *Wolfers/Rau,* NJW 19/2009 S. 1299.

463 Eine ausführliche verfassungskonforme Analyse des RettungsG siehe *Ivo Appel/Matthias Rossi,* 2009; *Hofmann,* in: *Schmidt-Bleibtreu/Hofmann/Hopfauf*, 2011, Art. 14 GG Rn. 67a; *Brück/Schalast/Schanz*, Das 1. Finanzmarktstabilisierungsergänzungsgesetz, BB 25/2009 S. 1306; *Andreas Engels*, BKR 2009, S. 365; *Hans Hofmann*, Das Rettungsübernahmegesetz im Spiegel des Art. 14III GG, NVwZ 2009, S. 673; *Wolfers/Rau*, NJW 19/2009 S. 1297.

464 Begründung des Entwurfs des FMStErgG; § 1 „Die Enteignung ist nur zulässig, wenn sie für die Sicherung der Finanzmarktstabilität erforderlich ist und andere rechtlich und wirtschaftlich zumutbare Lösungen in dem für die Sicherung erforderlichen Zeitraum nicht mehr zur Verfügung stehen, mit denen die Finanzmarktstabilität gleichermaßen, aber auf weniger einschneidende Weise gesichert werden kann".

465 *Ivo Appel/Matthias Rossi,* 2009, S. 65, 114. Das RettungsG verletzt das Verbot des Einzelfallgesetz nach Art. 19 Abs. 1 Satz 1 GG. Eine andere Meinung von *Wolfers/Rau*, NJW 19/2009 S.1302, Fußnote 2, „es handelt sich bei dem RettungsG nicht um ein Einzelfallgesetz, da es nach seiner tatbestandlichen Fassung auch auf gleichgelagerte Fälle Anwendung finden kann". Nach der Meinung von *Andreas Engels*, BKR 2009, S. 371, können „weitere mögliche Anwendungsfälle kaum ausgeschlossen werden." *Hans Hofmann*, Das Rettungsübernahmegesetz im Spiegel des Art. 14III GG, NVwZ 2009, S. 674 „kein Einzelfallgesetz".

466 Pressemitteilung der FMSA vom 09.04.2009 und vom 17.04.2009.

eignung mit dem GG vereinbar sind, wurde besonders in Betracht gezogen. Die nachfolgenden Überlegungen beziehen sich allein auf die Eigentumsgarantie mit materieller Verfassungsmäßigkeit (Art. 14 GG).

a) Die Eigentumsgarantie

Durch Art. 14 Abs. 1 GG wird das Eigentum gewährleistet. Inhalt und Schranken werden durch die Gesetze bestimmt. Art. 14 Abs. 3 Satz 1 und 2 GG schreibt vor, dass eine Enteignung nur zum Wohle der Allgemeinheit zulässig ist. Sie darf nur durch Gesetz oder auf Grund eines Gesetzes erfolgen, das Art und Ausmaß der Entschädigung regelt[467]. Das am 09.04.2009 in Kraft getretene RettungsG sieht vor, dass Enteignungen zur Sicherung der Finanzmarktstabilität nach Maßgabe dieses Gesetzes durch Erlass einer Rechtsverordnung vorgenommen werden können. Hier wird die Vereinbarkeit der Enteignung im RettungsG mit Art. 14 GG insbesondere berücksichtigt. Im Sinne des Art. 14 GG umfasst Eigentumsgarantie sowohl alle vermögenswerten Rechte als auch geldwerte Rechte, Anteile, sonstige Rechte und Forderungen[468]. Die Gegenstände der Regelungen des RettungsG befinden sich im Schutzbereich der Eigentumsgarantie. Eine Enteignung darf durch ein Gesetz oder aufgrund eines Gesetzes erfolgen[469]. In § 2 Abs. 1 RettungsG kann der Enteignungsakt durch Erlass einer Rechtsverordnung erfolgen. Die Enteignung wird nämlich durch eine ermächtigte Rechtsverordnung, nicht durch ein Gesetz vorgenommen[470]. Im Hinblick auf die weltweite Finanzmarktkrise genügt die Rechtfertigung, dass hier eine Administrativenteignung durch Rechtsverordnung zur Sicherung der Finanzmarktstabilität vorliegt[471].

---

467 *Papier,* in: *Maunz/Dürig*, 2010, Art. 14 GG Rn. 522 ff.; *Sodan/Ziekow*, Grundkurs Öffentliches Recht, 2008, § 42 Rn. 1 ff.; *Thomas Böckenförde*, NJW 2009, S. 2486; *Wolfers/Rau*, NJW 19/2009 S. 1297; *Andreas Engels*, BKR 2009, S. 365; *Brück/Schalast/Schanz*, BB 25/2009 S. 1306.

468 BVerfGE 97, 350 (371); *Papier,* in: *Maunz/Dürig*, 2010, Art. 14 GG Rn. 8-10, 160-164; *Brun-Otto Bryde,* in: *von Münch/Kunig*, 2000, Art. 14 GG Rn. 12; *Ivo Appel/Matthias Rossi,* 2009, S. 25.

469 *Papier,* in: *Maunz/Dürig*, 2010, Art. 14 GG Rn. 547; *Hofmann,* in: *Schmidt-Bleibtreu/Hofmann/Hopfauf*, 2011, Art. 14 GG Rn. 63; *Ivo Appel/Matthias Rossi,* 2009, S. 26-27; *Sodan/Ziekow*, 2008, § 42 Rn. 20; *Joachim Wieland,* in: *Dreier* (Hrsg.), 2004, Art. 14 GG Rn. 77 und 92; *Brun-Otto Bryde,* in: *von Münch/Kunig*, 2000, Art. 14 GG Rn. 73; *Peter M. Huber*, Allgemeines Verwaltungsrecht, 1992, S. 223.

470 *Ivo Appel/Matthias Rossi,* 2009, S. 26.

471 *Ivo Appel/Matthias Rossi,* 2009, S. 27; *Andreas Engels*, BKR 2009, S. 368; *Hans Hofmann*, NVwZ 2009, S. 674.

b) Allgemeinwohl

Nach Art. 14 Abs. 3 Satz 1 GG ist eine Enteignung „nur zum Wohle der Allgemeinheit zulässig“. Der Eingriff in das Eigentum muss mit einem ausreichend klaren und konkreten Ziel erfolgen[472]. Jedes öffentliche Interesse genügt nicht[473]. Da es an einem hinreichend konkreten Allgemeinwohlerfordernis als legitimem Ziel im RettungsG fehlt, verstößt das RettungsG gegen Art. 14 Abs. 3 Satz 1 GG[474]. Eine andere Meinung hat *Wolfers/Rau und Engels*, dass die in § 1 Abs. 4 Nr. 1 RettungsG geregelte Sicherung der Finanzmarktstabilität den Anforderungen des Art. 14 Abs. 3 Satz 1 GG zum Wohl der Allgemeinheit genügt[475].

c) Verhältnismäßigkeit

Bei der Prüfung des Verhältnismäßigkeitsprinzips muss die Enteignung die Anforderungen der Geeignetheit, der Erforderlichkeit und der Angemessenheit erfüllen[476]. „Die Enteignung müsse ultima ratio sein; sie könne nur dann als zulässig angesehen werden, wenn es keine andere rechtlich und wirtschaftlich vertretbare Lösung gebe als die Enteignung[477]“. Im Hinblick auf das Ziel der Sicherung der Finanzmarktstabilität und die vorgesehene zeitliche Begrenzung ist das RettungsG nicht geeignet und unverhältnismäßig. Das Gemeinwohlziel „Finanzmarktstabilität“ kann durch andere weniger beeinträchtigende Mittel erreicht werden[478]. Eine andere Meinung vertreten *Wolfers/Rau* und *Engels*: „Die Bestimmungen des § 1 Abs. 4 RettungsG entsprechen den verfassungsrechtlichen Anforderungen an die Erforderlichkeit einer Enteignung[479]“.

---

472 BVerfGE 38, 175 (180); *Otto Depenheuer,* in: v. *Mangoldt/Klein/Starck*, 2005, Art. 14 GG Rn. 422; *Brun-Otto Bryde,* in: *von Münch/Kunig*, 2000, Art. 14 GG Rn. 83; *Peter M. Huber*, Allgemeines Verwaltungsrecht, 1992, S. 227.

473 BVerfGE 74, 264 (289); *Hofmann,* in: *Schmidt-Bleibtreu/Hofmann/Hopfauf*, 2011, Art. 14 GG Rn. 66; *Ivo Appel/Matthias Rossi,* 2009, S. 28; *Sodan/Ziekow*, 2008, § 42 Rn. 34.

474 *Ivo Appel/Matthias Rossi,* 2009, S. 32.

475 *Wolfers/Rau,* NJW 19/2009 S. 1299; *Andreas Engels*, BKR 2009, S. 368.

476 *Wilfried Erbguth*, Allgemeines Verwaltungsrecht, 2011, § 14 Rn. 53; *Steffen Detterbeck,* Allgemeines Verwaltungsrecht, 2011, Rn. 234-244; *Steffen Detterbeck*, Öffentliches Recht, 2011, Rn. 300-309; *Storr/Schröder,* Allgemeines Verwaltungsrecht, 2010, Rn. 211; *Sodan/Ziekow*, 2008, § 24 Rn. 34; *Suckow/Weidemann,* Allgemeines Verwaltungsrecht, 2008, Rn. 168; *Hoffmann-Riem,* in: *Hoffmann-Riem/Schmidt-Aßmann/Voßkuhle*, Grundlagen des Verwaltungsrechts, Band I, 2006, § 10 Rn. 114; *Peter M. Huber*, Allgemeines Verwaltungsrecht, 1992, S. 228.

477 BVerfGE 24, 367 (405); *Papier,* in: *Maunz/Dürig*, 2010, Art. 14 GG Rn. 589.

478 *Ivo Appel/Matthias Rossi,* 2009, S. 34-53, 113-114.

479 *Wolfers/Rau,* NJW 19/2009 S.1299-1230; *Andreas Engels*, BKR 2009, S. 370-371.

d) Entschädigung

Jedes Enteignungsgesetz muss nach Art. 14 Abs. 3 Satz 2 GG eine Regelung über Art und Ausmaß der Entschädigung enthalten, die nur durch den Gesetzgeber geregelt wird[480]. In § 4 Abs. 3 bis 5 RettungsG sind die Regelungen über Art und Höhe der Entschädigung vorgeschrieben. Nach Art. 14 Abs. 3 Satz 3 und 4 GG ist die Entschädigung unter gerechter Abwägung der Interessen der Allgemeinheit und der Beteiligten zu bestimmen. Wegen der Höhe der Entschädigung steht im Streitfalle der Rechtsweg vor den ordentlichen Gerichten offen[481].

Nach der Meinung von *Ivo Appel/Matthias Rossi* sind die Entschädigungsregelungen in § 4 Abs. 3 und 4 RettungsG nicht mit Art. 14 Abs. 3 Satz 3 GG vereinbar, da die Grenzen gesetzgeberischer Abwägung der Interessen der Allgemeinheit und der Beteiligten überschritten werden[482]. Im Gegensatz dazu halten *Wolfers/Rau* die Bestimmungen des § 4 RettungsG für verfassungskonform[483].

e) Ergebnis

Die Untersuchung hat ergeben, dass die Verfassungsmäßigkeit des RettungsG strittig ist. Das Bundesverfassungsgericht hat hierzu zumindest bis Mitte 2012 noch keine Entscheidung getroffen, wobei dessen Wirkung durch die Befristung ohnehin zum 30.06.2009 geendet hat. Das Ziel des RettungsG zur Sicherung der Finanzmarktstabilität scheint erreicht worden zu sein, obwohl das gesetzgeberische Verfahren verbessert werden könnte, wie beispielsweise die Berücksichtigung der engen zeitlichen Begrenzung.

C. Das Gesetz zur Fortentwicklung der Finanzmarktstabilisierung

Am 17.07.2009 wurde das Gesetz zur Fortentwicklung der Finanzmarktstabilisierung beschlossen und am 23.07.2009 ist es in Kraft getreten[484]. Die betroffenen Vorschriften bestehen aus der Änderung des FMStFG (Art. 1), der Änderung

480 *Hofmann,* in: *Schmidt-Bleibtreu/Hofmann/Hopfauf*, 2011, Art. 14 GG Rn. 68 und 81; *Papier,* in: *Maunz/Dürig*, 2010, Art. 14 GG Rn. 592; *Steffen Detterbeck,* 2011, Rn. 1110; *Otto Depenheuer,* in: v. *Mangoldt/Klein/Starck*, 2005, Art. 14 GG Rn. 443.

481 *Brun-Otto Bryde,* in: *von Münch/Kunig*, 2000, Art. 14 GG Rn. 92.

482 *Ivo Appel/Matthias Rossi,* 2009, S. 60-63.

483 *Wolfers/Rau*, NJW 19/2009 S. 1300.

484 BGBl. 2009 I S. 1980.

der FMStFV (Art. 2) und der Änderung des FMStBG (Art. 3), die das bisherige Maßnahmenpaket weiter ergänzt haben. Das Ziel dieses Gesetzes ist weiterhin die Stabilisierung des Finanzmarktes. Das Gesetz dient als Lösung für die sogenannten Bad Banks. Durch das Gesetz besteht die Möglichkeit, die bedrohten Vermögensgegenstände auf Zweckgesellschaften oder Abwicklungsanstalten zu übertragen[485].

D. Das Restrukturierungsgesetz

Bisher waren die oben erwähnten Gesetze zeitlich beschränkt und haben sich auf die Finanzkrise im Jahr 2007 beschränkt. Nachher hat der Gesetzgeber in besonderen Fällen oder bei Gefahr für die Stabilität des Finanzsystems das Restrukturierungsgesetz[486] gestaltet. Das Restrukturierungsgesetz wurde am 09.12.2010 erlassen und ist am 01.01.2011 in Kraft getreten. Das Restrukturierungsgesetz besteht im Wesentlichen aus dem Gesetz zur Reorganisation von Kreditinstituten[487], dem Gesetz zur Errichtung eines Restrukturierungsfonds für Kreditinstitute[488] und den Änderungen des KWG[489].

Je nach dem Grad der Gefährdung von Kreditinstituten kann die BaFin verschiedene Maßnahmen ergreifen[490]. In besonderen Fällen werden gegenüber allen Finanzinstituten zuerst die Maßnahmen in § 45 bis § 48 des KWG sowie das Sanierungsverfahren in § 2 KredReorgG geregelt. Wenn sich der Zustand des Finanzinstituts verschlimmert, kommen die Sonderregelungen für systemrelevante Kreditinstitute hinzu, die in § 48a ff. KWG neu eingefügt wurden und das

485 Vgl. *Winterfeld,* in: *Schimansky/Bunte/Lwowski*, Bankrechts-Handbuch, 2011, § 124a Rn. 15.

486 Gesetz zur Restrukturierung und geordneten Abwicklung von Kreditinstituten, zur Errichtung eines Restrukturierungsfonds für Kreditinstitute und zur Verlängerung der Verjährungsfrist der aktienrechtlichen Organhaftung (Restrukturierungsgesetz), vom 9. Dezember 2010, BGBl. I S. 1900.

487 Das Kreditinstitute-Reorganisationsgesetz (KredReorgG) wurde als Art. 1 des Restrukturierungsgesetzes beschlossen. Vgl. *Winterfeld,* in: *Schimansky/Bunte/Lwowski*, Bankrechts-Handbuch, 2011, § 124a Rn. 103.

488 Das Restrukturierungsfondsgesetz (RstruktFG) wurde als Art. 3 Restrukturierungsgesetz beschlossen. Vgl. *Winterfeld,* in: *Schimansky/Bunte/Lwowski*, Bankrechts-Handbuch, 2011, § 124a Rn. 105.

489 Art. 2 Restrukturierungsgesetz. Vgl. *Winterfeld,* in: *Schimansky/Bunte/Lwowski*, Bankrechts-Handbuch, 2011, § 124a Rn. 104.

490 *Manfred Obermüller*, Das Bankenrestrukturierungsgesetz – ein kurzer Überblick über ein langes Gesetz, NZI 2011, S. 82.

Reorganisationsverfahren in § 7 KredReorgG vorsehen. Bislang versucht der Gesetzgeber, zu vermeiden, dass die in Schwierigkeiten geratenen Kreditinstitute in die Insolvenz gehen, oder genau genommen, hat der Gesetzgeber ein spezielles Insolvenzverfahren für Finanzinstitute entworfen, das im Gegensatz zum gebräuchlichen Insolvenzrecht steht.

I. Änderung des KWG

Vor den Änderungen im Jahr 2011 hat das KWG nur in § 45 Maßnahmen bei unzureichenden Eigenmitteln oder unzureichender Liquidität, in § 46 Maßnahmen bei Gefahr und in § 46b Insolvenzanträge geregelt[491]. Angesichts der Finanzkrise gab es eine Reihe von Erlässen und Veränderungen des Gesetzes. Auch das KWG wurde zum Teil wesentlich geändert, so z.B. die Änderung des KWG im Dezember 2010 gemäß Art. 2 Restrukturierungsgesetz, die am 01.01.2011 in Kraft trat. Darin sind die Vorschriften zu Maßnahmen in besonderen Fällen überarbeitet worden. Außerdem wurde ein neuer Unterabschnitt zu Maßnahmen gegenüber Kreditinstituten bei Gefahren für die Stabilität des Finanzsystems eingefügt. Dadurch wird die Befugnis der BaFin gestärkt[492]. Im Einzelnen handelt es sich dabei um folgende Änderungen.

1. Verstöße gegen Aufsichtsrecht

Wenn das Institut nachhaltig gegen die Bestimmungen des KWG, der einschlägigen Gesetze oder gegen die zur Durchführung dieser Gesetze erlassenen Verordnungen oder die Anordnungen der BaFin verstoßen hat, kann die BaFin nach § 35 Abs. 2 Nr. 4 und 6 KWG die Erlaubnis aufheben[493] oder nach § 36 Abs. 2 KWG die verantwortlichen Geschäftsleiter des Institutes abberufen[494].

2. Mangelndes Eigenkapital und unzureichende Liquidität

Wenn das Institut nicht über die erforderlichen Mittel, insbesondere ein ausreichendes Anfangskapital im Sinne des § 10 Abs. 2a Satz 1 Nr. 1 bis 6 und 8 KWG verfügt, kann die BaFin nach § 33 Abs. 1 KWG die Erlaubnis des Institu-

---

491 *Fischer/Klanten,* 2010, Rn. 2.526-2.536; *Lindemann*, in: *Boos/Fischer/Schulte-Mattler*, 2008, § 45 KWG Rn. 15-28f.

492 *Tobias C. Riethmüller,* Das Restrukturierungsgesetz im ökonomischen und internationalen Kontext, WM 49/2010, S. 2296.

493 *Fischer*, in: *Boos/Fischer/Schulte-Mattler*, 2008, § 35 KWG Rn. 35-41 und 45.

494 *Fischer*, in: *Boos/Fischer/Schulte-Mattler*, 2008, § 36 KWG Rn. 31-36.

tes entziehen. Nach § 45 KWG hat die BaFin die Befugnis, gegenüber Instituten mit unangemessenen Eigenmitteln (§ 10 KWG) oder unzureichender Liquidität (§ 11 KWG) bestimmte Maßnahmen zu ergreifen. Nach den neuesten Vorschriften kann die BaFin Maßnahmen einleiten, nicht nur wenn diese Anforderungen nicht erfüllt werden (Altfassung von § 45 KWG), sondern auch wenn die Annahme gerechtfertigt ist, dass das Institut diese Anforderungen nicht dauerhaft erfüllen können wird. Mit dieser Veränderung besitzt die BaFin eine frühzeitige und präventive Eingriffsbefugnis gegenüber dem Institut zur Verbesserung seiner Eigenmittelausstattung und Liquidität[495]. Bei Verstößen gegen die bestehenden Mindestkapital- oder Liquiditätsanforderungen enthalten die Instrumente der BaFin beispielsweise Untersagung oder Beschränkung der Entnahmen, der Gewinnausschüttungen und der Kreditgewährung. Des Weiteren kann die Vorlage eines Restrukturierungsplans verlangt werden.

3. Einsetzung eines Sonderbeauftragten

Die bisherige Regelung in § 36 Abs. 1a KWG a.F. wurde von § 45c KWG ersetzt. Die BaFin kann einen Sonderbeauftragenten bestellen, wenn die Voraussetzungen vorliegen, die auf der Liste der typischen Anwendungsfälle in § 45c Abs. 2 aufgezählt werden, aber nicht abschließend sind. Der Sonderbeauftragte muss unabhängig, zuverlässig und zur ordnungsgemäßen Wahrnehmung der Aufgaben geeignet sein. Bei Bestellung des Sonderbeauftragten muss der allgemeine Verhältnismäßigkeitsgrundsatz besonderes berücksichtigt werden[496].

4. Maßnahmen bei Gefahr

In der alten Fassung des KWG wurden Maßnahmen bei Gefahr und bei Insolvenzgefahr in § 46 KWG und § 46a KWG a.F. in zwei Stufen getrennt geregelt. Aber die Neufassung von § 46 KWG enthält die bisherige Regelung des § 46a KWG a.F.

495 Teil B zu Art. 2 Nr. 8 Begründung des Restrukturierungsgesetzes „Ob und wann diese Annahme gerechtfertigt ist, bleibt jedoch weiter eine Entscheidung, die die BaFin im Einzelfall unter Berücksichtigung der Nachhaltigkeit der Entwicklung, der konkreten Eigenmittelausstattung bzw. der Liquiditätslage des Instituts sowie einer Gesamtwürdigung der Umstände des Instituts zu treffen hat." Vgl. *Schelm*, in: *Siegfried Kümpel*, Bank- und Kapitalmarktrecht, 2011, Rn. 2.286.

496 Begründung Teil B zu Art. 2 Nr. 9 des Restrukturierungsgesetzes; *Obermüller/Kuder,* 2011, Rn. 1.754.

Wenn eine Gefahr für die Erfüllung von Verpflichtungen eines Instituts gegenüber seinen Gläubigern, insbesondere für die Sicherheit der ihm anvertrauten Vermögenswerte oder eine Gefährdung einer wirksamen Aufsicht über das Institut besteht, kann die BaFin zur Abwendung dieser Gefahr die folgenden einstweiligen Maßnahmen nach § 46 KWG treffen:

a) Die drei Instrumente, die in § 46 Abs. 1 Nr. 1 bis 3 KWG geregelt sind, Anweisungen für die Geschäftsführung des Instituts, ein Verbot der Annahme von Einlagen und der Kreditgewährung sowie ein Tätigkeitsverbot oder eine Beschränkung der Tätigkeit gegenüber Inhabern und Geschäftsleitern sind identisch zu denen der alten Fassung.

b) Zusätzlich drei in § 46 Abs. 1 Nr. 4 bis 6 KWG eingefügte Instrumente, ein vorübergehendes Veräußerungs- und Zahlungsverbot an das Institut, eine Schließung des Instituts für den Kundenverkehr und ein Verbot der Entgegennahme von Zahlungen, finden sich wie bisher in § 46a KWG a.F.

5. Maßnahmen bei Gefahren für die Stabilität des Finanzsystems

a) Systemrelevante Kreditinstitute

BaFin definiert systemrelevante Kreditinstitute in Art. 6 Abs. 3 der Aufsichtsrichtlinie als „Institute, deren Bestandsgefährdung aufgrund ihrer Größe, der Intensität ihrer Interbankbeziehungen und ihrer engen Verflechtung mit dem Ausland erhebliche negative Folgeeffekte bei anderen Kreditinstituten auslösen und zu einer Instabilität des Finanzsystems führen könnte. Die Einstufung als systemrelevantes Institut erfolgt einvernehmlich zwischen BaFin und Bundesbank".

In § 1 Abs. 4 Nr. 2 a) FMStErgG wurden systemrelevante Finanzinstitute berücksichtigt[497]. Hinzu kommen die Vorschriften §§ 48a ff. KWG und ein Reorganisationsverfahren im § 7 KredReorgG sowie ein Anspruch im Restrukturierungsfondsgesetz[498]. Die Maßnahmen gegenüber systemrelevanten Kreditinstituten beziehen sich auf die Stabilität des Finanzsystems und die Gesamtwirtschaft,

497 Die Vorschrift in § 4 Abs. 1 FMStG, dass die Entscheidung für Stabilisierungsmaßnahmen „unter Berücksichtigung der Bedeutung des jeweils von der Stabilisierungsmaßnahme erfassten Unternehmens des Finanzsektors für die Finanzmarktstabilität" getroffen werden soll, kann mit dem Wort „Systemrelevanz" bezeichnet werden. Siehe *Jaletzke/Denzer,* in: *Jaletzke/Verannenman*, § 4 FMStFG Rn. 22; *Von Marcus Günther,* Systemrelevanz von Finanzinstituten, WM 18/2010 S. 825.

498 *Obermüller/Kuder,* 2011, Rn. 1.883, 885.

aber sind nicht im Interesse des Schutzes eines einzelnen Kreditinstituts oder seiner Gläubiger und Anteilseigner[499].

In neu eingefügten § 48b Abs. 1 und 2 KWG sind Bestandsgefährdung und Systemgefährdung definiert. Dadurch wird die Anwendung der Vorschriften §§ 48a KWG auf ein systemrelevantes Kreditinstitut beschränkt[500].

Am 2. November 2010 hat das Financial Stability Board (FSB) einen Bericht für eine Aufsicht über systemrelevante Institute veröffentlicht. Darin wird eine intensivere und wirksamere Aufsicht über systemrelevante Banken empfohlen[501].

b) Übertragungsanordnung

Die BaFin kann nach §§ 48a ff. KWG eine Übertragungsanordnung erlassen, dass das Vermögen eines Kreditinstituts einschließlich seiner Verbindlichkeiten auf einen bestehenden Rechtsträger im Wege der Ausgliederung übertragen wird[502], wenn die Voraussetzungen erfüllt werden bzw. eine Bestandsgefährdung und eine Systemgefährdung vorliegen.

Ob die Eingriffe nach den §§ 48a ff. KWG zu treffen sind, kann die BaFin im eigenen Ermessen ohne Zustimmung des betroffenen Kreditinstituts entscheiden, während das Sanierungs- als auch das Reorganisationsverfahren durch die freiwillige Anzeige des Kreditinstituts eingeleitet wird[503]. In diesem aufsichtsrechtlichen Verfahren besteht die Möglichkeit, in Drittrechte wie im Reorganisationsverfahren einzugreifen.

6. Insolvenzantrag

Im Vergleich zur bisherigen Vorschrift hat § 46b KWG wenig geändert. Wenn ein Insolvenzeröffnungsgrund vorliegt, nämlich bei Zahlungsunfähigkeit, Überschuldung oder drohender Zahlungsunfähigkeit, haben dies die Geschäftsleiter des Kreditinstituts der BaFin unverzüglich anzuzeigen. Aber nur die BaFin kann

---

499 *Obermüller/Kuder,* 2011, Rn. 1.884a.

500 *Obermüller,* NZI 2011, S.87; *Tobias C. Riethmüller,* WM 49/2010, S. 2298.

501 „Intensity and Effectiveness of Systemically Important Financial Institutions Supervision" Recommendations for enhanced supervision Prepared by the FSB in consultation with the IMF vom 02.11.2010.

502 *Sven Schelo*, NJW 4/2011 S. 190; *Obermüller/Kuder,* 2011, Rn. 1.921.

503 *Tobias C. Riethmüller,* WM 49/2010, S. 2299.

die Eröffnung des Insolvenzverfahrens beantragen. Bei drohender Zahlungsunfähigkeit muss die BaFin den Antrag mit Zustimmung des Instituts stellen. Das Insolvenzgericht ist für die Eröffnung des Insolvenzverfahrens zuständig und entscheidet sich für die Zulässigkeit und Begründung des Insolvenzantrags[504].

II. Kreditinstitute-Reorganisationsgesetz

Das im Art. 1 Restrukturierungsgesetz vorgeschriebene KredReorgG hat ein zweistufiges Verfahren vorgesehen, das aus dem Sanierungsverfahren und dem Reorganisationsverfahren besteht. Der Zweck des Gesetzes ist die Stabilisierung des Finanzmarktes[505]. Durch Initiative des in Schwierigkeit geratenen Kreditinstituts wird das Verfahren eingeleitet[506]. Statt durch öffentliche Hand wie früher werden die Mittel des KredReorgG durch Eigenverantwortlichkeit von Finanzinstituten abgerufen.

1. Das Sanierungsverfahren - § 2 KredReorgG

Auf der ersten Stufe steht das Sanierungsverfahren. Das Kreditinstitut zeigt die BaFin selbst an, wenn die Voraussetzungen des § 45 Abs. 1 Satz 1 und 2 des KWG erfüllt sind nämlich die Annahme gerechtfertigt ist, dass seine Vermögens-, Finanz- oder Ertragsentwicklung an die Anforderungen der angemessenen Eigenkapitalausstattung oder der ausreichenden Liquidität nicht dauerhaft erfüllen können wird. Durch ein vorzeitiges Eingreifen der BaFin kann eine Insolvenz des Instituts vermieden werden. Wenn das Kreditinstitut erkennt, dass ein Sanierungsbedürfnis besteht, kann es der BaFin freiwillig einen Sanierungsplan vorlegen und einen geeigneten Sanierungsberater vorschlagen. Der Sanierungsplan kann alle Maßnahmen enthalten, die geeignet sind, eine Sanierung des Kreditinstituts zu erreichen[507]. Aber ein Eingriff in Drittrechte ist unzulässig.

Die BaFin hat ein weites Ermessen, sich zu entscheiden, ob der Sanierungsplan des Kreditinstituts zweckmäßig durchgeführt werden kann. Wenn sie dies für geeignet hält, stellt sie unverzüglich beim zuständigen Oberlandesgericht einen Antrag auf Durchführung des Sanierungsverfahrens und übersendet dem Oberlandesgericht den Sanierungsplan mit ihrer Stellungnahme[508]. Das Oberlandesgericht ist zuständig für die Anordnung der Durchführung des Sanie-

504 *Schelm*, in: *Siegfried Kümpel*, Bank- und Kapitalmarktrecht, 2011, Rn. 2.301-302.

505 § 1 Abs. 1 Satz 1 KredReorgG.

506 Begründung des Restrukturierungsgesetzes, Teil A II; *Obermüller/Kuder,* 2011, Rn. 1.745.

507 § 2 Abs. 2 KredReorgG.

508 § 2 Abs. 3 KredReorgG.

rungsverfahrens und die Bestellung des Sanierungsberaters[509] und kann dagegen auch die Aufhebung des Sanierungsverfahrens beschließen[510]. Die Befugnisse der BaFin nach KWG bleiben unberührt[511], sodass sie unter gleichen Voraussetzungen die Maßnahmen nach § 45 KWG treffen kann. Sofern die BaFin eine Maßnahme nach den §§ 45c, 46, 46c oder den §§ 48a bis 48m des KWG angeordnet und keine abweichende Bestimmung getroffen hat, gilt der Antrag des Sanierungsverfahren als zurückgenommen[512].

Wenn der Sanierungsplan nicht erfolgreich durchgeführt wird, wird das Sanierungsverfahren beendet. Beim weiteren Verlauf kommt es darauf an, ob das betroffene Kreditinstitut systemrelevant ist. Wenn das betroffene Kreditinstitut systemrelevant ist, kann ein Reorganisationsverfahren eingeleitet werden. Wenn es nicht systemrelevant ist, kann die BaFin sich entscheiden, ob weitere Maßnahmen nach KWG zu treffen sind oder ein Insolvenzverfahren zu eröffnen ist[513].

2. Das Reorganisationsverfahren

Auf der zweiten Stufe steht ein Reorganisationsverfahren, das sich grundsätzlich an dem Insolvenzplanverfahren orientiert. Aber das Reorganisationsverfahren ist noch kein echtes Insolvenzverfahren[514]. Die Einleitung des Reorganisationsverfahrens beruht auf der Voraussetzung, dass eine Bestandsgefährdung des Kreditinstituts nach § 48b Abs. 1 KWG vorliegt, die zu einer Systemgefährdung nach § 48b Abs. 2 KWG führt, bzw. nur ein systemrelevantes Kreditinstitut kann ins Reorganisationsverfahren eintreten. Wenn ein Sanierungsverfahren aussichtslos oder gescheitert ist, kann ein Reorganisationsverfahren eingeleitet werden. Das betroffene Kreditinstitut oder der Sanierungsberater zeigt dies der BaFin an und legt einen Reorganisationsplan vor[515].

Der Inhalt des Reorganisationsplans enthält einen darstellenden und einen gestaltenden Teil[516]. Das Besondere am Reorganisationsplan liegt darin, dass

509 § 3 und § 4 KredReorgG.
510 § 6 Abs. 3 KredReorgG.
511 § 1 Abs. 5 KredReorgG.
512 *Obermüller/Kuder,* 2011, Rn. 1.810.
513 *Obermüller/Kuder,* 2011, Rn. 1.818-820.
514 *Sven Schelo*, Neue Restrukturierungsregeln für Banken, NJW 4/2011 S. 188; *Tobias C. Riethmüller,* WM 49/2010, S. 2296.
515 § 7 Abs. 1 und 2 KredReorgG; *Obermüller/Kuder,* 2011, Rn. 1.928.
516 § 8 Abs. 1 KredReorgG; *Obermüller/Kuder,* 2011, Rn. 1.930; *Sven Schelo*, NJW 4/2011 S. 188.

Eingriffe in Drittrechte zulässig sind, und nicht nur in die Rechte der Gläubiger, sondern auch in die der Anteilsinhaber[517]. Im gestaltenden Teil des Reorganisationsplans können eine Umwandlung von Forderungen in Eigenkapital[518], eine Ausgliederung[519] sowie sonstige gesellschaftsrechtliche Regelungen[520] vorgesehen werden.

III. Restrukturierungsfondsgesetz

Weil die Garantieermächtigung des SoFFin nach § 6 FMStFG nur bis zum 31.12.2010 in Anspruch genommen werden kann, wird ein Restrukturierungsfonds für Kreditinstitute (Restrukturierungsfonds) ab 01.01.2011 gemäß Art. 3 Restrukturierungsgesetz errichtet, um die künftige Stabilisierung des Finanzmarktes zu unterstützen. Der Restrukturierungsfonds dient zur Überwindung von Bestands- und Systemgefährdungen im Sinne des § 48b des Kreditwesengesetzes[521]. Der Fonds wird von der FMSA verwaltet und untersteht der Rechts- und Fachaufsicht des BMF[522]. Alle Kreditinstitute im Sinne des § 1 Abs. 1 des KWG sind beitragspflichtig bzw. eine Bankenabgabe ist zu erheben[523].

Am Ende des Jahres 2010 hat der deutsche Gesetzgeber das Restrukturierungsfondsgesetz verabschiedet. Damit wird ein Restrukturierungsfonds ab dem 01.01.2011 errichtet, um künftig bestandsgefährdete systemrelevante Kreditinstitute sanieren und restrukturieren zu können. Nach der Restrukturierungsfonds-Verordnung wird der Restrukturierungsfond durch eine neue Bankenabgabe finanziert[524]. Die nach § 2 des Restrukturierungsfondsgesetzes beitragspflichtigen Kreditinstitute haben an den Restrukturierungsfonds jeweils zum 30. September eines Kalenderjahres einen Jahresbeitrag zu leisten, dessen Höhe sich nach Absatz 2 bemisst. Der Jahresbeitrag eines Kreditinstituts ergibt sich aus der Summe der Beitragskomponenten „Passiva“ nach Satz 2 Nummer 1 und „Deri-

---

517 § 8 Abs. 3 KredReorgG.

518 § 9 KredReorgG; *Obermüller/Kuder,* 2011, Rn. 1.931-932; *Sven Schelo*, NJW 4/2011 S. 188.

519 § 11 KredReorgG; *Obermüller/Kuder,* 2011, Rn. 1.933-936; *Sven Schelo*, NJW 4/2011 S. 188.

520 § 10 KredReorgG.

521 *Obermüller/Kuder,* 2011, Rn. 1.942.

522 § 11 Abs. 1 und 2 RStruktFG.

523 § 2 RStrukFG; *Obermüller/Kuder,* 2011, Rn. 1.944.

524 Verordnung über die Erhebung der Beiträge zum Restrukturierungsfonds für Kreditinstitute (Restrukturierungsfonds-Verordnung – RStruktFV) vom 20.07.2011, BGBl. I S. 1406.

vate“ nach Satz 2 Nummer 2[525]. Die Kosten der Sanierung sollen von den Finanzinstituten selbst getragen werden.

E. Fazit

Bei der Insolvenz eines Finanzinstituts muss auf die besonderen Umstände Rücksicht genommen werden im Vergleich zu anderen Unternehmen. Die Handhabung des Problemfinanzinstituts ist eine Ausdehnung der Finanzaufsicht, wenn die Finanzaufsicht nicht genau durchgeführt wird. Betrachtet man die Bestimmungen der Maßnahmen gegenüber in Not geratenen Finanzinstituten, versucht Deutschland seine betroffenen Banken und Finanzinstitute eher zu begünstigen, während Taiwan diese eher durch Strafen diszipliniert. Deutschland hat seit 2008 eine Reihe von Rettungsaktionen ausgeführt. Die Stabilisierungsmaßnahmen werden auf Antrag der Unternehmen begonnen, ebenso das Sanierungs- und Reorganisationsverfahren. Die im Oktober 2008 errichtete FMSA verwaltet den SoFFin und hat zur Bewältigung der Finanzmarktkrise beigetragen. Der SoFFin endet im Jahr 2010. Seit 2011 verwaltet die FMSA zudem den Restrukturierungsfonds, um künftige mögliche Finanzkrisen zu vermeiden.

525 § 1 Abs.1 und 2 der RStruktFV.

5. Teil: Zusammenfassung – Rechtsvergleich und Ausblick

Nach der allgemeinen Darstellung der Finanzaufsicht und der Finanzmarktreformen in Deutschland, der EU und Taiwan soll nun ein Rechtsvergleich zwischen Deutschland und Taiwan anhand einiger ausgewählter Aspekte angestellt werden. Durch den Vergleich wird am Ende dieser Untersuchung ein Ausblick auf das Gebiet der Finanzaufsicht gegeben. Angesichts der Finanzmarktkrise wurden ein stärkere Finanzaufsicht auf nationaler und internationaler Ebene bzw. ein Rating-System sowie eine Harmonisierung der Finanzaufsicht gefordert.

§ 1 Rechtsvergleich

A. Vor- und Nachteile

In diesem Abschnitt werden die Vor- und Nachteile der Finanzaufsicht in Deutschland und in Taiwan gegenüber gestellt.

I. Organisation und Befugnis der zuständigen Finanzaufsichtsbehörde

Die Organisation und die Befugnis der zuständigen Finanzaufsichtsbehörde in Deutschland und in Taiwan sind zentralisiert und vereinheitlicht worden, damit die Finanzaufsicht an die Tendenz der sektorübergreifenden Finanzdienstleistungen angepasst wird. Die Rechtsform der BaFin in Deutschland ist jene der öffentlich-rechtlichen Anstalt, während die FSC in Taiwan eine Verwaltungsbehörde ist. Obwohl beide die Organisation der Finanzaufsicht unter einem Dach vereint haben, bleiben die materiellen Aufsichtsrechte der Finanzaufsicht unberührt[526]. Eine sektorenübergreifende Aufsicht ist abhängig von der Verknüpfung und Kooperation der internen Abteilungen der Aufsichtsbehörden[527]. Im Ver-

---

526 *Kümpel/Hammen/Ekkenga*, Kapitalmarktrecht, Band 2, Berlin 2011, Kennz. 700 Rn. 2. „ Solange die Aufsicht über Kredit- und Finanzdienstleistungsinstitute, Wertpapierdienstleistungsunternehmen und Versicherungsunternehmen mit dem Kreditwesengesetz, dem Wertpapierhandelsgesetz und dem Versicherungsaufsichtsgesetz jeweils materiell unterschiedlichen Regelungen unterliegt, ist es jedoch noch nicht gerechtfertigt, von einer einheitlichen Finanzdienstleistungsaufsicht für alle Unternehmen zu sprechen".

527 Ohne Änderungen der materiellen Rechtslage siehe *Markus Lenenbach*, 2010, Rn. 15.8.

gleich dazu besitzt die FSC mehr Befugnisse, erleidet aber auch budgetäre Abhängigkeit[528]. Um die Aufgaben der Finanzaufsicht effizient durchzuführen, arbeiten beide jeweils mit der Bundesbank bzw. mit der Zentralbank eng zusammen. Überdies wird - wegen der Integration des Finanzmarkts in der EU - die Entwicklung der Finanzaufsicht in Deutschland außerdem mehr und mehr auf die EU-Ebene verlagert.

Die Struktur des Aufsichtsrechts in Taiwan ist eher nach amerikanischem Vorbild aufgebaut. Die neu eingefügten Vorschriften der §§ 44 bis 44-2 BWG in der Fassung vom 30.12.2008 sind die Rezeption des amerikanischen Gesetzes „Federal Deposit Insurance Act" Sec. 38. „PROMPT CORRECTIVE ACTION"[529]. Ein System von Kapital-Ratings wurde eingeführt. Nach § 44 Abs. 2 BWG wird das Kapital-Rating in vier Stufen eingeteilt: angemessene, unzureichende, deutlich unzureichende sowie ernsthaft unzureichende Kapitalausstattung[530].

Die wichtige Rechtsgrundlage für Finanzaufsicht in Taiwan sind das BWG, das FiReFG und das Einlagensicherungsgesetz. Seitdem der FiReFonds beendet ist, traten die ÜbernahmenV und die ÜberwachungV an ihre Stelle. In diesen zwei Rechtsverordnungen sind Behandlungsverfahren sowie Maßnahmen für in Schwierigkeiten geratene Finanzinstitute geregelt. Der Vorteil ist, dass die zuständige Behörde große Befugnis und Flexibilität besitzt. Allerdings muss die zuständige Behörde nach ihrem freien Ermessen von Fall zu Fall entscheiden, was für eine Maßnahme bei der Übernahme oder bei der Überwachung ergriffen werden soll. Aus der historischen Erfahrung lassen sich dafür jedoch keine objektiven Kriterien herleiten, so dass an der Zuverlässigkeit dieses Systems erhebliche Zweifel bestehen. Aus rechtsstaatlichen Gesichtspunkten ist es notwendig, dass voraussehbare Kriterien gesetzlich eingerichtet werden.

---

528 Nach der Veränderung des FSCOG vom 29.06.2011 hat die Kommission der FSC ihre Unabhängigkeit verloren. Nur die Aufgabe der Überprüfung der Finanzinstitute nach Gesetzen wird unabhängig ausgeübt. Siehe oben 3. Teil § 3 B. III Organisation der FSC.

529 Siehe Erwägungsgrund des § 44 und des § 44-2 BWG sowie den allgemeinen Erwägungsgrund der Rechtsverordnung. *Zhi-Cheng Wang,* Modern Financial Law, 2009, S. 28-33.

530 In Sec. 38 des Federal Deposit Insurance Act wird das Kapital des Instituts in fünf Stufen eingeteilt: well capitalized, adequately capitalized, undercapitalized, significantly undercapitalized und critically undercapitalized.

Im Unterschied dazu wird die Befugnis der BaFin nach der Finanzkrise durch die Novelle des KWG weitgehend erweitert. Nach dem Grad der Gefährdung von Kreditinstituten wurde außerdem eine Reihe von möglichen Maßnahmen in die Gesetze eingefügt. Aber das Anfangsstadium des Sanierungs- und Reorganisationsverfahrens wird durch die freiwillige Anzeige des Kreditinstituts eingeleitet. Im Vergleich zum Verfahren im KredReorgG kann die BaFin notwendigenfalls nach §§ 48a ff. KWG im eigenen Ermessen ohne Zustimmung des betroffenen Kreditinstituts eine Übertragungsanordnung treffen.

II. Maßnahmen gegenüber in Not geratenen Finanzinstituten

In der Folge der Finanzmarktkrise wurden außerordentlichen Maßnahmen gegenüber in Not geratenen Finanzinstituten sowohl in Deutschland als auch in Taiwan ergriffen. Die Maßnahmen gegenüber in Not geratenen Finanzinstituten werden in Taiwan von staatlicher Seite erzwungen, während die Stabilisierungsmaßnahmen in Deutschland auf Freiwilligkeit basieren. Der wesentliche Unterschied zwischen beiden Ländern ist, dass die Strategie Deutschlands betroffene Banken und Finanzinstitute eher zu begünstigen versucht, während Taiwan diese bestraft. Die in Not geratenen Finanzinstitute können sich nach FMStErgG oder KredReorgG entscheiden, ob sie die Hilfe des Staates in Anspruch nehmen. Zwangsverstaatlichungen sind in Deutschland bisher nicht möglich[531]. Ein Vorteil der zwangsweisen Durchsetzung ist, dass die zuständige Aufsichtsbehörde rechtzeitig verhindern kann, dass sich die Finanzlage des Finanzinstituts verschlechtert oder Kettenreaktionen ausgelöst werden. Die zuständige Behörde hat einen Ermessensspielraum und kann je nach den erhaltenen Informationen beurteilen, ob Maßnahmen zu ergreifen sind. Ein Nachteil ist, dass die Interessen der Aktionäre und Geschäftsleiter in manchen Fällen nicht ausreichend berücksichtigt werden. Denn die zuständige Aufsichtsbehörde ordnet an, dass das Vermögen des in Not geratenen Finanzinstituts saniert wird und es von einem anderen Institut übernommen wird. Wenn jedoch die Aktiva des Finanzinstituts im Verhältnis zu den entsprechenden Passiva noch positiv sind, bzw. sein Vermögenswert die Schulden übersteigt, so würden die Interessen der Aktionäre oder Geschäftleiter geopfert oder übergangen werden. Bei der freiwilligen Regelung ist ein Vorteil, dass Institute versuchen, die Krise aus eigener Kraft zu meistern, um kein schlechtes Signal an die Kapitalmärkte zu senden und zu verhindern, dass sich z.B. die Refinanzierungsbedingungen verschlechtern. Aber das kann auch als Nachteil ausgelegt werden, wenn zu lange mit der Beantragung der Hilfe gewartet wird. So kann es vorkommen, dass die Geschäftsleiter sich

---

531 *Marius E. Mann*, DZWIR 12/2008 S. 500.

darüber im Klaren sind, dass die Finanzlage des Instituts sehr schlimm ist, aber dennoch nicht wollen, dass die schlimme Finanzlage öffentlich bekannt wird. In diesem Falle ist es notwendig, dass die zuständige Aufsichtsbehörde rechtzeitig eingreift.

Die Behandlungsverfahren sind ebenfalls unterschiedlich. In Taiwan wird das in Not geratene Finanzinstitut ohne dessen Zustimmung von einem anderen übernommen. Die rechtliche Natur dieser Zwangübereignung ist dogmatisch noch nicht richtig endgültig geklärt. Weder im BWG noch in der ÜbernahmeV ist ein Eingriff ins Grundrecht auf Eigentum vorgesehen. Deshalb bestehen kein Rechtsweg und kein Entschädigungsanspruch. In Deutschland wird nach der Bestimmungen des RettungsG zuerst verstaatlicht, dann wieder privatisiert. Dabei wird die Entschädigung gesetzlich geregelt[532]. Weiterhin ist das Institut nach den neu erlassenen Vorschriften im KredReorgG freiwillig zur Beantragung des Sanierungs- und des Reorganisationsverfahrens. Nur bei Gefahr für die Stabilität des Finanzsystems kann die BaFin nach §§ 48a ff. KWG ohne Zustimmung des betroffenen Kreditinstituts eine Übertragungsanordnung erlassen.

Zusätzlich ist auffällig, dass eine neue europäische Finanzaufsichtsstruktur eingerichtet wurde. Infolge der Globalisierung des Finanzmarkts ist es wichtig, eine internationale Harmonisierung der Finanzaufsichtsbedingungen zu erreichen. Um den europäischen Finanzmarkt weiter zu integrieren, ist es auch nötig, eine Aufsichtsbehörde auf europäischer Ebene für grenzüberschreitende Finanzinstitute einzuführen.

B. Gesetzentwurf in Taiwan

Es gibt zahlreiche materielle Finanzgesetze in Taiwan, die die Regelungslage kompliziert machen. Um alle Gesetze, welche sich auf Finanzdienstleistungen beziehen, in einem Gesetz zusammenzufassen, hat die FSC im Juli 2007 einen Gesetzentwurf über Finanzdienstleistungen vorgelegt. Der Entwurf richtet sich besonders auf neue Finanzprodukte und einen gemeinsamen Aufsichtsstandard zwischen den Finanzdienstleistungsanbietern nämlich zwischen Banken, Versicherungsunternehmen und Wertpapierhandelsfirmen[533]. Im Jahr 2008 hat die FSC einen Gesetzentwurf über Finanzdienstleister statt des Gesetzentwurfs über Finanzdienstleistungen vorgelegt. Das Ziel des Gesetzes ist die Integrierung der

532 § 4 RettungsG.

533 Siehe allgemeine Erwägungsgründe des Gesetzentwurfs über Finanzdienstleistungen.

Finanzgesetze. Der Schwerpunkt liegt auf der zivilrechtlichen Haftung der schuldhaften Geschäftsführer[534]. Aber bisher (Stand: August 2011) ist dieser Gesetzentwurf noch nicht angenommen worden.

Zusätzlich soll hier ein Vorschlag für § 64 BWG unterbreitet werden. Angesichts der Tatsache, dass das Mindesteigenkapital die letzte Garantie für die Schulden der Finanzinstitute sind und zugleich auch die Voraussetzung für deren Errichtung, könnte man von einem Finanzinstitut verlangen, dass das Defizit an gesetzlichem Mindestkapital jährlich ausgeglichen wird, und nicht erst so spät, wie § 64 BWG vorschreibt. Bisher wird erst bei Verlusten in Höhe von mehr als einem Drittel des Mindestkapitals angeordnet, dass innerhalb einer von der FSC zu bestimmenden Frist der Kapitalmangel behoben werden muss. Die FSC soll je nach Schwere des Verstoßes Maßnahmen frühzeitig ergreifen. Wenn das Finanzinstitut dieser Anordnung nicht nachkommt, bedeutet das, dass dessen Aktionären selbst kein Vertrauen mehr in die Zukunft des Instituts hat. In diesem Fall könnte die FSC das Finanzinstitut zwingen, sein Eigenkapitaldefizit durch Fremdkapital auszugleichen. Wenn sich die finanzielle Lage auch weiterhin nicht verbessert, würde das Institut allmählich von einem anderen Finanzinstitut übernommen. Dieses Übernahmeverfahren ist milder als die herkömmliche zwingende Übernahme, aber auch effizienter und rechtzeitiger.

534 Siehe Erwägungsgrund des § 1 des Gesetzentwurfs über Finanzdienstleister.

§ 2 Ausblick

Nach der weltweiten Finanz- bzw. Wirtschaftskrise ab dem Jahr 2007 hat jedes Land betont, dass das Finanzaufsichtssystem verstärkt und ein stabiler Finanzmarkt errichtet werden muss. Die Tätigkeiten von Finanzinstituten sollen umfassend und angemessen überwacht werden. Ein besonderes Insolvenzrecht für Finanzinstitute oder ein Restrukturierungsfond für künftig in Schieflage geratende systemrelevante Banken sollen als ultima ratio zu verwenden sein. Dazu sollen zunächst präventive Maßnahmen eingeleitet werden. In dieser Hinsicht ist es erforderlich, einen Rating Mechanismus sowie eine Harmonisierung der Finanzaufsichtsregelungen vorzubereiten und weltweit zu verabschieden.

A. Rating

Angesichts der Vielfalt der modernen und komplexen Finanzinstrumente wird die Finanzaufsicht immer schwieriger und komplizierter. Eine effektive und effiziente Durchführung der Aufsicht ist eine Herausforderung für die Finanzaufsichtsbehörden. Mit dem Rating können die Risiken nach relevanten Indikatoren bewertet und eingestuft werden[535]. Vor der Darstellung über die Einstufung von Finanzinstituten, Finanzprodukten und Finanzinstrumenten soll zunächst auf die Durchführung des Ratings eingegangen werden. Danach wird je nach Gegenstand der Finanzaufsicht eine Klassifizierung des Ratings vorgenommen.

I. Durchführung des Ratings

1. Durch anerkannte Ratingagenturen

Auch wenn Ratingagenturen nur Informationsintermediäre sind, so kann die Bewertung durch Ratingagenturen erhebliche Auswirkungen auf den Kapitalmarkt haben[536]. Nach der Finanzkrise ab dem Jahr 2007 hat man die falsche Bewertung von Finanzprodukten durch Ratingagenturen zum Teil für die Ursache der Finanzkrise gehalten. Denn durch ihre Beurteilungen von Finanzproduk-

---

535 In der SolvV wird Rating eingeführt. Aber hier wird Rating nicht nur auf das angemessene Eigenkapital und die Liquidität von Finanzinstituten bezogen, sondern auch auf einen gesamtheitlichen Aspekt.

536 *Sebastian Herfurth*, Die Regulierung von Ratingagenturen unter Basel II, Eul, Lohmar [u.a.], 2010, S. 66; *Hellwig/Höfling/Zimmer,* Gutachten F, 2010, S. F 40; Gutachten G, 2010, S. G 69.

ten sind gewisse Irreführungen entstanden[537]. Da sich die Zentralen der Ratingagenturen in den USA befinden[538], wurden sie von der EU nicht überwacht[539]. Hinsichtlich der zunehmenden Wichtigkeit der Ratingagenturen hat die Europäische Kommission eine Verordnung über Ratingagenturen (EU-Ratingverordnung) erlassen[540]. Dadurch werden die Tätigkeiten von Ratingagenturen beaufsichtigt. Der ESMA ist zuständig für die Registrierung und Beaufsichtigung von Ratingagenturen in der Europäischen Union[541]. Außerdem wurde vor kurzem beschlossen, dass eine europäische Ratingagentur aufgebaut wird[542].

In Deutschland können Finanzinstitute nur von der BaFin anerkannten Ratingagenturen beurteilt werden. Die Liste der für die bankaufsichtliche Risikogewichtung anerkannten Ratingagenturen hat die BaFin im Internet veröffentlicht[543]. In Taiwan hat die FSC eine Rechtsverordnung über die Verwaltung von Ratingagenturen erlassen[544]. Es gibt nur eine Ratingagentur in Taiwan, die Taiwan Ratings Corporation, die am 31.05.1997 gegründet wurde und ein Partner der Standard & Poor's Ratingagentur ist.

---

537 *Fabian Amtenbrink*, Ratings in Europa: Kritische Anmerkungen zum europäischen Regulierungsansatz, Bonn 2010, S. 1 und S. 11; *Marthe-Marie Stemper*, Rechtliche Rahmenbedingungen des Ratings, 2010, S. 26 und S. 96; siehe auch Erwägungsgrund 10 der Verordnung (EG) Nr. 1060/2009 (ABl. L302/2).

538 *Marthe-Marie Stemper*, 2010, S. 200; *Malte Richter*, Die Verwendung von Ratings zur Regulierung des Kapitalmarkts - eine vergleichende Untersuchung nach US-amerikanischem und deutschem Recht, 2008, S. 43-46.

539 *Werner Heun*, JZ 5/2012 S. 242.

540 Verordnung (EG) Nr. 1060/2009 des Europäischen Parlaments und des Rates vom 16.09.2009 über Ratingagenturen, ABl. L 302/1; *Marthe-Marie Stemper*, 2010, S. 211; *Hellwig/Höfling/Zimmer*, Gutachten G, 2010, S. G70.

541 Siehe auch Erwägungsgrund 5 der Verordnung (EU) Nr. 513/2011 des Europäischen Parlaments und des Rates vom 11.05.2011, zur Änderung der Verordnung (EG) Nr. 1060/2009 über Ratingagenturen, ABl. L 145/30; Vgl. *Winterfeld*, in: *Schimansky/Bunte/Lwowski*, Bankrechts-Handbuch, 2011, § 124a Rn. 137.

542 „Erste Europäische Ratingagentur soll nächstes Jahr starten“ am 18.07.2011, abrufbar unter: http://www.stern.de/news2/aktuell/erste-europaeische-ratingagentur-soll-naechstes-jahr-starten-1707445.html; „Pläne für eine europäische Ratingagentur werden konkreter“ am 18.07.2011, abrufbar unter: http://www.capital.de/finanzen/fonds/meldungen/:Bonitaets-Bewertung--Plaene-fuer-eine-europaeische-Ratingagentur-werden-konkreter/100040120.html.

543 *Dürselen*, in: *Boos/Fischer/Schulte-Mattler*, 2008, § 53 SolvV Rn. 13; *Malte Richter*, 2008, S. 181, 193 ff.

544 Regulations Governing the Administration of Credit Rating Agencies wurde am 30.04.1997 erlassen und zuletzt geändert vom 28.10.2010.

2. Durch Aufsichtsbehörden bzw. durch den Staat

Statt des Ratingagenturs kann das Rating durch den Staat durchgeführt werden. Beispiele dafür sind sog. Stresstests, die seit 2006 in der EU als eine Risiko-Management-Technik verwendet werden, um die potenziellen Auswirkungen eines bestimmten Ereignisses oder der Veränderung einer Reihe von finanziellen Variablen auf eine Institution zu bewerten[545]. Die Ergebnisse der EU-weiten Stresstests im Jahr 2011 wurden von der European Banking Authority (EBA) am 15. Juli 2011 veröffentlicht. Obwohl die Ergebnisse für manche Experten eher ernüchternd ausfallen, ist der Stresstest erwähnenswert, da er „ungesunde“ Finanzinstitute frühzeitig ermahnt. Ebenso ist positiv zu werten, dass die Aufsichtsbehörde rechtzeitig Maßnahmen ergreifen könnte oder das betroffene Finanzinstitut das Spielfeld frühzeitig verlassen könnte.

Ab 2011 hat die FSC in Taiwan bei der Überprüfung der inländischen Banken das Ratingsystem eingeführt. Die FSC hat nach den Regelungen von Basel II die Bankenstresstests durchgeführt[546].

II. Rating der Adressaten der Finanzaufsicht bzw. der Finanzinstitute

Alle Finanzinstitute sollen nach vorgeschriebenen Maßstäben eingeschätzt und eingestuft werden. Es gibt viele Arten und Bemessungsgrundlagen zur Risikomessung der Finanzinstitute. Sie können von intern wie extern bewertet werden. Die Bundesbank und die BaFin haben Finanzinstituten nach zwei Kriterien eingeteilt. Die Qualität des Instituts wird von „A“ bis „D“ bewertet. Das zweite Kriterium ist die Systemrelevanz, die nach Größe, Intensität der Interbankbeziehungen sowie Grad der Verflechtung mit dem Ausland bewertet wird. Seit dem Jahr 2004 klassifiziert die BaFin die Systemrelevanz von Kreditinstituten[547].

---

545 CEBS, Technical aspects of stress testing under the supervisory review process – CP 12 vom 14.12.2006, S. 4; *Ortgies*, in: *Boos/Fischer/Schulte-Mattler*, 2008, § 123 SolvV Rn. 2-4.

546 Siehe Pressemitteilung der FSC vom 07.12.2010.

547 Der Jahresbericht der BaFin 2010, S. 160-161.

Die FSC in Taiwan hat durch die Einstufung der Finanzinstitute das risikobasierte Kontrollsystem umgesetzt. Das Rating-System ist nach den vier Kriterien der finanziellen Solidität, der Einhaltung gesetzlicher Vorschriften, des Verbraucherschutzes und des Risikomanagements aufgebaut. Das Rating-Ergebnis ist in fünf Klassen von A bis E eingeteilt (A Bestnote, E schlechteste Note). Nach Auswertung der Ergebnisse ergreift die FSC geeignete Maßnahmen[548].

Die Einstufung eines Finanzinstituts trägt dabei nicht nur zur Durchführung der Finanzaufsicht bei. Auch dem Finanzinstitut selber wird aufgezeigt, welche Mängel es aufweist. Dadurch kann festgestellt werden, warum ein Institut in Schwierigkeit geraten ist, ob aufgrund eines Abschwungs der Wirtschaft, aufgrund der Mängel des Managements oder sogar wegen krimineller Handlungen der Geschäftsleiter[549]. Die Finanzaufsicht soll nach der Funktion und nicht nach der Art der Institution/Organisation ausgeführt werden[550].

III. Rating von Finanzprodukten und Finanzinstrumenten

Innovationen bei Finanzprodukten und weiterentwickelte Finanzinstrumente bergen oft Risiken. Die Risiken von Finanzprodukten und Finanzinstrumenten müssen daher bewertet werden. Sie unterscheiden sich je nach der Kunden (ob natürliche oder juristische Person, Finanzinstitut oder Nicht-Finanzinstitut). Deswegen sollen sie von der Finanzaufsichtsbehörde geprüft werden, bevor sie auf den Markt kommen. Bei neuen Finanzprodukten müssen die eingesammelten Gelder auch zweckmäßig eingesetzt werden. Da diese Prüfung beim Einführen ausländischer Finanzprodukte normalerweise nicht mehr vom Einfuhrland durchgeführt wird, entsteht eine Lücke bei der Finanzaufsicht über ausländische Finanzprodukte.

---

548 *Sun/Su/Lin/Lin*, 1996, S. 26-27, 280, 283; Die Webseite der FSC, wird abgerufen am 14.03.2012 unter: http://www.feb.gov.tw/ch/home.jsp?id=96&parentpath=0,7&mcustomize=faq_view.jsp&dataser-no=1627&aplistdn=ou=data,ou=chfaq,ou=chinteraction,ou=ap_root,o=fsc,c=tw&toolsflag=Y.

549 *Christoph Knauer*, Die Strafbarkeit der Bankvorstände für missbräuchliche Kreditgewährung, NStZ 2002, S.399.

550 *Karahan,* in: *Albrecht/Karahan/Lenenbach*, FA Bank- und KapitalmarktR, 2010, § 1 Rn. 28-32.

Anhand der Bewertung und der Begleitinformationen können die möglichen Finanzmarkteilnehmer eine sachgemäße Entscheidung darüber treffen, ob und bei welchem Finanzinstitut sie welche Finanzprodukte kaufen. Durch Rating von Finanzprodukten und Finanzinstrumenten kann man feststellen, bei welchen Finanzprodukten bzw. Finanzinstrumenten ein Finanzinstitut Verluste erlitten hat.

B. Die Harmonisierung der Finanzaufsicht – ein einheitlicher internationaler Standard

Infolge der Globalisierung des Finanzmarkts sowie der Internationalisierung des Finanzgeschäfts, z.B. Online-Banking durch das Internet, sind die Grenzen zwischen Ländern beim Handel unklar geworden. Die Zulassung von Finanzholding-Gesellschaften, von gemischten Finanzholding-Gesellschaften sowie von Finanzkonglomeratsunternehmen lassen die Trennung zwischen Einlagenkreditinstituten, Versicherungsunternehmen und Wertpapierhandelsunternehmen unscharf werden[551]. Die Innovationen bei Finanzprodukten lassen die Grenzen zwischen Bankgeschäften, Versicherungsgeschäften und Wertpapierhandel verschwimmen. Eine rein nationale Aufsicht allein ist nicht mehr ausreichend, länderübergreifende Zusammenarbeit ist unerlässlich. Es ist erforderlich, dass Aufsichtsbehörden aller Staaten miteinander regelmäßig in Kontakt stehen und Informationsaustausch betreiben. Transparenz und Offenlegung sind immer noch wichtige Voraussetzungen[552]. Durch internationale Standards würde eine wechselseitige Anpassung erreicht, zumindest dann, wenn die Standards auch in nationalen Gesetzen umgesetzt werden.

Ein solcher Standard ist das im Juni 2004 verabschiedete Basel II, das eine Rahmenvereinbarung für die Bankenaufsicht darstellt und bis Ende 2006 in nationales Recht umgesetzt wurde. Basel II besteht aus einem Drei-Säulen-Modell. Die erste Säule bezieht sich auf Mindesteigenkapitalanforderungen, die zweite Säule auf das bankaufsichtliche Überprüfungsverfahren und die dritte Säule auf die Marktdisziplin[553]. Die Empfehlungen in Basel II wurden in Richtlinien der

---

551 § 1 Abs. 3a KWG hat Finanzholding-Gesellschaften, Gemischte Finanzholding-Gesellschaften und Finanzkonglomeratsunternehmen geregelt.

552 Die Transparenz der Information siehe auch *Rolf-E. Breuer*, Regulierung und Bankenaufsicht zwischen Nationalstaat und globalem Finanzmarkt, Deutsche Bank Research 29.06.2000 Nr.86, S.13; *Marthe-Marie Stemper*, 2010, S. 347 ff.; Art. 10 der EU-Ratingverordnung und Erwägungsgrund 7 der Verordnung (EU) Nr. 513/2011 (ABl. L 145/31).

553 Ausführlich zu Basel II siehe *Schulte-Mattler*, in: *Boos/Fischer/Schulte-Mattler*, 2008, § 1

Europäischen Union übernommen[554]. Daraufhin wurden auch vom deutschen Gesetzgeber Änderungen vorgenommen[555], auch im KWG[556]. Dazu gibt es noch entsprechende ergänzende Rechtsverordnungen wie die Solvabilitätsverordnung und die Großkredit- und Millionenkreditverordnung. Im Vergleich dazu hat der Gesetzgeber in Taiwan wegen Basel II keine speziellen Maßnahmen ergriffen bzw. das BWG nicht verändert. Die FSC hat lediglich als zuständige Behörde diesbezügliche Rechtsverordnungen erlassen[557].

Nach der weltweiten Finanzkrise ab Mitte 2008 wurden weitere Forderungen nach einer Erhöhung und Verstärkung der Mindesteigenkapitalquoten gestellt. Eine verbesserte Kapitalausstattung soll *durch eine Kombination von Maßnahmen* erreicht werden. Im Dezember 2010 wurde Basel III veröffentlicht, das eine verbesserte Kapitalausstattung von Kreditinstituten, einen effizienteren Rechtsrahmen für die in Schwierigkeit geratenen Kreditinstitute und eine verbesserte europäische Aufsicht vorsieht. Die Regelungen von Basel III sollen ab dem 01.01.2013 umgesetzt werden[558]. Der Kern der neuen Regulierung unter Basel III sind Erhöhungen der Mindestkapitalanforderungen und eine bessere Qualität des Eigenkapitals[559]. Die neuen Basel III-Anforderungen sollen von

---

SolvV Rn. 17-20; *Lotte Frach*, 2010, S. 213 ff.; *Koberstein-Windpassinger*, in: *Eckhard M. Theewen*, 2010, S. 811-812; *Sauer/Witteman*, in: *Assies/Beule/Heise/Stube*, FA-BKR, 2010, Kap. 1 Rn. 257-269; *Michael Träm*, Bankenaufsicht, 2006, S. 104 ff.; *Sebastian Herfurth*, Die Regulierung von Ratingagenturen unter Basel II, Eul, Lohmar [u.a.], 2010, S. 19 ff.; *Simone Gromer/Oliver Everling*, Rating als Herausforderung für Mittelstand und Banken – Basel II und seine Auswirkungen, München 2001, S. 18 ff.; *Meeh/Sattler*, Basel II: Entwarnung für Kreditnehmer, gleichzeitig neue Herausforderungen! (Teil I), DStR 35/2005, S. 1507; *Thomas Volkenne/Karl-Friedrich Walter*, Die Endfassung der Neuen Baseler Eigenkapitalvereinbarung (Basel II), DStR 2004, S. 1399.

554 Die Bankrechtsrichtlinie 2006/48/EG und die Kapitaladäquanzrichtlinie 2006/49/EG. Vgl. *Meeh/Sattler*, Basel II: Entwarnung für Kreditnehmer, gleichzeitig neue Herausforderungen! (Teil II), DStR 36/2005, S. 1545; *Peter O. Mülbert*, BKR 9/2006, S. 351.

555 Gesetz zur Umsetzung der neu gefassten Bankenrichtlinie und der neu gefassten Kapitaladäquanzrichtlinie vom 17.11.2006, BGBl. I S. 2606.

556 *Holger Mielk*, Die Umsetzung von Basel II in deutsches Recht - Ein Überblick über wesentliche Aspekte des KWG-Änderungsgesetzes, WM 14/2007, S.621; *Holger Mielk*, Die Neufassung des § 10 KWG durch die 7. KWG-Novelle, WM 02/2007, S. 52.

557 Die neu erlassene Verordnung über Kapitaladäquanz der Banken vom 04.01.2007, zuletzt geändert vom 30.06.2009. (銀行資本適足性及資本等級管理辦法, 98/06/30 金管銀法字第 09810003110 號令修正).

558 Vgl. *Wittig, Schelm*, in: *Siegfried Kümpel*, Bank- und Kapitalmarktrecht, 2011, Rn. 1.77, Rn. 1.83 und Rn. 2.166a; *Fischer/Klanten*, 2010, Rn. 2.255; *Winterfeld*, in: *Schimansky/Bunte/Lwowski*, Bankrechts-Handbuch, 2011, § 124a Rn. 110-128.

559 *Haug*, in: *Schimansky/Bunte/Lwowski*, Bankrechts-Handbuch, 2011, § 133a Rn. 10-19.

2013 bis 2018 jedes Jahr Schritt für Schritt nach dem Umsetzungsfahrplan eingeführt werden.

Finanzaufsicht oder Finanzmarktregulierung befindet sich am Schnittpunkt zwischen Wirtschafts- und Rechtswissenschaft, weshalb beide Disziplinen bei der Erstellung von Gesetzen, Richtlinien und Verordnungen gehört werden sollen. Während Wirtschaftswissenschaftler eher dazu tendieren, die Marktkräfte frei wirken zu lassen, sind Juristen eher für Regulierungsmaßnahmen zu gewinnen. Die Entscheidung über mehr oder weniger Regulierung müssen letztlich Politiker treffen, Wissenschaftler können nur bestimmte Empfehlungen abgeben[560].

560 *Jens-Hinrich Binder*, Bankeninsolvenzen, 2005, S. 44.

Literaturverzeichnis

1. Monographien

Adam, Rainer, Agraverfassung, Agrarstruktur und wirtschaftliche Entwicklung in Taiwan, Saarbrücken 1988.

Amtenbrink, Fabian, Ratings in Europa: Kritische Anmerkungen zum europäischen Regulierungsansatz, Bonn 2010.

Appel, Ivo/Rossi, Matthias, Finanzmarktkrise und Enteignung, Nomos, Baden-Baden 2009.

Badura, Peter, Wirtschaftsverfassung und Wirtschaftsverwaltung, Mohr Siebeck, 4. Aufl. 2011.

Bauer, Denise Alessandra, Ein Organisationsmodell zur Regulierung der Rating-Agenturen: ein Beitrag zur regulierten Selbstregulierung am Kapitalmarkt, Nomos, Baden-Baden 2009.

Becker, Hans Paul/Peppmeier, Arno, Bankbetriebslehre, Kieh, Ludwigshafen , 6. Aufl. 2006.

Binder, Jens-Hinrich, Bankeninsolvenzen im Spannungsfeld zwischen Bankaufsichts- und Insolvenzrecht, Duncker & Humbolt, Berlin 2005.

Bleser, Sven, Die Subprimekrise und ihre Folgen - Ursachen und Auswirkungen der 2007 ausgelösten Finanzmarktkrise, Diplomica, Hamburg 2009.

Borchardt, Klaus-Dieter, Die rechtlichen Grundlagen der Europäischen Union, Heidelberg 2006.

Brecht, Marion, Taiwans „Cathay“- Skandal; Staatliche Reglementierung und privatwirtschaftlicher Mißbrauch, Bochum, Brockmeyer 1990.

Buck-Heeb, Petra, Kapitalmarktrecht, Müller, Heidelberg; München; Landsberg [u.a.] , 5. Aufl. 2011.

Büschgen, Hans E., Bankbetriebslehre, Gabler, Wiesbaden, 4. Aufl.1993.

Burghof/Rudolph, Bankenaufsicht: Theorie und Praxis der Regulierung, Wiesbaden 1996.

Chang, Bu-Yuam (張卜元), Legal Problems of Crisis Management for Troubled Financial Institutions (處理問題金融機構之法律問題—論監管及接管之規範), Diss. NTPU, Taipei 2003.

Chang, Sai, Von der traditionellen Gesellschaft zum Take-off: die Wirtschaftsentwicklung Taiwans, Saarbrücken, Breitenbach 1984.

Detterbeck, Steffen, Allgemeines Verwaltungsrecht C. H. Beck, München, 9. Aufl. 2011.

Detterbeck, Steffen, Öffentliches Recht, Vahlen, München, 8. Aufl. 2011.

Dziechciarz, Beata, Rechtliche Integration der nationalen Zentralbanken in das Europäische System der Zentralbanken und in das Eurosystem, Nomos, Baden-Baden 2009.

Erbguth, Wilfried, Allgemeines Verwaltungsrecht, Nomos, Baden-Baden, 4. Aufl. 2011.

Fehling, Michael/Ruffert, Matthias, Regulierungsrecht, Mohr Siebeck, Tübingen 2010.

Fischer/Klanten, Bankrecht – Grundlagen der Rechtspraxis, Köln, 4. Aufl., 2010.

Frach, Lotte, Finanzmarktregulierung in Deutschland, Nomos, Baden-Baden 2010.

Francks, Penelope, Agriculture and economic development in East Asia - from growth to protectionism in Japan, Korea and Taiwan, London, Routledge 1999.

Gottwald, Jörn-Carsten, Regulierung der Finanzmärkte in der EU, Nomos, Baden-Baden 2011.

Gromer, Simone/Everling, Oliver, Rating als Herausforderung für Mittelstand und Banken – Basel II und seine Auswirkungen, München 2001.

Gröschner, Rolf, Das Überwachungsrechtsverhältnis: Wirtschaftsüberwachung in gewerbepolizeirechtlicher Tradition und wirtschaftsverwaltungsrechtlichem Wandel, Mohr, Tübingen, 1992.

Hahn, Steffen/Rößler, Jörg, Grenzüberschreitende Bankdienstleistungen in der EU, Deutscher Genossenschafts-Verlag eG, Wiesbaden 2009.

Heck, Peter, Taiwan – Vom Wirtschaftswunder zur ökologischen Krise; eine kritische Analyse, Hamburg, Inst. für Asienkunde, 1995.

Hellwig/Höfling/Zimmer, Gutachten E/F/G zum 68. Deutschen Juristentag, Finanzmarktregulierung, C. H. Beck, München 2010.

Hennhöfer, Dirk, Bankenaufsicht und Finanzkrisen: Ein Ländervergleich der Bankenaufsicht Thailands im Vorfeld der Asienkrise mit den deutschen Aufsichtsnormen, Diss. Universität Mannheim 2001.

Herdegen, Matthias, Europarecht, C. H. Beck, München, 13. Aufl. 2011.

Herfurth, Sebastian, Die Regulierung von Ratingagenturen unter Basel II, Eul,

Lohmar [u.a.] 2010.

Hirschberg, Lothar, Der Grundsatz der Verhältnismässigkeit, Göttingen 1981.

Hobe, Stephan, Europarecht, Heymanns, Köln, 5. Aufl. 2010.

Hsiao, Wen-Sheng (蕭文生), Die Zentralbank und Finanzaufsicht aus rechtlicher Sicht, Angle, Taipei 2000 (中央銀行與金融監理-自法律觀點論起, 元照).

Huber, Peter M., Allgemeines Verwaltungsrecht, Reihe Schaeffers Grundriß, C. F. Müller, Heidelberg, 2. Aufl. 1997.

Huber, Peter M., Allgemeines Verwaltungsrecht, in: Huber (Hrsg.), Thüringer Staats- und Verwaltungsrecht, 2000, 2. Teil, S. 123 ff.

Huber, Peter M., Recht der Europäischen Integration, München, 2 Aufl. 2002.

Huber, Peter M., Öffentliches Wirtschaftsrecht, in: Schmidt-Aßmann (Hrsg.), Besonderes Verwaltungsrecht, 14. Aufl. 2008, 3. Kapitel.

Huber, Peter M., Überwachung, in: Hoffmann-Riem/Schmidt-Aßmann/Vosskuhle (Hrsg.), GVwR III, 2009, § 45, S. 185 ff.

Hübner, Klaus, Die Befugnisse der Fachaufsicht im KWG im Verhältnis zu denen der Staatsaufsicht (Anstaltsaufsicht), Düsseldorf 1966.

Jin, Tong-lin (金桐林), Banking Law, San Min, Taipei 2006 (銀行法, 三民).

Kahl, Wolfgang, Die Staatsaufsicht: Entstehung, Wandel und Neubestimmung unter besonderer Berücksichtigung der Aufsicht über die Gemeinden, Mohr Siebeck, Tübingen, 2000.

Kaspar, Hanspeter, Überwachung und Aufsicht von Allfinanzkonzernen: Ein Konzept für einen Allfinanzkonzern in der Schweiz, dargestellt an ausgewählten Problemen der Überwachung, der Aufsicht und der Kontrolle, Diss. Universität Zürich 2000.

Kohtamäki, Natalia, Die Reform der Bankenaufsicht in der Europäischen Union, Diss. Universität Jena, Mohr Siebeck, 2012.

Lasson, Aksel de, A restudy of the Taiwan Farmers' Association, Alano, Aachen 1989.

Lembke, Martin, Eine Aufsichtsbehörde für den europäischen Kapitalmarkt, Peter Lang, Frankfurt am Main 2010.

Liu, Chien-Zer, Bäuerliche Landwirtschaft in Taiwan: Organisationsformen, regionale Differenzierung u. Entwicklungstendenzen, Saarbrücken; Fort Lauderdale: Breitenbach 1982.

Makowski, Gösta Christian, Kartellrechtliche Grenzen der Selbstregulierung, Nomos, Baden-Baden 2007.

Masing, Johannes/Marcou, Gérard, Unabhängige Regulierungsbehörden, Mohr Siebeck, Tübingen 2010.

Matzke, Dirk, Zur Entwicklung des Deckungspotentials in aufsichtsrechtlichen Solvabilitätsvorschfriften, in Oehler/Terstege (Hrsg.), FS Bitz, Wien 2008.

Morscher, Lukas, Die Regulierung der schweizerischen Finanzmärkte: eine wirtschaftsrechtliche Untersuchung zum Verhältnis von hoheitlicher Regulierung und Selbstregulierung, Zürich: Schulthess 1992.

Mösbauer, Heinz, Staatsaufsicht über die Wirtschaft, Heymanns, Köln 1990.

Mülbert, Peter O., Festschrift für Uwe H. Schneider, Systemrelevanz 2011.

Pieper, Stefan Ulrich, Aufsicht: verfassungs- und verwaltungsrechtliche Strukturanalyse, Heymanns, Köln 2006.

Richter, Malte, Die Verwendung von Ratings zur Regulierung des Kapitalmarkts - eine vergleichende Untersuchung nach US-amerikanischem und deutschem Recht, Peter Lang, Frankfurt am Main 2008.

Ruthig, Jofsef/Storr, Stefan, Öffentliches Wirtschaftsrecht, C. F. Müller, Heiderberg 2008.

Schmeisser, Wilhelm, Zum Wandel der Finanzdienstleistungsmärkte, Rainer Hampp, München 2008.

Schneider, Uwe H., Internationales Kapitalmarktrecht. In: Die Aktiengesellschaft 2001.

Scholz, Doreen, Selbst- und Fremdregulierung von Wertpapierbörsen, Hamburg: Kovač 2009.

Shih, Jen-Hui (施仁惠), A Study of the legal issues of exit of failling financial institutions in Taiwan (我國問題金融機構退場處理規範相關法律問題研究), Diss. NCCI, Taipei 2008.

Sodan, Helge/Ziekow, Jan, Grundkurs Öffentliches Recht, C. H. Beck, München 2008.

Stemper, Marthe-Marie, Rechtliche Rahmenbedingungen des Ratings, Nomos, Baden-Baden 2010.

Stober, Rolf, Allgemeines Wirtschaftsverwaltungsrecht, Kohlhammer, Stuttgart, 15 Aufl. 2006.

Stober, Rolf, Besonderes Wirtschaftsverwaltungsrecht, Kohlhammer, Stuttgart,

13 Aufl. 2004.

Stober, Rolf, Deutsches und Internationales Wirtschaftsrecht, Kohlhammer, Stuttgart, 2 Aufl. 2012.

Storr/Schröder, Allgemeines Verwaltungsrecht, Kohlhammer, Stuttgart 2010.

Streinz, Rudolf, Europarecht, C.F. Müller, Heidelberg, 9. Aufl. 2012.

Suckow/Weidemann, Allgemeines Verwaltungsrecht, Kohlhammer, Stuttgart, 15. Aufl. 2008.

Sun/Su/Lin/Lin (孫致中/蘇財源/林文晃/林宜學), Die Überwachung und das Management der in Not geratenen Finanzinstituten, CDIC, Taipei 1996 (問題金融機構之監督與管理, 中央存款保險公司).

Tobias, Stanislav, Bankrecht, Springer, Berlin Heidelberg 2006.

Träm, Michael, Neue Entwicklungen der staatlichen Bankenaufsicht in Deutschland und den USA sowie der Einfluß von Basel II, Peter Lang, Frankfurt am Main [u.a.] 2006.

Wang, Huea-Jen (王惠娟), Zur Einrichtung des Frühwarnsystems in Taiwan (建立臺灣金融預警制度：以一般銀行為例), Diss. NCKU, Tainan 1993.

Wang, Zhi-Cheng (王志誠), Modern Financial Law, Sharing, Taipei 2009 (現代金融法, 新學林).

Wang, Zhi-Cheng (王志誠), Financial Law, Kapitel 12, das Einlagensicherungsgesetz, Angle, Taipei 2008 (金融法, 第十二章存款保險條例, 元照).

Wang, Zhi-Cheng (王志誠), Financial Law, Kapitel 13, das Gesetz über die Einrichtung und die Verwaltung des Finanzumstrukturierungsfonds, Angle, Taipei 2008 (金融法, 第十三章金融重建基金設置及管理條例, 元照).

Zur Lippe, Georg Prinz, Die Entwicklung des taiwanesischen Agrarsektors in den Jahren 1975 - 1985, Diss. TU München 1991.

2. Kommentare

Albrecht/Karahan/Lenenbach, Fachanwaltshandbuch Bank- und Kapitalmarktrecht, ZAP, Münster 2010.

Assies/Beule/Heise/Stube, Handbuch des Fachanwalts Bank- und Kapitalmarktrecht, Heymanns, Köln, 2. Aufl. 2010.

Becker/Mock, Finanzmarktstabilisierungsgesetz (FMStG), Kommentar, Heymanns, Köln 2009.

Boos/Fischer/Schulte- Mattler, Kreditwesengesetz (KWG), Kommentar, München, 3. Aufl. 2008.

Calliess/Ruffert, EUV/AEUV Kommentar C. H. Beck, München, 4. Aufl. 2011.

Dauses (Hrsg.), Handbuch des EU-Wirtschaftsrechts, C. H. Beck, München 2011.

Derleder/Knops/Bamberger, Handbuch zum deutschen und europäischen Bankrecht, Springer Berlin Heidelberg 2009.

Dreier (Hrsg.), GG-Kommentar, Mohr Siebeck, Tübingen 2004.

Eder/Hörl/Winkler, Finanzmarktstärkung in Europa: EU, Österreich und Deutschland sowie weitere Europäische Staaten, Kommentar, Wien 2008.

Frenz, Walter, Handbuch Europarecht, Band 6, Institutionen und Politiken, Springer, Heiderberg 2011.

Geiger/Khan/Kotzur, EUV, AEUV, C. H. Beck, München 2010.

Gerke, Wolfgang/Steiner, Manfred, Handwörterbuch des Bank- und Finanzwesens, Schäffer-Poeschel, Stuttgart 2001.

Grabitz/Hilf/Nettesheim, Das Recht der Europäischen Union, C. H. Beck, München, 40. Ergänzungslieferung Oktober 2009.

Grabitz/Hilf/Nettesheim, Das Recht der Europäischen Union, C. H. Beck, München, 46. Ergänzungslieferung, Oktober 2011.

Haratsch/Koenig/Pechstein, Europarecht, Tübingen 2010.

Hoffmann-Riem/Schmidt-Aßmann/Voßkuhle, Grundlagen des Verwaltungsrechts, C. H. Beck, München 2006.

Hommelhoff/Hopt/Werder, Handbuch Corporate Governance, Begriff und aktuelle Bedeutung der Corporate Governance, Schäffer-Poeschel, Stuttgart 2003.

Jaletzke/Verannenman, Finanzmarktstabilisierungsgesetz (FMStG), Kommentar, C.H.Beck, München 2009.

Kümpel, Siegfried, Bank- und Kapitalmarktrecht, Schmidt KG, Köln 2011.

Kümpel, Siegfried/Hammen, Horst/Ekkenga, Jens, Kapitalmarktrecht: Handbuch für die Praxis, Band 2, Berlin 2011.

Lenenbach, Markus, Kapitalmarktrecht und kapitalmarktrelevantes Gesellschaftsrecht, RWS, Köln 2010.

Maunz/Dürig, GG-Kommentar, C. H. Beck, München 2011.

Mayer (Hrsg.), Kommentar zu EUV und AEUV, Manz, Wien 2010.

Obermüller/Kuder, Insolvenzrecht in der Bankpraxis, Schmidt KG 2011.

R. Sellien/H. Sellien, Wirtschafts-Lexikon, Gabler Wiesbaden, 9. Aufl. 1975.

Schimansky/Bunte/Lwowski, Bankrechts-Handbuch, C. H. Beck, München 2011.

Schmidt-Bleibtreu/Hofmann/Hopfauf, GG-Kommentar, Heymanns, 2011.

Schwarze,Jürgen, EU-Kommentar Nomos, Baden-Baden, 2. Aufl. 2009.

Schwennike, Andreas/Auerbach, Dirk, KWG Kommentar, C.H. Beck, München 2009.

Streinz, Rudolf, EUV/AEUV, C. H. Beck, München, 2. Aufl. 2012.

Theewen, Eckhard M., Bank- und Kapitalmarktrecht, Bank-Verlag Medien, Köln 2010.

v. Mangoldt/Klein/Starck, GG-Kommentar, Franz Vahlen, München 2005.

von Münch/Kunig (Hrsg.), GG-Kommentar, C. H. Beck, München 2000, Band I.

von Münch/Kunig (Hrsg.), GG-Kommentar, C. H. Beck, München 2003, Band III.

3. Aufsätze

Binder, Jens-Hinrich, Die Auswirkungen der Basel II-Umsetzung auf die aufsichtsrechtlichen Eingriffskompetenzen nach dem Kreditwesengesetz, WM 45/2006, S. 2114 ff.

Binder, Jens-Hinrich, Staatshaftung für fehlerhafte Bankenaufsicht gegenüber bankeinlegern? – Verfassungs- und aufsichtsrechtliche Überlegungen nach der Entscheidung des Bundesgerichtshofs vom 20.1.2005 (WM 2005, 360), WM 2005, S. 1781 ff.

Brandner, Thilo, Parlamentarische Gesetzgebung in Krisensituationen – Zum Zustandekommen des Finanzmarktstabilisierungsgesetzes, NVwZ 2009, S.212 ff.

Böckenförde, Thomas, Die getarnte Enteignung, NJW 2009, S. 2484 ff.

Brück, Michael J. J./Schalast, Christoph/Schanz, Kaz-Michael, Das 1. Finanzmarktstabiliserungsergänzungsgesetz: Lex Hypo Real Estate oder doch mehr?, BB 25/2009, S.1306 ff.

Bürkle, Jürgen, Auswirkungen der Unternehmensaufsicht nach dem KWG auf organisatorische Pflichten von Versicherungsunternehmen – Zur Reichweite der Unternehmensorganisatorischen Vorgaben in § 25a Abs. 1 KWG, WM 2005, S. 1496 ff.

Chen/Chang/Liang (陳元保/張順教/梁連文), Die Umgestaltung der Kreditgenossenschaften und der Kreditabteilungen der Bauernverbände und der Fischerverbände, Taiwan New Century Foundation Forum, Heft 15, 30.09.2001 (基層金融機構改造, 新世紀智庫論壇第 15 期.

Cheng, Yu-Jui (鄭玉瑞), Die Bedeutung der Errichtung des Finanzaufsichtsmechanismus im Hinblick auf die sechs einschlägigen finanziellen Gesetze, Taiwan Cooperative Bank Survey Research Laboratory, 2001.10., S. 34-52 ff. (從金融六法完成立法談建立金融監理機制的重要性, 今日合庫, 27:10=322, 民 90.10 頁 34-52).

Engels, Andreas, „Lex Hypo Real Estate" – Das Finanzmarktstabilisierungsergänzungsgesetz auf verfassungsrechtlichem Prüfstand, BKR 2009, S. 365 ff.

Fleckner/Hopt/Kumpan/Steffek, Kontrollerlangung über systemrelevante Banken nach den Finanzmarktstabilisierungsgesetzen (FMStG/FMStErgG), WM 18/2009, S. 821 ff.

Fricke, Martin, Versicherungsaufsicht integriert – Versicherungsaufsicht unter dem Gesetz über die integrierte Finanzdienstleistungsaufsicht, NVersZ 2002, S. 337 ff.

Geerlings, Jörg, Staatshaftung und Bankenaufsicht in Deutschland -- Ein Rechtsvergleich mit England und den Vereinigten Staaten, BKR 22/2003, S. 889 ff.

Götze, Thomas, Grenzen der Konzernfinanzierung nach dem Kreditwesengesetz, WM 2005, S. 727 ff.

Günther, Von Marcus, Systemrelevanz von Finanzinstituten, WM 18/2010, S. 825 ff.

Häde, Ulrich, Bankenaufsicht und Grundgesetz: Zur Übertragung von Aufgaben auf bestehende Bundesbehörden nach Art. 87 Abs. 3 GG, JZ 2001, S. 105 ff.

Häde, Ulrich, Keine Staatshaftung für mangelhafte Bankenaufsicht – Zum Urteil des EuGH vom 12.10.2004 in der Rs. C-222/02, EuZW 2005, S. 39 ff.

Hagemeister, Hans-Otto, Die neue Bundesanstalt für Finanzdienstleistungsaufsicht, WM 2002, S. 1773 ff.

Hahn, Steffen/Wild, Christian, Grenzüberschreitende Bankdienstleistungen in der EU – Europa- und aufsichtsrechtliche Aspekte am Beispiel Deutschland und Österreich, EuZW 2006, S.107 ff.

Hanten, Mathias, Aufsichtsrechtliche Erlaubnispflicht bei grenzüberschreitenden Bankgeschäften und Finanzdienstleistungen, WM 2003, S. 1412 ff.

Heun, Werner, Finanzaufsicht im Wandel, JZ 5/2012 S. 235 ff.

Hofmann, Hans, Das Rettungsübernahmegesetz im Spiegel des Art. 14III GG „Eine Enteignung ist nur zum Wohle der Allgemeinheit zulässig, NVwZ 2009, S. 673. ff.

Hopt, Klaus J., Auf dem Weg zu einer neuen europäischen Finanzmarktarchitektur, EuZW 15/2009, S. 513 ff.

Horn, Norbert, Das Finanzmarktstabilisierungsgesetz und das Risikomanagement zur globalen Finanzkrise, BKR 11/2008, S.452 ff.

Jiang, Rui-Zhen (姜瑞貞), Assessing the Impact of Privatization of Public-Owned Banks on Financing of Small-Medium Enterprise, 30.10.2009, (公營行庫民營化對中小企業放款影響之研究), abrufbar unter: http://www.cepd.gov.tw/dn.aspx?uid=7999.

Kirschbaum, Tom, Die Entwicklung eines Public Corporate Governance Kodex für öffentliche Banken, BKR 4/2006, S. 139 ff.

Krimphove, Dieter, Gesetzgebung im europäischen Bank- und Kapitalmarktrecht - eine ökonomisch-historische Betrachtung, EuR 2007, S.597 ff.

Lee, Chih-Jen (李智仁), Die aktuelle Situation und Aussichten auf die Organisationen der Finanzaufsicht, General Bank Quarterly, 2003.09. S. 4 ff. (金融監理組織法制之現況與展望, 萬通銀行季刊).

Liao, Kun-Jung (廖坤榮), Regulatory Policy Dilemma of Financial System in Taiwan: The Case Analysis of Chung Shing Bank, Theory and Policy 68/ 2004, S. 41 ff. (臺灣金融管制政策困境分析: 以中興銀行為例, 理論與政策, 17:4=68, 2004.07, 頁 41).

Lin, Wei-Yi (林維義), Monografie über Rückblick und Aussicht auf 20 Jahre zwischen 1985 und 2005: Der Entwicklungsgang der Errichtung und Funktionen der CDIC, 09.2005, S. 9 ff. (20 Years in Retrospect: Deposit Insurance, 20 週年回顧與展望專刊: 肆 存款保險機制專論: 中央存款保險公司設立與功能之演進).

Mann, Marius E., Das Finanzmarktstabilisierungsgesetz: Eine kritische Analyse, DZWIR 12/2008, S.496 ff.

Meeh, Gunther/Sattler, Wolfgang, Basel II: Entwarnung für Kreditnehmer, gleichzeitig neue Herausforderungen! (Teil I), DStR 2005, S. 1504 ff.

Meeh, Gunther/Sattler, Wolfgang, Basel II: Entwarnung für Kreditnehmer, gleichzeitig neue Herausforderungen! (Teil II), DStR 2005, S. 1545 ff.

Meyer, Hubert, Amtspflichten der Rechtsaufsichtsbehörde – Staatliche Fürsorge statt Selbstverantwortung?, NVwZ 7/2003, S. 818 ff.

Michel, Von Katja, Die neue Europäische Bankenaufsichtsbehörde, DÖV 2011, S. 728 ff.

Mielk, Holger, Die Umsetzung von Basel II in deutsches Recht - Ein Überblick über wesentliche Aspekte des KWG-Änderungsgesetzes, WM 14/2007, S.621 ff.

Mielk, Holger, Die Neufassung des § 10 KWG durch die 7. KWG-Novelle, WM 02/2007, S. 52 ff.

Mülbert, Peter O., Bankenaufsicht und Corporate Governance – Neue Organisationsanforderungen im Finanzdienstleistungsbereich, BKR 9/2006, S. 349 ff.

Müller-Graff, Peter-Christian, Finanzmarktkrise und Wirtschaftsordnungsrecht, EWS 2009, S. 201 ff.

Obermüller, Manfred, Das Bankenrestrukturierungsgesetz – ein kurzer Überblick über ein langes Gesetz, NZI 2011, S.81 ff.

Podlesak, Thmos/Paunovic, Biljana, Europäisches und nationales Bankrecht in den neuen EU- Mitgliedsstaaten, WiRO 3/2005, S. 65 ff.

Rao, Sin-Rong (饒欣榮), Neue Landwirtschaft Progression - Bekräftigung des Landwirtschaftsfinanzsystems, Agriculture Policy & Review from Council of Agriculture, Heft 182, 08.2007 (新農業運動 - 強化農業金融體系, 農政與農情, 第 182 期).

Reiter/Geerlings, Die Reform der Bankenaufsicht – Eine Chance für den Verbraucherschutz? DÖV 2002, S.562 ff.

Riethmüller, Tobias C., Das Restrukturierungsgesetz im ökonomischen und internationalen Kontext, WM 49/2010, S. 2295 ff.

Rohlfing, Bernd, Wirtschaftsaufsicht und amtshaftungsrechtlicher Drittschutz, WM 7/2005, S. 311 ff.

Rolf-E. Breuer, Regulierung und Bankenaufsicht zwischen Nationalstaat und globalem Finanzmarkt, Deutsche Bank Research 29.06.2000 Nr. 86, S.1 ff.

Rötting, Michael/Lang,Christina, Das Lamfalussy-Verfahren im Umfeld der

Neuordnung der europäischen Finanzaufsichtsstrukturen, EuZW 2012, S. 8 ff.

Schelo, Sven, Neue Restrukturierungsregeln für Banken, NJW 4/2011, S. 186 ff.

Schlette, Volker, Grundlinien des Kreditwirtschaftsrechts nach der 6. KWG-Novelle, JuS 2001, S. 1151 ff.

Schneider, Uwe H., Zwischenruf - Was ist eine systemisch relevante Bank? ZRP 2009, S. 119 ff.

Schuster, Gunnar/Binder, Jens-Hinrich, Die Sitzverlegung von Finanzdienstleistern innerhalb der Europäischen Gemeinschaft, WM 34/2004, S. 1665 ff.

Shiu, Yung-Ming (許永明), Finanzaufsichtssystem- und Innovation, Taiwan Banking & Finance Quarterly, Sep. 2001, S. 175 ff. (金融監理制度與革新, 台灣金融財務季刊).

Speyer, Bernhard, Internationalisierung von Bankgeschäft und Bankenaufsicht, in: Rainer Pitschas (Hrsg.), Integrierte Finanzdienstleistungsaufsicht, Bankensystem und Bankenaufsicht vor der Herausforderung der Europäischen Wirtschafts- und Währungsunion, Vorträge und Berichte beim Speyerer Wirtschaftsforum an der Deutschen Hochschule für Verwaltungswissenschaften Speyer 2001, Schriftenreihe der Hochschule Speyer, Band 152, Duncker & Humblot, Berlin, 2002, S. 73 ff.

Stewing, Clemens, Enteignung und Systemrelevanz von Finanzunternehmen vor dem Hintergrund des Europäischen Wettbewerbsrechts, EWS 2009, S. 303 ff.

Voge, Dirk, Zur Erlaubnispflicht grenzüberschreitend betriebener Bank- und Finanzdienstleistungsgeschäfte – zugleich Anmerkung zum Urteil des EuGH vom 3.10.2006 = WM 2006 1949, WM 9/2007, S. 381 ff.

Volkenner, Thomas/Walter, Karl-Friedrich, Die Endfassung der Neuen Baseler Eigenkapitalvereinbarung (Basel II), DStR 33/2004, S. 1399 ff.

Wolfers/Rau, Enteignung zur Stabilisierung des Finanzmarktes: Das Rettungsübernahmegesetz, NJW 19/2009, S.1297 ff.

Yang, Way-Wen (楊偉文), The Study of Organization Restructure for Financial Supervisory Agency based on Functional Regulation, Taipei University Law Review, Heft 70, 06.2009, S. 223 ff. (金融監理機關功能組織調整之研究, 臺北大學法學論叢第 70 期).

Yang, Wen-Shan (楊文山), A Study on the Mechanism of Resolution for a Failed Banks--Focusing on R.O.C.'s 2007 Amendments to both the Banking Law and Deposit Insurance Law, Soochow The Graduate School Law Review, 5/2009, S.1-51 (論我國經營不善銀行之處理機制--以 96 年修正之銀行法及存款保險條例之相關處理機制為中心, 東吳法研論集).

Werner, Stefan, Das Finanzmarktstabilisierungsgesetz, jurisPR-BKR 4/2009 Anm. 4.

4. Pressemitteilung

Pressemitteilung der BaFin vom 29.04.2002.

Pressemitteilung der FMSA vom 09.04.2009.

Pressemitteilung der FMSA vom 17.04.2009.

Pressemitteilung der FMSA vom 14.10.2009.

Pressemitteilung der FSC vom 09.07.2008.

Pressemitteilung der FSC vom 07.12.2010.

5. Berichte

Der Jahresbericht der BaFin 2007.

Der Jahresbericht der BaFin 2008.

Der Jahresbericht der BaFin 2009.

Der Jahresbericht der BaFin 2010.

Der Jahresbericht der CDIC 2009.

Deutsche Bundesbank Monatsbericht September 2000, Die Mitwirkung der Deutschen Bundesbank an der Bankenaufsicht.

EZB-Monatsbericht, Institutioneller Rahmen der Bankenaufsicht im Euro-Währungsgebiet, April 2000.

EZB-Monatsbericht, Mai 2000.

EZB-Monatsbericht, Entwicklungen beim EU-Rahmen für die Finanzmarktregulierung, -Aufsicht und -Stabilität, November 2004.

De-Larosière-Bericht, 25.02.2009.

Basler Ausschuss für Bankenaufsicht (2004), http://www.bis.org.

6. Deutscher Bundestag Drucksache

Entwurf eines Gesetzes zur Modernisierung der Aufsichtsstruktur der Bundesanstalt für Finanzdienstleistungsaufsicht (Aufsichtsstrukturmodernisierungsgesetz), Deutscher Bundestag Drucksache 16/7078, 12.11.2007.

Entwurf eines Gesetzes zur Stärkung der Finanzmarkt, Deutscher Bundestag Drucksache 16/12783, 27.04.2009.

Antwort der Bundesregierung auf eine kleine Anfrage: Entwicklung der Finanzmarktaufsicht, Deutscher Bundestag Drucksache 16/13277, 29.05.2009.

Finanzmarktgesetzgebung in der 16. Wahlperiode des Deutschen Bundestages, Deutscher Bundestag Drucksache 16/13349, 15.06.2009.

Entwurf eines Gesetzes zur Umsetzung der geänderten Bankenrichtlinie und der geänderten Kapitaladäquanzrichtlinie, Deutscher Bundestag Drucksache 17/1720, 17.05.2010.

Entwurf eines Gesetzes zur Umsetzung der Richtlinie 2010/78/EU vom 24. November 2010 im Hinblick auf die Errichtung des Europäischen Finanzaufsichtssystems, Deutscher Bundestag Drucksache 17/6255, 22.06.2011

7. Zeitungen

Frankfurter Allgemeine Zeitung, 18.08.2007, S. 1, „Notenbanken sehen Gefahren für die Konjunktur; Geldpolitik in Amerika gelockert; Sachsen LB in Schwierigkeiten“.

Frankfurter Allgemeine Zeitung, 20.08.2007, S. 1, „Auch die Sachsen LB gerät in Not; Sparkassen-Organisation stellt für die Landesbank 17,3 Milliarden Euro bereit“.

Die Welt, 20.08.2007, S. 1, Jan Dams, Sebastian Jost, „Sachsen LB erhält Notkredit; Sparkassenfinanzgruppe verhindert mit 17,3 Milliarden Euro Zahlungsprobleme“.

Berliner Zeitung, 20.08.2007, S. 9, Ewald B. Schulte, „Steinbrück will Bankenaufsicht überdenken; Sachsen LB mit Kreditlinie der Sparkassen stabilisiert / Einbußen beim Jahresergebnis erwartet“.

VWD Wirtschaftsnachrichten, 21.08.2007, „Steinbrück: Keine Mängel der Bankenaufsicht bei Sachsen-LB-Krise“.

Berliner Zeitung, 21.08.2007, S. 9, Sebastian Wolff, „Empörung über riskante

Geschäfte der Landesbanken; Experten fordern Konsequenzen aus den jüngsten Krisen von Sachsen LB und WestLB".

Süddeutsche Zeitung, 24.08.2007, S. 17, Steffen Uhlmann, „Sachsen LB in noch größerer Not".

Frankfurter Allgemeine Zeitung, 24.08.2007, S. 12, „Innenansichten einer Finanzkrise: Angeschlagene Banken und Hedge-Fonds, Eingriffe der Notenbanken zur Stabilisierung der Geldmärkte sowie stark schwankende Aktion- und Anleihekurse".

Spiegel online, 25.08.2007, „Missstände bei Sachsen LB seit zwei Jahren bekannt".

Süddeutsche Zeitung, 30.08.2007, S. 1, Christiane Kohl, Steffen Uhlmann, „Bankkontrolleure: Wir sind belogen worden".

Süddeutsche Zeitung, 03.09.2007, S. 1, „Ackermann rügt Banken".

Süddeutsche Zeitung, 04.09.2007, S. 17, Alexander Hagelüken, Helga Einecke, „Alarmierende Studie aus Brüssel: Schlechte Noten für Bankenaufsicht".

Verzeichnis der Anhänge

Anhang I: Eine Chronologie wichtiger Ereignisse im Zusammenhang mit dem Finanzmarkt in Taiwan[561]

Anhang II: Der Vorgang der Novellen des BWG[562]

Anhang III: The Banking Act 20081230[563]

Anhang IV: Act for the Establishment and Administration of the Financial Restructuring Fund 20090708[564]

Anhang V: CDIC's Handling of the 56 Failed Financial Institutions Entrusted by the Financial Restructuring Fund[565]

---

561 Nach die Informationen im dritten Teil selbst gemacht.
562 Abrufbar unter: http://law.moj.gov.tw/Eng/LawClass/LawHistory.aspx?PCode=G0380001.
563 Abrufbar unter: http://law.banking.gov.tw/Eng/FLAW/FLAWDAT01.asp?lsid=FL006378.
564 Abrufbar unter: http://law.banking.gov.tw/Eng/FLAW/FLAWDAT01.asp?lsid=FL006627.
565 Abrufbar unter: http://www.cdic.gov.tw/public/Attachment/112115223271.pdf.

Anhang I: Eine Chronologie wichtiger Ereignisse im Zusammenhang mit dem Finanzmarkt in Taiwan

Jahrgang	Ereignisse
1945	Die Regierung hat das japanische Bankensystem und die von China nach Taiwan verlagerten Banken übernommen. Die Banken wurden integriert und zum Teil in öffentliche Banken umgewandelt. Der Staat kontrollierte den Finanzmarkt mit strenger Hand.
vor 1985	Für das Betreiben von Bankgeschäften oder für das Erbringen von Finanzdienstleistungen ist eine besondere Konzession erforderlich. Aber das private Anbieten von Kreditgeschäften war grundsätzlich verboten. Das Bankwesen gilt als ein Gewerbe mit besonderem Status, weshalb keine neuen Bankkonzessionen erteilt wurden.
1987	Seit 1987 sind Devisenkontrollen dereguliert.
Juli 1989	Durch die Überarbeitung des BWG wurde der Finanzsektor vollständig liberalisiert. Nach dem Inkrafttreten der geänderten Vorschriften können neue private Banken gegründet werden.
1991-1992	16 private Banken wurden zugelassen.
November 2000	Das BWG wurde in großem Umfang verändert. Die Beschränkung von Reinvestment wurde gelockert. Nach dem FiFusG dürfen Banken, Versicherungs- und Wertpapierhandelsunternehmen miteinander fusionieren.
Juni 2001	Um die Finanzreform abzuschließen, hat die Legislative Taiwans sechs einschlägige finanzielle Gesetze beschlossen. Ein öffentlicher Finanzumstrukturierungsfond wurde eingerichtet, um die NPL der „Community Financial Institutions" zu sanieren.
August 2001	Auf Anordnung des MoF wurden 36 in Not geratene „Community Financial Institutions" ohne Vorwarnung von zehn öffentlichen und privaten Banken zwangsweise übernommen. Damit war ein Modus zur Handhabung von in Not geratenen Finanzinstituten eingerichtet.
2004	Eine neue Finanzaufsichtsbehörde, die FSC, wurde eingeführt.

Anhang II: Der Vorgang der Novellen des BWG

	Datum	Betroffen
1.	28.03.1031	Volltext mit 51 Paragraphen erlassen.
2.	01.09.1947	Volltext mit 119 Paragraphen neu gefasst.
3.	16.06.1950	§§ 15, 17, 25, 27, 34 bis 36, 38, 43, 55, 64, 77, 80, 87, 90, 95, 106, 114 wurden geändert.
4.	11.11.1968	§§ 52, 54, 61, 62, 68, 75, 101, 108 wurden geändert.
5.	04.07.1975	Volltext mit 140 Paragraphen neu gefasst.
6.	29.12.1977	§§ 9, 20, 79, 103, 132, 136 wurden geändert; § 35-1wurde eingefügt.
7.	19.07.1978	§ 3 wurde geändert.
8.	05.12.1979	§ 35-1 wurde geändert.
9.	05.12.1980	§ 84 wurde geändert.
10.	17.17.1981	§ 29 wurde geändert.
11.	20.05.1985	§§ 6 bis 9, 15, 32, 33, 52, 62, 71, 78, 79, 101 bis 103, 109, 115, 125 bis 133, 139 wurden geändert; §§ 33-1 und 127-1 wurden eingefügt.
12.	17.07.1989	§§ 1, 3, 4, 25, 29, 33-1, 41, 44, 48, 50, 52, 62, 71, 76, 78, 79, 101, 121, 123, 125 bis 127, 127-1, 128 bis 132 wurden geändert; §§ 5-1, 29-1, 35-2, 127-2, 127-3 wurden eingefügt.
13.	30.10.1992	§§ 1 2, 13, 32, 33, 36, 45, 57, 83, 127-1, 127-2, 129, 139 wurden geändert; §§ 5-2, 33-2, 33-3, 47-1, 139-1 wurden eingefügt.
14.	29.06.1995	§ 3 und § 38 wurden geändert.
15.	07.05.1997	§ 42 und § 140 wurden geändert.
16.	01.11.2000	§§ 19, 20, 25, 28, 33-3, 44, 49, 54, 59, 70, 71, 74 bis 76, 89 bis 91, 117, 121, 123, 125, 127, 127-1 bis 127-3, 128 bis 134, 136 wurden geändert; §§ 8-1, 12-1, 33-4, 33-5, 42-1, 45-1, 47-2, 47-3, 51-1, 61-1,

		62-1 bis 62-9, 63-1, 72-1, 72-2, 74-1, 91-1, 115-1, 125-1, 125-2, 127-4, 129-1 wurden eingefügt; §§ 9, 17, 63, ,77 bis 86 und der Name des Vierten Abschnittes wurden aufgehoben.
17.	04.02.2004	§§ 125 und 125-2 wurden geändert; §§ 125-3, 125-4, 136-1, 136-2 wurden eingefügt.
18.	18.05.2005	§§ 20, 45-1, 49, 52, 62, 135 wurden geändert; §§ 45-2, 125-5, 125-6, 127-5, 138-1 wurden eingefügt, §§ 60, 119, 124 wurden aufgehoben.
19.	05.17.2006	§ 64-1 wurde eingefügt.
20.	30.05.2006	§ 125-4 und § 140 wurden geändert und sind am 01.07.2006 in kraft getreten.
21.	21.03.2007	§ 62 und § 64 wurden geändert.
22.	30.12.2008	§§ 19, 25, 33-3, 35-2, 42, 44, 48, 50, 62 bis 62-5, 62-7, 62-9, 128, 129, 131, 133 wurden geändert; §§ 25-1, 44-1, 44-2, 129-2 wurden eingefügt.

Anhang III: The Banking Act of The Republic of China

Announced Date: 1931.03.28
Amended Date: 2008.12.30

CHAPTER I - GENERAL PROVISIONS

Article 1 (Purpose)

This Act is enacted to improve the conduct of the banking business, to protect the rights of depositors, to coordinate with the development of productive enterprises and to keep Bank credit abreast of national financial policy.

Article 2 (Definition of Bank)

The term, "Bank", as used in this Act shall mean an organization formed and registered in accordance with the provisions of this Act for purposes of transacting a banking business.

Article 3 (Scope of Business of Banks)

Businesses which may be conducted by a Bank are as follows:

1.To accept Checking Deposits;
2.To accept various kinds of other Deposits;
3.To manage Trust Funds under mandate;
4.To issue Bank Debentures;
5.To extend loans;
6.To discount bills and notes;
7.To invest in securities;
8.To invest in productive enterprises;
9.To invest in residential construction and construction for business purposes;
10.To handle domestic and foreign remittances;
11.To accept commercial drafts;
12.To issue Letters of Credit;
13.To guarantee domestic and foreign transactions;
14.To act as collecting and paying agent;
15.To underwrite and trade in securities for its own account or for customers;
16.To manage issuance of bonds and debentures and to provide advisory services with respect thereto;
17.To act as attestor for the issuance of stocks, bonds and debentures;
18.To manage various kinds of property under mandate;
19.To conduct businesses related to investment and trusts regarding securities;
20.To buy and sell gold bars/coins and/or silver bars/coins and foreign currencies;
21.To conduct warehousing, custody and agency businesses in relation to the businesses itemized above; and
22.To conduct other relevant businesses which may be authorized by the Central Competent Authority.

Article 4 (Authority Over Scope of Business Issues)

The scope of business of each Bank shall be determined individually by the Central Competent Authority in accordance with the classification of the Bank and the items of business specified in this Act, and shall be indicated on the Business License of each such Bank.
However, transactions relating to foreign exchange must be approved by the Central Bank of China.

Article 5 (Term of Credit)
Credit extended by a Bank under this Act shall be called short-term credit if such credit matures within not more than one (1) year; medium-term credit if such credit matures in more than one (1) year and not more than seven (7) years; and long-term credit if such credit matures in more than seven (7) years.

Article 5- 1 (Definition of Accepting Deposits)
The term, "Accept(ing) Deposits", as used in this Act shall mean the act of accepting Deposits or other funds from the general public2, and agreeing to return the principal or to pay an amount equal to or greater than the principal.

Article 5- 2 (Definition of Extend(ing) Credit)
The term, "Extend(ing) Credit", as used in this Act shall mean the following business conducted by a Bank:
1.Extending loans;
2.Extending overdraft facilities;
3.Discounting bills and notes;
4.Extending guarantees;
5.Accepting drafts; and
6.Other business as specified by the Central Competent Authority.

Article 6 (Definition of Checking Deposit)
The term, "Checking Deposit", as used in this Act shall mean a Deposit which, as agreed, may be drawn at any time without interest by use of a check signed by the depositor or by use of automatic equipment under mandate.

Article 7 (Definition of Demand Deposit)
The term, "Demand Deposit", as used in this Act shall mean a Deposit which can be drawn by the depositor at any time by use of a passbook or by other agreed means.

Article 8 (Definition of Time Deposit)
The term, "Time Deposit", as used in this Act shall mean a Deposit of a fixed term which can be drawn by the depositor upon maturity by presentation of a Deposit certificate or by other agreed means.

Article 8- 1 (Termination and Pledge of Time Deposits)
Time Deposits shall not be withdrawn before maturity, provided, that the depositor may pledge a time deposit or terminate a time deposit by giving seven (7) days prior notice to the Bank.
Rules governing the pledge and early-termination of time deposits shall be prescribed by the Competent Authori-

ty after consulting with Central Bank of China.

Article 9 (Definition of Savings Deposit)
Deleted

Article 10 (Definition of Trust Funds)
The term, "Trust Funds", as used in this Act shall mean funds which are received by a Bank in the position of trustee and managed in accordance with the terms of a trust agreement for the interest of a beneficiary named by the trustor.

Article 11 (Definition of Bank Debentures)
The term, "Bank Debentures", as used in this Act shall mean bonds/debentures issued by a Bank in accordance with the relevant provisions of this Act, after having obtained the approval of the Central Competent Authority, to provide funding for the extension by such Bank of medium-term and/or long-term credit.

Article 12 (Definition of Secured Credit)
The term, "Secured Credit", as used in this Act shall mean the following collateral has been furnished to secure such credit:
1.Mortgage over immovables or movables;
2.Pledge over movables or rights;
3.Bills/Notes receivable from business transactions of a borrower; and/or
4.Guarantees extended by a government agency in charge of the public treasury, a Bank or a government authorized credit agency.

Article 12- 1 (Limitation on Guarantees)
In extending self-use residence loans or consumer loans, if the Bank has obtained sufficient collateral in accordance with the preceding Article, the Bank shall not require provision of guarantor(s) for whatsoever reasons.
Subject to the preceding paragraph, if a guarantor is required by the Bank in connection with a credit extension, the guarantee shall be in a specific amount.
In seeking recovery, the Bank shall first pursue the borrower and then pursue the guarantor(s) for the remaining portion on a pro-rata basis; provided, that such shall not apply to applications for execution title or in the provisional proceedings.

Article 13 (Definition of Unsecured Credit)
The term, "Unsecured Credit", as used in this Act shall mean a credit extended without having obtained any of the collateral listed in the preceding Article.

Article 14 (Definition of Medium- or Long-term Loan Repayable in Installments)
The term, "Medium- or Long-term Loan Repayable in Installments", as used in this Act shall mean a loan extended by a Bank, the principal and interest on which shall be repayable and payable in installments in accord-

ance with the terms of a loan agreement and other relevant terms to be observed by the borrower determined based on negotiations between the parties and the financial ability of the borrower to make repayment.

Article 15 (Definition of Commercial Negotiable Instrument)
The term, "Commercial Negotiable Instrument", as used in this Act shall mean a bill of exchange or promissory note issued in connection with domestic or foreign trade in goods or services.
An aforesaid bill of exchange on which the recipient of the goods sold or services provided is named as payor and which has been accepted by such recipient, shall be called a trade or commercial acceptance.
In cases where the aforesaid recipient mandates a Bank as the payor and the bill of exchange is accepted by the Bank, such bill of exchange shall become a banker's acceptance. In cases where a person, who sells goods or provides services, signs and issues a bill of exchange in an amount based on transaction documents and on which a Bank is mandated as the payor and such bill of exchange is accepted by such Bank, such bill of exchange shall also be called a banker's acceptance.
Purchase of a post-dated bill of exchange or promissory note by a Bank by means of deducting non-accrued interest in advance shall be called a discount.

Article 16 (Definition of Letter of Credit)
The term, "Letter of Credit", as used in this Act shall mean an instrument which a Bank issues upon the request of a customer to notify and authorize a beneficiary named by the customer to issue a draft or other certificate in accordance with a prescribed form and in an amount not to exceed a certain limit, such draft to be accepted or paid by the Bank or its designated correspondent upon the beneficiary performing certain agreed upon terms and conditions.

Article 17 (Definition of Deposit Reserve)
Deleted.

Article 18 (Definition of Responsible Person of a Bank)
The term, "Responsible Person of a Bank", as used in this Act shall mean the person designated to be responsible in accordance with the provisions of the Company Law, other laws or the organic regulations and rules of the relevant Bank.

Article 19 The term "Competent Authority" as used in this Act shall mean the Financial Supervisory Commission, Executive Yuan.

Article 20 (Definition of Bank)
The term, "Bank", as used in this Act shall include:
1.Commercial Banks;
2.Banks for a Special Business Purpose; and;
3.Investment and Trust Companies.
Except for those Banks established by the Government, the type and special business purpose of a Bank shall be

indicated in the Bank's name.
A non-Bank may not use a name specified in Paragraph 1 or any other name that would likely cause people to mistake it for a bank.

Article 21 (Requirement of Formation Procedures)
A Bank or a branch office thereof shall not commence business operations before having completed the formation procedures prescribed in Chapter II of this Act.

Article 22 (Restrictions on Business Activity)
A Bank shall not conduct any business other than as approved by the Central Competent Authority.

Article 23 (Minimum Capital Requirements)
The minimum capital requirements for different types of Banks shall be determined or adjusted, as applicable, by the Central Competent Authority based on the population and economic conditions in each of the geographic areas established by the Central Competent Authority and the type of Bank, respectively.
In the event that a Bank's capital falls below such minimum requirements after the aforesaid adjustment, the Central Competent Authority shall prescribe a period of time within which such Bank to increase its capital and shall revoke such Bank's Permit3 if the Bank fails to comply within such period of time.

Article 24 (Currency of Capital)
The capital of a Bank shall be established in terms of the national currency.

Article 25 The shares issued by a Bank shall be registered shares.
The same person or same concerned party who singly, jointly or collectively acquires more than five percent (5%) of a Bank's outstanding voting shares shall report such fact to the Competent Authority within ten (10) days from the day of acquisition; the preceding provision applies to each cumulative increase or decrease in the shares of the same person or same concerned party by more than one percent (1%) thereafter.
The same person or same concerned party who intends to singly, jointly or collectively acquire more than ten percent (10%), twenty-five percent (25%) or fifty percent (50%) of a Bank's outstanding voting shares shall apply for prior approval of the Competent Authority.
A third party who holds shares of the Bank on behalf of the same person or same concerned party in trust, by mandate or through other types of contract, agreement or authorization shall fall within the purview of a concerned party.
The same person or same concerned party who singly, jointly or collectively holds shares of the Bank representing more than five percent (5%) but less than fifteen percent (15%) of a Bank's outstanding voting shares prior to the implementation of the amendment to the Act on December 9, 2008 shall report such fact to the Competent Authority within six (6) months from the implementation date of the said amendment. Those who report to the Competent Authority within the said prescribed period may maintain their shareholding at the time of reporting. However, those whose original shareholding exceeds ten percent (10%) shall apply for the prior approval of the Competent Authority when they intend to increase their shareholding for the first time thereafter.

The regulations governing the qualifications and requirements for the same person or same concerned party who applies for approval pursuant to Paragraph 3 hereof or the proviso of the preceding paragraph, required documentation, shares to be acquired, purpose of acquisition, sources of funding, and other matters to be complied with shall be prescribed by the Competent Authority.

Where the same person or same concerned party who holds voting shares issued by a Bank without filing a report with the Competent Authority or obtaining approval from the Competent Authority in accordance with the provisions set forth in Paragraphs 2, 3 or 5 hereof, the excess shares held by such same person or same concerned party shall not have voting rights and shall be disposed of within the given period prescribed by the Competent Authority.

If the total number of a Bank's shares held by the same person or by the principal, his/her spouse and children under twenty (20) years of age exceeds one percent (1%) of the Bank's outstanding voting shares, such principal shall notify the Bank thereof.

Article 25- 1 The term "same person" as used in the preceding article shall mean the same natural or juristic person.

The term "same concerned party" as used in the preceding article shall mean parties related to the same natural or juristic person, including:

1. Parties related to the same natural person:

(1) The principal, his/her spouse and relatives by blood within the second degree of kinship.

(2) An enterprise in which the persons referred to in the preceding subparagraph hold more than one third (1/3) of its outstanding voting shares or more than one third of its capital.

(3) An enterprise or a foundation in which the persons referred to in subparagraph (1) hereof act as its chairman, president or directors representing the majority of directors.

2. Parties related to the same juristic person:

(1) The same juristic person and its chairman and president as well as the spouse and relatives by blood within second degree of kinship of the chairman and president.

(2) Enterprises in which the same juristic person and natural persons referred to in the preceding subparagraph hold more than one third (1/3) of their outstanding voting shares or more than one third of their capital, or enterprises or foundations in which the same juristic person and natural persons referred to in the preceding subparagraph act as their chairman, president or directors representing the majority of directors.

(3) The affiliates of the same juristic person. The term "affiliate" shall be defined under Articles 369-1 through 369-3, Articles 369-9 and 369-11 of the Company Law.

The calculation of shares of a Bank held by the same person or same concerned party under the preceding two paragraphs shall exclude shares held under the following circumstances

1. Shares acquired by a securities firm during the underwriting period of the securities and disposed of during the period prescribed by the Competent Authority.

2. Shares acquired by a financial institution under a collateral pledge or security agreement and four years have not elapsed since the date of acquisition.

3. Shares acquired by inheritance or bequest and two years have not elapsed since the date of inheritance or bequest.

Article 26 The Central Competent Authority may impose restrictions on the establishment of new Banks or additional branches in specific geographic areas depending on local financial and economic conditions.

Article 27 The establishment of Overseas branch(es) by a Bank shall require the approval of the Central Competent Authority after consultation with the Central Bank of China.

Article 28 If a commercial bank or a bank f or a special business purposes conducts a trust or securities business, the business and accounting [for the trust or securities business] must be independent; rules related to the business scope and risk management [of such businesses] may be prescribed by the Competent Authority.
A Bank conducting a trust or securities business shall appropriate funds exclusively for such business operations. The amount of such exclusive business operation funds shall be as approved by the Competent Authority.
Unless otherwise provided by other laws, a Bank conducting a trust business shall be subject to the provisions of Chapter Six of this Act.
Unless otherwise provided by other laws or rules prescribed by the Competent Authority, a Bank's staff members conducting trust or securities business shall keep customer information and transaction materials confidential; such confidentiality obligations shall apply to dealings between such staff members and the staff members of other departments of the Bank.

Article 29 Unless otherwise provided by law, any organization other than a Bank shall not Accept Deposits, manage Trust Funds or public property under mandate or handle domestic or foreign remittances.
Upon a violation of Paragraph 1 of this Article, remedial action shall be taken by the Competent Authority or the competent authority in charge of the particular enterprise, together with the juridical police authority, and the case shall be referred to the court for action.
If the organization concerned is a juristic person, the responsible person shall be jointly and severally liable for repayment of the relevant obligations.
In performing the duties stipulated above, a suspected party's accounting books and documents may be searched and detained in accordance with the law, facilities including signs may be torn down and/or other necessary actions may be taken.

Article 29- 1 Using borrowed money, accepting investments, making the depositor a shareholder or using other classifications in order to accept deposits or obtain capital from the general public4 by agreeing to pay or paying a bonus, interest, share dividend interest or other reward in an excessive amount, shall be deemed the act of Accepting Deposits.

Article 30 If, in connection with extension of loans, issuance of Letters of Credit or issuance of guarantees, the borrower, mandator or the party on behalf of which the guarantee is issued is a company limited by shares and, under the authority of a board of directors resolution, makes a written commitment to the Bank offering certain property as collateral and agreeing not to encumber the same by mortgage or pledge to a third party, the Bank may permanently or temporarily waive the registration of real estate mortgages or chattel mortgages or the

delivery of the items pledged. However, the Bank may request subsequent registration or delivery thereof within a period of time prescribed by the Bank if and when necessary.
In the case of a breach of the aforesaid commitment by the borrower, mandator or guarantor, such borrower, mandator or guarantor's directors who participated in making such decision and the wrongdoer shall be jointly and severally liable for compensation.

Article 31 Regarding the issuance of Letters of Credit and undertakings to accept Commercial Negotiable Instruments by a Bank, the rights and obligations between the Bank and its customer shall be governed by an agreement.
If security is required of a customer in connection with the aforesaid business, such security shall comply with Article 12 of this Act.

Article 32 No unsecured credit shall be extended by a Bank to enterprises in which the Bank holds three percent (3%) or more of the total paid-in capital, to its staff members, to its Major Shareholders, to any interested party of its own responsible person or of a staff member in charge of credit extensions. However, the foregoing prohibition on unsecured credit shall not apply to consumer loans and loans extended to the government.
The credit amount of the aforesaid consumer loans shall be as prescribed by the Central Competent Authority.
The term, "Major Shareholder", as set forth in this Act shall mean a shareholder who holds at least one percent (1%) of the total number of issued and outstanding shares of the Bank. Where a Major Shareholder is a natural person, the shares of his/her spouse and the shares of his/her minor children shall be counted in the total number of shares held by such Major Shareholder.

Article 33 For any secured credit extended by a Bank to enterprises in which the Bank holds at least five percent (5%) of the total paid-in capital of said enterprises, to its own responsible person, to its staff members, to its Major Shareholders, to any interested party of its own responsible person or of a staff member in charge of credit extensions, the terms of such extended credit shall not be more favorable than those terms offered to other same category customers. If the credit amount to be extended by a Bank exceeds the amount prescribed by the Central Competent Authority, a Bank needs the concurrence of at least three-quarters of all of such Bank's directors present at a meeting attended by at least two-thirds of the directors, to extend such credit.
[In addition to the foregoing], the amount of the aforesaid connected credit extension to each related party, the aggregate amount of such credit extensions thereof, the terms and conditions of such credit extension and the same category customers referred to under this preceding Paragraph shall be prescribed by the Central Competent Authority after consultation with the Central Bank of China.

Article 33- 1 The definition of interested parties as used in the preceding two articles shall mean:
1.Spouse, relatives by blood within the third degree of relationship or relatives by marriage within the second degree of relationship of the responsible person of a Bank or of a staff member in charge of credit extensions by such Bank.
2.An enterprise solely invested in, by or a partnership invested in by the responsible person of a Bank, by a staff member in charge of credit extensions of such Bank or by an interested party stipulated in Subparagraph 1 of this

Article.

3.An enterprise of which more than ten percent (10%) of the total issued and outstanding shares or paid-in capital is solely or totally held by the responsible person of a Bank, by a staff member in charge of credit extensions of such Bank or by an interested party stipulated in Subparagraph 1 of this Article.

4.An enterprise invested in by a Bank in which a director, supervisor or manager of such invested enterprise is the responsible person, a staff member in charge of credit extensions of such Bank or an interested party stipulated in Subparagraph 1 of this Article; provided, that such investment and the holding of such concurrent positions has been approved by the Central Competent Authority.

5.A juristic person or other organization in which the representative or administrator is the responsible person of a Bank, a staff member in charge of credit extensions of a Bank or an interested party stipulated in Subparagraph 1 of this Article.

Article 33- 2 A Bank shall not "cross" extend unsecured credit to the responsible person or a Major Shareholder of such Bank's correspondent bank or to an enterprise whose responsible person is also the responsible person of the correspondent bank. Any secured [cross] credit extension thereof shall be handled in accordance with Article 33 of this Act.

Article 33- 3 The Competent Authority may impose restrictions on credit extensions or other transactions by a Bank with the same person, the same concerned party or the same affiliate, and issue regulations with respect to the limits on such credit extensions, the scope of other transactions, and other matters to be complied with.

The same person, same concerned party or the same affiliate with which a Bank may extend credit or engage in other transactions as referred to in the preceding paragraph shall be defined as follows:

1. The same person shall mean the same natural or juristic person.

2. The same concerned party shall mean the principal, his/her spouse and relatives by blood within the second degree of kinship, as well as enterprises in which the principal or his/her spouse is the responsible person.

3. The same affiliates shall be defined under Articles 369-1 through 369-3, Articles 369-9 and 369-11 of the Company Law.

Article 33- 4 The foregoing shall apply to persons falling under Articles 32, 33 or 33-2 who use other persons' names to apply for credit extensions.

The amount of credit extensions obtained by persons who obtained such extensions by using other persons' names and the amount of loan proceeds transferred to such persons by using other persons' names shall be deemed as credit extensions to such persons for purposes of the preceding paragraph. Article 33- 5 In determining whether the amount invested by a Bank is more than three percent (3%) or five percent (5%), as applicable, of the paid-in capital of an entity for purposes of Article 32-1, Paragraph 1 and Article 33, Paragraph 1 the following investments shall be included:

1.The amount invested by one or more of the Bank's subsidiary(ies);

2.The amount invested by a third party acting for the Bank; and

3.The amount invested by a third party acting for the Bank's subsidiary(ies).

The term, "Bank's subsidiary", as used in the preceding Paragraph, shall have the meaning set out in Article 369-

2, Paragraph 1, of the Company Law.

Article 34 A Bank shall not offer allowances, gifts or other payments in addition to regular interest in order to solicit Deposits. This provision shall not apply to Trust Funds for which dividends may be declared pursuant to the relevant trust agreement(s).

Article 35 Neither the responsible person nor any staff member of a Bank shall accept, under any pretense, commissions, rebates and the amount of other unwarranted benefits from depositors, borrowers or other customers.

Article 35- 1 Neither the responsible person nor any staff member of a Bank may concurrently hold a position(s) in another Bank(s) unless in the capacity of a director or supervisor of an invested Bank arising from an investment relationship and then only with the approval of the Central Competent Authority.

Article 35- 2 The guidelines for qualifications and requirements for the responsible person of a Bank, restrictions on concurrent posts thereof and other matters to be complied with shall be prescribed by the Competent Authority.

A person not meeting the qualifications and requirements set forth in the guidelines referred to in the preceding paragraph shall not act as the responsible person of a Bank; any such person who currently acts as the responsible person of a Bank shall be ipso facto discharged.

Article 36 The Central Competent Authority may, when necessary, impose appropriate restrictions on the extension of unsecured Loans or Guarantees by Banks after consultation with the Central Bank of China.

The Central Competent Authority may, when necessary, set the standard for the ratio of a Bank's major assets to major liabilities and major liabilities to net worth after consultation with the Central Bank of China. Any Bank, which ratio does not meet the above prescribed standard, in addition to being punished pursuant to the relevant provisions, may be restricted by the Central Competent Authority in distributing its profits.

The terms "major asset" and "major liability", as used in the preceding Paragraph shall be as defined by the Central Competent Authority taking into consideration the business nature of the different kinds of Banks.

Article 37 The value of items to be pledged or properties to be mortgaged by a borrower shall accurately be determined by Banks based on current price, rate of depreciation and saleability.

Whenever necessary, the Central Bank of China, in order to control credit, may impose a maximum lending rate on loans secured by selected types of items for pledge or properties for mortgage.

Article 38 Banks may extend medium- or long-term loans for the purchase or construction of residential buildings or buildings for business purposes. However, the term of such loans may not exceed thirty (30) years.

Article 39 A Bank may extend medium-term loans to individuals for purchase of durable consumer goods or may discount notes issued by a buyer and endorsed by a distributor/seller.

Article 40 In extending the loans referred to in the preceding two Articles, the procedure for repayment in instalments used in medium- or long-term loans shall be applicable. The Central Bank of China may, when necessary, regulate and control the terms and duration of repayment.

Article 41 A Bank's interest rates shall be based on an annual rate and shall be posted in the Bank's place of business5.

Article 42 A Bank shall provide reserves for different types of deposits and other types of liabilities incurred by such Bank in accordance with the rates established by the Central Bank of China.
The scope of the “other types of liabilities” under the preceding paragraph shall be determined by the Central Bank of China in consultation with the Competent Authority.

Article 42- 1 The Bank shall obtain the Competent Authority’s approval prior to issuing cash storage cards and shall post reserves thereon in accordance with regulations prescribed by the Central Bank of China; rules for approval and management of such issuance shall be prescribed by the Competent Authority after consulting with the Central Bank of China.
The term, “cash storage card”, shall mean a card which uses electronic, magnetic or optical methods to store the value of money such that the cardholder may use all or part of the saved value to exchange for merchandise or services or to otherwise make payments.

Article 43 In order to assure that a Bank maintains adequate liquidity, the Central Bank of China, after consultation with the Central Competent Authority, may from time to time prescribe a minimum ratio between the current assets of the Bank and the Bank's various liabilities. Upon a Bank's failure to comply with said minimum ratio, the Central Competent Authority shall notify the Bank to make due adjustment within a specified period of time.

Article 44 A Bank’s equity capital to its risk assets shall not be less than a certain ratio. For Banks which are required by the Competent Authority to produce consolidated financial statements, the equity capital to risk assets on such consolidated basis shall also meet a certain ratio.
Banks shall be graded by capital as follows based on the ratio of its equity capital to risk assets:
1. Adequate capital.
2. Inadequate capital.
3. Significantly inadequate capital.
4. Seriously inadequate capital.
The term “seriously inadequate capital” mentioned in subparagraph 4 of the preceding paragraph shall mean the ratio of equity capital to risk assets being less than two percent (2%). A Bank whose net-worth to total assets is less than two percent (2%) shall be deemed as having seriously inadequate capital.
The regulations governing the definition of “certain ratio” as referred to in Paragraph 1 hereof, the scope of a Bank’s equity capital and risk assets, method of calculation, and measures for grading in Paragraph hereof, and

reviews shall be prescribed by the Competent Authority.

Article 44- 1 Banks having any of the following situations are prohibited from distributing cash profits or buying back shares thereof:

1. The Bank is graded as having inadequate capital, significantly inadequate capital or seriously inadequate capital.
2. The Bank is graded as having adequate capital, but the Bank might be downgraded to any of the grades stipulated in the preceding subparagraph if it distributes cash profits or buys back shares thereof.

Banks stipulated in Subparagraph 1 of the preceding paragraph shall not make payments to their responsible persons other than remunerations, unless it is otherwise approved by the Competent Authority.

Article 44- 2 The Competent Authority shall take the following actions in part or in whole based on the grading of a Bank's capital:

1. Banks having inadequate capital:

(1) Order the Bank or its responsible person to propose a capital restructuring or other finance and business improvement plans. For Banks that fail to propose a capital restructuring or other finance and business improvement plans as ordered, or fail to carry out the said plan accordingly, supervisory actions for the next capital grade may be adopted.

(2) Restrict the new acquisition of risk assets or take other necessary actions.

2. Banks having significantly inadequate capital:

(1) Apply the provisions in the preceding paragraph.

(2) Remove the responsible person from his/her position and notify the competent authority in charge of company registration to take note thereof on the registered items.

(3) Order the Bank to obtain the prior approval of the Competent Authority before acquiring or disposing of specific assets.

(4) Order the Bank to dispose of specific assets.

(5) Restrict or prohibit credit extension or other transactions with interested parties.

(6) Restrict the investment activities or some businesses of the Bank, or order the Bank to close a branch or department within a prescribed period.

(7) Limit the interest rate the Bank pays on deposits to a level not exceeding the interest rate other banks pay on comparable deposits or deposits of the same nature.

(8) Order the reduction in remuneration of responsible persons, and the reduced remuneration shall not exceed 70% of the average remuneration paid out to the said responsible person within twelve (12) months before the Bank's capital becomes significantly inadequate.

(9) Assign officials to take conservatorship over the Bank's operations or take other necessary actions.

3. Banks having seriously inadequate capital: The Competent Authority shall take actions set out in Paragraph 2 of Article 62 of this Act in addition to the actions prescribed in the preceding subparagraph.

The Competent Authority may examine at any time the implementation status of the Bank's capital restructuring or finance and business improvement plan, if deemed necessary, consult with relevant authorities or institutions and entrust a professional institution to provide assistance t the cost of the Bank.

Where a Bank is under the conservatorship of an official assigned by the Competent Authority, Paragraph 3 of Article 62-2 of this Act shall apply mutatis mutandis.
Where a Bank's business operation is seriously inadequate or its capital might be downgraded, the Competent Authority may adopt supervisory actions for the next capital grade. Where there is a concern of imminent danger of the Bank's continuing operation or adverse effect on the financial stability, the Competent Authority should renew the review or adjustment of the Bank's capital grade.
The regulations related to the procedure for conservatorship mentioned in Paragraph 1 hereof, the responsibility and authority of the conservator, assumption of related expenses and other matters to be complied with shall be prescribed by the Competent Authority.

Article 45 The Central Competent Authority may, at any time, appoint a designee, entrust an appropriate institution or direct a local Competent Authority to appoint a designee to examine the business, financial affairs and other relevant affairs of a Bank or related parties, or direct a Bank or related parties to prepare and submit, within a prescribed period of time, balance sheets, property inventories or other relevant documents for examination. The Central Competent Authority may, when necessary, appoint professionals to verify statements, materials or affairs which are subject to examination pursuant to the preceding Paragraph, and such professionals shall, in turn, present a report to the Central Competent Authority. Any fees arising therefrom shall be borne by the relevant Bank(s).

Article 45- 1 A Bank shall establish an internal control system and audit system; regulations governing the objectives, principles, policies, operating procedures, qualifications and conditions for internal auditors, scope of internal control audits that a certified public accountant shall be engaged to undertake, and other matters requiring compliance, shall be prescribed by the Competent Authority.
A Bank shall establish an internal processing system and procedures with respect to the evaluation of asset quality, the creation of loan loss provision, the clearing of and writing off of non-performing and non-accrual loans. Applicable regulations with respect to the above system and procedures shall be prescribed by the Competent Authority.
Where any Bank operations are entrusted to another person to handle, the Bank shall adopt an internal operation system and procedures covering the scope of the matters entrusted, protection of customer rights and interests, risk management, and internal control principles. Applicable regulations with respect thereto shall be prescribed by the Competent Authority.

Article 45- 2 Banks shall reinforce security protections for their business premises, vaults, rental safe deposit boxes (rooms), automated teller machines, and cash transport operations. Applicable regulations with respect thereto shall be prescribed by the Competent Authority.
A Bank shall exercise the due care of a good-faith administrator with respect to deposit accounts. Where a deposit account is suspected of illegality or an obviously irregular transaction, a Bank may temporarily suspend deposits, withdrawals, or outward remittances of funds.
Standards for determining suspected illegality or obviously irregular transactions of accounts under the preceding paragraph and operational procedures and regulations for temporary account suspension shall be prescribed

by the Competent Authority.

Article 46 In order to safeguard the interests of depositors, a Deposit insurance organization may be formed by the Government or by one or more Banks.

Article 47 In order to make reserves mutually available and to increase the availability and efficiency of credit, Banks may prescribe rules and regulations regarding the formation of an interbank organization to provide mutual support.

Article 47- 1 Institutions wishing to engage in a money market or credit card business shall first obtain the approval of the Central Competent Authority. Administrative rules governing such institutions shall be promulgated by the Central Competent Authority after consultation with the Central Bank of China.

Article 47- 2 Article 4, Article 32 through Article 33-4, Article 35 through Article 35-2, Article 36, Article 45, Article 45-1, Article 49 through Article 51, Article 58 through Article 62-9, Article 64 through Article 69 and Article 76 shall apply to institutions conducting a money market business.

Article 47- 3 A financial information service business which intends to engage in an inter-bank funds transfer clearing services shall obtain the Competent Authority's approval to do so. If such business also involves large amount funds transfer clearing, the approval of the Central Bank of China is also required. Regulations with respect to the approval and management of such business shall be prescribed by the Competent Authority after consulting with the Central Bank of China.
To engage in an inter-bank credit information business shall require prior approval from the Competent Authority. Regulations with respect to the approval and management of such business shall be prescribed by the Competent Authority.

Article 48 A Bank may not accept requests from a third party to stop payment on deposits or remittances, to detain collateral or articles in such Bank's custody, or other similar requests, unless such requests are made under a judgment of a court or under relevant provisions of other laws.
A Bank shall keep confidential all related information on deposits, loans or remittancesof its customers unless under any of the following circumstances:
1. Otherwise provided for by law.
2. The write-off data related to the same customer whose delinquent debt has been written off and the cumulative amount of write-off exceeds NT$50 million, or the cumulative amount of delinquent debt of the same customer written off in half a year after the loan was made exceeds NT$30 million, .
3. The information on non-performing loan or non-accrual loan in cases prosecuted by prosecutors pursuant to Articles 125-2, 125-3, or127-1.
4. Other circumstances as prescribed by the Competent Authority.

Article 49 At the end of each business year, each Bank shall prepare and submit its annual report and business report, financial statements, determination as to distribution of profits or make up of losses and other items designated by the Competent Authority to the Competent Authority and the Central Bank of China respectively, for recordation, within fifteen (15) days after such reports are approved by such Bank's annual shareholders' meeting or if there is no shareholders' meeting, within fifteen (15) days after such reports are approved by such Bank's board of directors, as applicable. The matters to be included in the annual report shall be as prescribed by the Competent Authority.

In addition to publishing its financial statements and other items specified by the Competent Authority in a daily newspaper in the place where such Bank is located or in such other manner as may be designated by the Competent Authority, a Bank shall also post one copy thereof in a conspicuous place in each of its business premises for [public] review; provided, that if Bank complies with Article 36 of the Securities and Exchange Act, the above publication shall not be required.

The reports and items required to be published under the preceding Paragraph shall be audited and certified by a certified public accountant.

Article 50 A Bank, at the time of distributing its earnings for each fiscal year, shall set aside thirty percent (30%) of its after-tax earnings as a legal reserve. However, unless and until the accumulated legal reserve equals the Bank's paid-in capital, the maximum cash profits which may be distributed shall not exceed fifteen percent (15%) of the Bank's paid-in capital.

In the event that the accumulated legal reserve equals or exceeds a Bank's paid-in capital or the Bank is sound in both its finance and business operations and have set aside legal reserve in compliance with the Company Law, the restrictions stipulated in the preceding paragraph shall not apply.

In addition to the required legal reserve, a Bank may set aside a special surplus reserve in accordance with its Articles of Incorporation or a resolution of its shareholders meeting.

The regulations governing the criteria of capital adequacy ratio for being sound in finance and business operations as stipulated in Paragraph 2 hereof, asset quality and compliance shall be prescribed by the Competent Authority.

Article 51 The business hours and holidays of Banks shall be prescribed and publicly announced by the Central Competent Authority. Article 51- 1 So as to educate its professional staff, a Bank shall set aside funds exclusively for use in the development of financial study and training programs. Related methods and principals shall be established by the Bankers Association of the Republic of China and approved by the Competent Authority.

CHAPTER II - FORMATION, AMENDMENT, SUSPENSION AND DISSOLUTION OF BANKS

Article 52 A Bank is a juristic person and, unless otherwise provided by law, shall only be in the form of a company limited by shares or have been established with special approval obtained prior to the amendment and enforcement of this Act.

The stock of a Bank shall be publicly issued unless otherwise approved by the Competent Authority.

The requirements for establishment of Banks or other financial institutions to be established in accordance with this Act or other laws shall be as prescribed by the Central Competent Authority.

Article 53 In order to establish a Bank, the applicant(s) shall submit the following information to the Central Competent Authority for approval:
1.Type of Bank, name and type of company organization;
2.Total capital;
3.Business plan;
4.Locations of head office and branch offices; and
5.Names, native places, home addresses and curriculum vitae of each promoter and the amount of shares subscribed by each promoter.

Article 54 A company which has been approved by the Competent Authority to be established in accordance with the Company Law may apply for a banking business license from the Competent Authority by submitting the following supporting documents to the Competent Authority after its capital has been fully paid-in and its company registration has been completed:
1.Certificate of company registration;
2.Statement for verification of capital;
3.Articles of Incorporation of the Bank;
4.Shareholders' roster and minutes of shareholders' meeting;
5.Directors' roster and minutes of board of directors' meeting;
6.Managing directors' roster and minutes of managing director's meeting; and
7.Supervisors' roster and minutes of supervisors' meeting.
A Bank which is not organized as a company may directly submit an application for a business license, in accordance with the preceding Paragraph, after its application for establishment is approved.

Article 55 To commence business operations, a Bank shall, at its head office and branch offices, publicly announce the particulars of its business license as issued by the Central Competent Authority.

Article 56 After a business license has been issued to a Bank, the Central Competent Authority may revoke the Bank's Permit if the particulars in the original application are discovered to have been materially untrue.

Article 57 If a Bank wishes to establish a branch office, it shall apply to the Central Competent Authority for approval and for a business license for such branch office by submitting a business plan and specifying the proposed location of such branch office. If a Bank wishes to relocate or close a branch office, such Bank shall apply to the Central Competent Authority for approval.
A Bank wishing to establish, relocate, or close a non-business operation office or a automated service facility outside a place its business shall file an application in advance, and may establish, relocate or close such place or facility if the Central Competent Authority does not expressly reject such application within a specified period of time from the date of application. However, the Bank shall not engage in any actions applied for prior to the expiry of such specified period.

Administrative rules governing the preceding 2 paragraphs shall be as stipulated by the Central Competent Authority.

Article 58 Mergers of Banks or any proposed amendments to the particulars set forth in Article 53, paragraphs 1), 2) or 4) of this Act shall require the approval of the Central Competent Authority, followed by an amendment to the Bank's company registration and application for issuance of a new business license.
Public announcement of the aforesaid mergers and amendments shall be made at the Bank's head office and branch offices within fifteen (15) days after issuance of the new business license.

Article 59 If a Bank violates the first Paragraph of the preceding Article, the Competent Authority may order the Bank to take corrective measures within a prescribed period of time. If such Bank fails to take such measures and the violation is serious, the Competent Authority may order the Bank to suspend operations.

Article 60 (deleted)

Article 61 A Bank, in adopting a resolution for dissolution at a shareholders' meeting, hall state the reason for dissolution in the minutes of the said shareholders' meeting, provide a plan for the repayment of liabilities and apply to the Competent Authority, by submitting such minutes and plan, for approval before the liquidation procedure may be commenced.
The Competent Authority, in approving dissolution under the preceding paragraph, shall revoke the Permit granted to the Bank.

Article 61- 1 If there is a possibility that a Bank has violated laws and regulations, its Articles of Incorporation or disturbed the sound operation [of the financial system], the Competent Authority may, depending on the situation, take any of the following actions in addition to ordering correction or improvement by the Bank within a specified period of time:
1.Revoke resolutions of statutory meetings;
2.Suspend part of the Bank's business;
3.Order the Bank to discharge managers or staff members;
4.Discharge directors and supervisors or suspend them from performance of their duties for a specified period of time; and/or
5.Other necessary measures.
In the event that a Bank's directors or supervisors are discharged in accordance with Subparagraph 4 of the preceding Paragraph, the Competent Authority shall notify the Ministry of Economic Affairs to cancel the registration of such directors or supervisors.
If business assistance is needed in order to improve a Bank's operation defects, the Competent Authority may designate institutions to provide such assistance.

Article 62 When there is a concern that a Bank is unable to pay its debts when due or there might detriment to the depositors' interests due to obvious deterioration in the Bank's business or financial status, the Competent

Authority shall assign officials to take receivership over the Bank, order such a Bank to suspend and wind up business , or take other necessary measures. If deemed necessary, the Competent Authority may notify relevant authorities or institutions to prohibit the Bank's responsible person from transferring, delivering or creating other rights in his/her properties, and/or request the immigration agency to prohibit the responsible person from departing the country.

When a Bank's capital is graded as being seriously inadequate, the Competent Authority shall assign officials to take receivership over the Bank within ninety (90) days from the date the Bank is listed as having seriously inadequate capital. Notwithstanding the foregoing, for Banks that are ordered by the Competent Authority to undertake capital restructuring or merger within a prescribed period but have failed to comply therewith accordingly, the Competent Authority shall assign officials to take receivership over the Bank within ninety (90) days from the next day following the expiration of the prescribed period.

The regulations governing the procedure for receivership mentioned in the preceding two paragraphs hereof, the responsibilities and powers of the receiver, assumption of related expenses and other matters to be complied with shall be prescribed by the Competent Authority.

For Banks that are ordered to suspend business under Paragraph 1 hereof, the winding-up procedure for such Banks shall be deemed as liquidation under the Company Law.

A court that receives a Bank's filing for bankruptcy shall promptly forward a copy of the petition to the Competent Authority and consult the specific opinions of the Competent Authority on whether bankruptcy declaration should be allowed.

Article 62- 1 In the event a Bank is placed under receivership or is ordered to suspend and wind up business, the duties and powers of the Bank's shareholders' meeting, board of directors, directors, supervisors or audit committee are ipso facto suspended. The Competent Authority may notify relevant authorities or institutions to prohibit the transfer, delivery or creation of rights in the properties owned by the Bank or its responsible persons or staff members who are suspected of violating laws, and may request the immigration agency to prohibit said persons from departing the country.

Article 62- 2 Where the Competent Authority has assigned officials to take receivership over a Bank, the Bank's operation and management and disposal of the Bank's properties shall be handled by the receiver.

The receiver in the preceding paragraph has the authority to represent the Bank under receivership in litigation and non-litigation matters and may designate a natural person to discharge duties on his/her behalf. A receiver is not subject to Article 17 of the Administrative Execution Act in the performance of duties.

Upon receiving the order of receivership, the responsible person and staff members of a Bank shall deliver all books, documents, seals and properties together with an inventory thereof to the receiver and shall disclose all necessary information relating to the assets and liabilities of the Bank to the receiver and take other necessary actions to comply with such receivership as per the receiver's request; the Bank's responsible person or staff members shall not refuse to answer relevant inquiries or make false representations.

A Bank is not subject to Article 35 of Civil Code, Articles 208-1, 211, 245, and 282 ~ 314 of Company Law, or the Bankruptcy Act during receivership.

The duration of receivership over a Bank shall last two hundred and seventy (270) days from the date the Com-

petent Authority assigns officials to take over. If deemed necessary and with the approval of the Competent Authority, the duration of receivership may be extended once for a period of no longer than one hundred and eighty (180) days.
A receiver is not required to furnish security when requesting the court for provisional seizure or provisional disposition in the performance of his or her duties.

Article 62- 3 With regards to the following actions toward a Bank under receivership, the receiver shall formulate a feasibility action plan with the approval of the Competent Authority:
1. Mandating other Banks, financial institutions or the Central Depository Insurance Company to operate all or part of the business.
2. Increasing capital, reducing capital or increasing capital after reducing capital.
3. Sale of all or part of the business, assets or liabilities.
4. Merger with another bank or another financial institution.
5. Other important actions as determined by the Competent Authority.
All necessary expenses and debts incurred by the receiver for maintaining the operations and in the performance of duties shall be borne by the Bank under receivership and repaid by the Bank's properties at any time; the types of necessary expenses and debts shall be prescribed by the Competent Authority.
Where the expenses and debts referred to in the preceding paragraph are not paid off, they shall have priorities over other debts of the Bank when the Bank under receivership is ordered by the Competent Authority to suspend and wind up business , and may be repaid at any time by the assets of the winding-up Bank .

Article 62- 4 In the event that a bank or financial institution receives the transfer of business, assets and liabilities pursuant to Subparagraph 3, Paragraph 1 of the preceding article, the following provisions shall apply:
1. For a company limited by shares, a resolution of consent to the transfer must be adopted by at least a majority of the votes of shareholders present at a shareholders' meeting attended by shareholders representing a majorityof the outstanding shares of the company, whereas dissenting shareholders may not request buy back of their shares, and Articles 185 through 188 of the Company Law do not apply.
2. Notifications of the transfer of debt may be done by a public announcement and Article 297 of the Civil Code does not apply.
3. The assumption of debt does not require the acknowledgment of creditors as provided in Article 301 of the Civil Code.
4. If the Competent Authority determines that there is a need for exigent measures , which will not have materially adverse effect on financial market competition, approval of the Fair Trade Commission under Paragraph 1, Article 11 of the Fair Trade Law is not required.
In case a Bank transfers its business, assets and liabilities pursuant to Subparagraph 3, Paragraph 1 of the preceding article, Paragraph 2, Article 5 of The Protective Act for Mass Dismissal of Employees does not apply.
In addition to Subparagraph 4 of Paragraph 1hereof, the following provisions shall also apply when a Bank or another financial institution is merged with a Bank under receivership in accordance with Subparagraph 4 of Paragraph 1 of the preceding article:
1. For a company limited by shares, a resolution of consent to merger must be adopted by at least a majority of

the votes of shareholders present at a shareholders' meeting attended by shareholders representing a majorityof outstanding shares of the company, whereas dissenting shareholders may not request buy back of their shares. For a credit cooperative, a resolution of consent to merger must be adopted by at least a majority of members (representatives) present in a members (representatives) meeting attended by at least a majority of all members (representatives), whereas dissenting members may not request refund of the amount of their shares, and Paragraphs 1 through 3 of Article 316 and Article 317 of the Company Law, and Paragraph 1 of Article 29 of the Credit Association Act shall not apply.

2. Notifications of dissolution or merger may be done by a public announcement and Paragraph 4, Article 316 of the Company Law does not apply.

Subparagraph 4 of Paragraph 1 hereof shall apply where another Bank, financial institution or the Central Depository Insurance Company is mandated to operate a Bank's business pursuant to Subparagraph 1 of Paragraph 1 of the preceding article.

Article 62- 5 For the winding-up of a Bank, the Competent Authority shall designate a liquidator to handle such proceedings and may dispatch officials to supervise the winding-up process; Paragraphs 1-3 and 6 of Article 62-2 herein shall apply to the liquidator in the performance of duties.

The duties of a rehabilitator shall be to:

1. To wind up all pending business.

2. To collect all outstanding debts and to pay off all claims .

When a liquidator discharges his or her duty pursuant to the preceding paragraph to transfer the business, assets and liabilities of a winding-up Bank to another bank or financial institution, or proposes the merger of the Bank with another bank or financial institution, the liquidator shall acquire the prior approval of the Competent Authority.

Paragraphs 1 and 3 of the preceding article shall apply where a winding-up Bank transfers its business, assets, and/or liabilities to or merges with another bank or financial institution.

Article 62- 6 After appointment of a rehabilitator, a public announcement shall be made in the daily newspapers where the Bank's head office is located requesting creditors to declare their claims within thirty (30) days and stating that claims, other than claims otherwise known to the rehabilitator, which are not declared within such specified period of time shall be excluded from the rehabilitation.

The rehabilitator shall investigate the Bank's financial conditions and prepare balance sheet and property inventories within three (3) months after the above declaration period expires, and prepare a rehabilitation plan, report same to the Competent Authority for acknowledgment and publish the Bank's balance sheet in daily newspapers where the Bank's head office is located.

During the period specified in the first paragraph, the rehabilitator shall not pay any claims other than release of trust asset or assets held as custodian and payment of staff salaries and payments made in accordance with the Deposit Insurance Act.

Article 62- 7 If a Bank is ordered by the Competent Authority to suspend and wind up business , creditors' rights shall not be exercised by any third party against the Bank other than through the winding-up proceeding set forth in Paragraph 1 of the preceding article, except for rights that have been ascertained through litigation procedures.

If the distribution of payment of creditors' rights referred to in the preceding paragraph is likely to be delayed due to litigation, the liquidator may set aside an amount based on the winding-up distribution ratio and distribute the residue assets to other creditors.

The proceedings for corporate reorganization, bankruptcy, settlement, and compulsory execution shall automatically stay during a Bank's winding-up period.

The liquidator may terminate or void any contract or agreement already entered into by the winding-up Bank but not yet being performed or fully performed. The counterparties to such contracts or agreements that sustain damages thereof may exercise their rights as creditors under the winding-up proceedings.

The following creditors' rights shall be excluded from the winding-up :

1. Interest accrued after the Bank's suspension of business.
2. Expenses incurred by creditors for personal benefit in participating in the winding-up .
3. Damages and penalties owed by the Bank due to non-performance of obligations after the Bank's suspension of business.
4. Criminal fines , administrative fines and arrears fees .

Those who hold pledges, mortgages or liens on the Bank's properties prior to the date of suspension of business shall have the right of exclusion; creditors with the right of exclusion may exercise their rights independently of the winding-up procedure; provided that for debts that remain unsettled after the exercise of right of exclusion, such creditors may file a claim in accordance with the winding-up proceeding.

Expenses and debts incurred from the performance of winding-up duties by the liquidator shall have priority over winding-up claims and may be reimbursed at any time by the assets of the Bank undergoing rehabilitation.

The statute of limitations on claims in accordance with Paragraph 1 of the preceding article or known to the liquidator and included as winding-up claims shall be interrupted and shall be reinstated from the conclusion of the winding-up proceedings.

The rights of creditors who have been repaid in the winding-up proceeding to request payment of the unpaid part of their claims shall be deemed extinguished. After completion of winding-up, if distributable property is discovered, supplemental distribution shall be carried out. If there is any residue property after paying those creditors who are listed in the winding-up proceeding, the creditors referred to in paragraph 5 shall be entitled to claim it.

After a Bank has repaid its debts according to the preceding paragraph, the remaining assets, if any, shall be distributed among the Bank's shareholders pursuant to the Company Law.

Article 62- 8 The rehabilitator shall prepare an revenue and expense statement and income statement and other relevant records for the rehabilitation period within fifteen (15) days after the rehabilitation is completed, and shall publish same in the daily newspapers where the Bank's head office is located and report same to the Competent Authority to cancel the Bank's licenses. Article 62- 9 The expenses and debt incurred by an institution designated by the Competent Authority or its dispatched officials to provide guidance or carry out the work of conservatorship shall be borne by the Bank receiving the guidance or undergoing conservatorship.

Article 63 (Deleted)

Article 63- 1 Article 61-1 and Article 62-1 through Article 62-9 shall apply to Banks or financial institutions established under other laws.

Article 64 If the losses of a Bank exceed one third (1/3) of the Bank's capital, the Bank's directors or supervisors shall immediately report such information to the Central Competent Authority.
In the above-described circumstances, the Central Competent Authority shall require the Bank to make up such a deficit within three (3) months. If the Bank fails to do so within such a prescribed period of time, the Central Competent Authority shall send officials to take receivership over the Bank or the Bank shall be ordered to suspend its business.

Article 64- 1 If a bank or a financial organization is run poorly and there is a need to cease its operation and liquidate its debts, deposit debts shall precede non-deposit debts.
The above-mentioned deposit debts shall mean deposits stipulated in Article 4 of the Deposit Insurance Act. As for non-deposit debts, it shall mean debts other than deposit debts of the insured unit.

Article 65 If a Bank is ordered to suspend its business and is instructed to take corrective measures on certain matters within a prescribed period of time, but fails to correct the matters within such prescribed period of time, the Central Competent Authority shall revoke such Bank's Permit.

Article 66 If a Bank's Permit is revoked by the Central Competent Authority, such Bank shall be dissolved and liquidation procedures shall commence immediately.

Article 67 If a Bank is approved for dissolution or has its Permit revoked, such Bank shall surrender and cancel its business license within a prescribed period of time. Upon failure to do so, the Central Competent Authority shall cancel the business license of such Bank by public announcement.

Article 68 In supervising a special liquidation of a Bank, the court shall consult with the Competent Authority for advice and, when necessary, request the Competent Authority to recommend a liquidator or to delegate a representative to assist the liquidator in carrying out the liquidator's functions. Article 69 After a Bank has commenced liquidation, no distribution of capital or dividends shall be made under any pretense unless all of the Bank's liabilities have been settled. In the course of liquidation of a Bank, the handling of the Bank's Trust Funds and trust properties shall be dealt with in accordance with the terms of the relevant trust agreements.

CHAPTER III - COMMERCIAL BANKS

Article 70 The term, "Commercial Bank", as used in this Act shall mean a Bank the principal function of which is to accept Checking Deposits and Demand Deposits and Time Deposits and extend short-term and medium-term loans.

Article 71 Businesses which may be conducted by a Commercial Bank are as follows:

1.To accept Checking Deposits;

2.To accept Demand Deposits;

3.To accept Time Deposits;

4.To issue Bank Debentures;

5.To extend short-term, medium-term and long-term loans;

6.To discount bills and notes;

7.To invest in government bonds, short-term notes, corporate bonds, Bank Debentures and corporate stocks;

8.To handle domestic and foreign remittances;

9.To accept commercial drafts;

10.To issue foreign and domestic Letters of Credit;

11.To guarantee the issuance of corporate bonds;

12.To guarantee domestic and foreign transactions;

13.To act as collecting and paying agent;

14.To act as agent to sell government bonds, treasury notes, corporate bonds and stocks;

15.To conduct warehousing, custody and agency businesses in relation to the businesses in the preceding fourteen items subparagraphs; and

16.To conduct other relevant business which may be authorized by the Competent Authority.

Article 72 The total amount of medium-term loans extended by a Commercial Bank shall not exceed the balance of its Time Deposits received.

Article 72- 1 A Commercial Bank may issue Bank Debentures having a minimum tenor of two years. By agreement with the holders such debentures may enjoy the priority over other creditors of the Bank; applicable regulations with respect to issuance and maximum amounts shall be prescribed by the Competent Authority after consulting with the Central Bank of China.

Article 72- 2 The total amount of loans extended for residential construction and construction for business purposes by a Commercial Bank shall not exceed thirty percent (30%) of the aggregate of such Commercial Bank's deposits and Bank Debentures issued at the time such loans is extended; provided, that the following shall not be subject to such limitation;

1.Housing loans approved by the Competent Authority for the encouragement of savings to purchase private homes;

2.Housing loans which are extended using postal savings deposits which are allocated by the Central Bank of China and redeposited with the bank;

3.Loans extended for purposes of financing purchase of residential construction by use of medium-and long-term funds from the Councilfor Economic Planning and Development;

4.Loans extended for construction for business purposes using medium-and long-term funds from the Development Fund and/or the Council for Economic Planning and Development;

5.Loans for purposes of encouraging investment in construction of public housing, loans for purchase of public

housing and loans for purchase of residential houses by government employees and teachers.
A maximum amount of the loans under the provisos to the preceding Paragraph may, when necessary, be prescribed by the Competent Authority.

Article 73 With respect to issuing, buying and selling stocks, a Commercial Bank may extend financing to stock brokers and stock investment companies.
The rules governing such financing shall be as prescribed by the Central Bank of China.

Article 74 Commercial Banks may apply to the Competent Authority for approval to invest in financial related businesses. The application shall be deemed approved if the Competent Authority does not object thereto within fifteen (15) days after the application is submitted to the Competent Authority; provided, that, until such fifteen (15) day period has elapsed, the Bank shall not proceed with the relevant investment.
Commercial Banks which obtain approval from the Competent Authority to do so, may invest in non-financial related businesses in cooperation with a Government's economic development project; provided, that such Banks shall not be involved in the management of such businesses. An application for approval to make such investments shall be deemed approved if the Competent Authority does not object thereto within thirty (30) days after the application is submitted to the Competent
Authority; provided, that until such thirty (30) day period has elapsed, such Bank shall not proceed with the relevant investment.
Investment made pursuant to the two preceding paragraphs shall be subject to the following requirements:
1.The total investment amount shall not exceed forty percent (40%) of the Bank's paid-in capital less aggregate losses, and the total amount invested in non-financial related businesses shall not exceed ten percent (10%) of the Bank's paid-in capital less the aggregate losses.
2.Unless such is in cooperation with a government policy and is approved by the Competent Authority, a Commercial Bank shall not invest in more than one entity engaging in the same line of business; and
3.In the event that a Commercial bank invests in a non-financial related business, the investment shall not exceed the total paid-in capital of such business or five percent (5%) of the total issued shares of such business whichever is less.
The term, "financial related business", as used in Paragraph 1 and Subparagraph 2 of the preceding Paragraph, shall mean Banks, Bills Houses, Securities Companies, Futures Companies, Credit Card Companies, Financial Leasing Companies, Insurance Companies, Trust Companies and other financial related businesses designated by the MOF.
The Competent Authority shall prescribe rules to facilitate the supervision and management of mergers between Banks and invested businesses and prevent conflicts of interest between Banks and invested businesses.
If it becomes obvious that the operation of an invested business could affect the soundness of a Bank's operations, the Competent Authority may order the Bank to dispose of its shares in such invested business within a prescribed period of time.
If, prior to this amendment becoming effective [e.g. prior to November 1, 2000] the total amount invested in non financial related businesses exceeds the ratio stipulated in Paragraph 3, Subparagraphs 1 and 3, respectively, then with t he approval of the Competent Authority, a Bank may continue to exceed the ratio of invested amount to

the Bank's total paid-in capital less aggregate losses and the investment ratio in other businesses.

Article 74- 1 (Securities)
Commercial Banks may invest in securities; the types and limits with respect to the securities which may be invested in shall be prescribed by the Competent Authority.

Article 75 With the exception of warehousing for business use, a Commercial Bank shall not invest in real estate for self use in an amount in excess of the net worth of such Commercial Bank at the time such investment is made. The amount of a Commercial Bank's investment in warehousing for business use shall not exceed five percent (5%) of the total amount of such Commercial Bank's Deposits at the time the investment in such warehousing is made.
A Commercial Bank shall not invest in real estate other than for self use, unless:
1.A substantial portion of the real estate is for self use;
2.The real estate will be used for self-use in the near future; or
3.A substantial portion of rebuilt original real estate is for self-use.
The total amount of a Commercial Bank's investment in real estate not for self use made in accordance with the exceptions in the preceding Paragraph shall not exceed twenty percent (20%) of a Bank's net worth.
The total amount of the Bank's investment in real estate not for self use plus the total amount of Bank's investment in real estate for self use shall not exceed the Bank's net worth at the time of the investment in such real estate.
In the event a Commercial Bank conducts real estate transactions with an entity in which the Bank holds more than three percent (3%) of the paid-in capital, or with the responsible person(s) or staff members or major shareholders of the Bank, or with an interested party of the Bank's responsible person as defined in Article 33-1, the Bank shall do so at arms length and obtain the consent of more than three-quarters of its directors present at a board meeting at which at least two-thirds of the directors are present.

Article 76 Save as permitted by Articles 74 and 75 of this Act, real estate and stocks acquired by a Commercial Bank through the foreclosure of mortgages or pledges shall be disposed of within four (4) years from the date of acquisition.

CHAPTER IV - SAVING BANKS

Article 77 Deleted.
Article 78 Deleted.
Article 79 Deleted.
Article 80 Deleted.
Article 81 Deleted.
Article 82 Deleted.
Article 83 Deleted.
Article 84 Deleted.

Article 85 Deleted.

Article 86 Deleted.

CHAPTER V - BANKS FOR A SPECIAL BUSINESS PURPOSE

Article 87 To facilitate extension of specialized credit, the Central Competent Authority may approve the establishment of a Bank(s) for a Special Business Purpose or designate an existing Bank(s) to perform such functions.

Article 88 The term, "specialized credit", as used in the preceding article shall be classified in the following categories:

1.Industrial credits;

2.Agricultural credits;

3.Export-import credits;

4.Credits for medium and small sized enterprises;

5.Real estate credits; and

6.Local credits.

Article 89 The scope of business of a Bank for a Special Business Purposes shall be as prescribed by the Competent Authority in accordance with Article 3 of this Act, taking into consideration the principal functions of such Bank for a Special Business Purpose and the requirements for economic development.

Unless otherwise prescribed by law or the Competent Authority's regulations, Article 73 through Article 76 shall apply to Banks for a Special Business Purpose.

Article 90 Unless otherwise prescribed by the Competent Authority, a Bank for a Special Business Purpose the principal function of which is to extend medium-term and long-term loans may issue Bank Debentures in accordance with Article 72-1 of this Act.

The funds acquired by a Bank for a Special Business Purpose, from the issuance of Bank Debentures in accordance with the preceding Paragraph, shall be utilized exclusively for investment in specialized enterprises and for extending medium-term and long-term loans.

Article 91 A Bank for a Special Business Purpose which purpose is to extend credit for industrial purposes is classified as an Industrial Bank. The principal functions of an Industrial Bank shall be to extend medium-term and long-term credit to industrial, mining, transportation and other public utilities enterprises.

An Industrial Bank may invest in the manufactory industry; the scope of manufacturing business in which investments may be made shall be prescribed by the Competent Authority.

An Industrial Bank may accept deposits; provided, that such business shall be limited to customers which are companies in which the Bank invests or to which the Bank extends credit, insurance enterprises established in accordance with applicable law, foundations and the Government.

The establishment criteria, credit extensions, securities investment, enterprise investments, deposit taking and the scope of, limits on and administration rules for issuance of Bank Debentures by an industrial bank shall be as prescribed by the Competent Authority.

Article 91- 1 If an Industrial Bank directly invests in manufacturing businesses in the following circumstances, such Bank shall obtain the approval of more than three-quarters of its directors present at a Board meeting at which two-thirds of the directors are present; and its total investment amount shall not exceed five percent (5%) of the Bank's net worth as of the end of the preceding fiscal year:

1.The invested business is the Bank's major shareholder, responsible person(s) or an affiliate of such shareholder or person;

2.The invested business is the Bank’s shareholder, the Bank’s responsible person or a partnership or sole proprietorship managed by a related person of such shareholder person or responsible person;

3.The major shareholder or responsible person of the Bank and their related persons jointly or severally hold more than ten percent (10%) of the total amount of issued shares or paid-in capital of the invested business; or

4.The Bank's major shareholder, responsible person(s) and/or their related persons are directors, supervisors or managers of the invested business except in cases where they act as directors, supervisors or managers due to the Bank’s investment relationship with such business.

The term, “affiliate”, as used in Subparagraph 1 of the preceding Paragraph shall have the meaning set out in Articles 369-1 through 369-3, Articles 369-9 and 369-11 of the Company Law.

The term, “related persons”, as used in Subparagraphs 2 through 4 of Paragraph 1, shall include the spouse, blood relatives within three degree and marriage relatives within two degree of the Bank's major shareholder(s) and the Bank's responsible person.

Article 92 A Bank for a Special Business Purpose which purpose is to extend credit for agricultural purposes is classified as an Agricultural Bank.

The principal functions of an Agricultural Bank shall be to improve the financial situation in rural areas and to extend credit necessary for production to agricultural, forestry, fishing, animal husbandry and related enterprises.

Article 93 In order to strengthen the availability and efficiency of agricultural credit, an Agricultural Bank may absorb funds in rural areas through the assistance of farmers' associations and use such funds to extend agricultural credit and to provide banking services related to farmers' livelihood.

Article 94 A Bank for a Special Business Purpose which purpose is to extend credit to export-import enterprises is classified as an Export-Import Bank.

The principal functions of an Export-Import Bank shall be to extend medium-term and long-term credit with a view to expanding overseas markets, and to facilitating the import of equipment and raw materials needed domestically by industrial enterprises.

Article 95 To facilitate the supply of important raw materials needed domestically by industrial enterprises, an Export-Import Bank, with the approval of the Central Competent Authority, may extend credit to enterprises for investment in obtaining important raw materials in foreign countries.

Article 96 A Bank for a Special Business Purpose which purpose is to extend credit to medium and small sized enterprises is classified as a Medium and Small Sized Enterprise Bank.
The principal functions of a Medium and Small Sized Enterprise Bank shall be to extend medium- and long-term credit to medium and small sized enterprises in order to assist them in improving their productive equipment and financial structure and strengthening their management and operations.
The scope of business of a Medium and Small Sized Enterprise Bank shall be as prescribed by the central competent authority in charge of economic affairs and submitted to the Executive Yuan for approval.

Article 97 A Bank for a Special Business Purpose which purpose is to extend credit to real estate enterprises is classified as a Real Estate Credit Bank.
The principal functions of a Real Estate Credit Bank shall be to extend medium- and long-term credit for the purposes of land development, city improvement, urban development, road construction, tourist facilities and housing construction projects.

Article 98 A Bank for a Special Business Purpose which purpose is to extend credit in local areas is classified as a Citizens' Bank.
The principal functions of a Citizens' Bank shall be to extend medium- and long-term credit for the purposes of assisting in area development and in meeting the needs of local residents.

Article 99 Citizens' Banks shall be operated by district. In principle, there shall be only one such Bank in each district.
The total amount of loans extended by a Citizens' Bank to any one customer shall not exceed a prescribed amount.
Districts where Citizens' Banks may be established and the amount of loans to be extended to any one customer shall be as prescribed by the Central Competent Authority.

CHAPTER VI - INVESTMENT AND TRUST COMPANIES

Article 100 The term, "Investment and Trust Company", as used in this Act shall mean a financial institution which, for a specific purpose and in the capacity of trustee, accepts, operates, manages and employs Trust Funds and manages trust properties or, as an investment broker, invests funds relating to capital markets for specific purposes.
The operations and administration of an Investment and Trust Company shall be governed by this Act; matters with no applicable provisions in this Act shall be governed by other relevant laws; the administrative rules for Investment and Trust Companies shall be as stipulated by the Central Competent Authority.

Article 101 Businesses which may be conducted by an Investment and Trust Company are as follows:
1.To extend medium-term and long-term loans;
2.To invest in government bonds, short-term notes, corporate bonds, Bank Debentures and listed stocks;

3.To guarantee issuance of corporate bonds;
4.To guarantee domestic and foreign transactions;
5.To underwrite and trade in securities for its own account or for customers;
6.To accept, manage and employ various Trust Funds;
7.To publicly raise mutual Trust Funds;
8.To manage various kinds of property under mandate;
9.To act as trustee for issuance of bonds;
10.To act as attester for the issuance of bonds and stocks;
11.To act as agent for issuance, registration and transfer of securities and distribution of interest and dividends thereon;
12.To act as executor of wills and administrator of estates of deceased persons;
13.To act as supervisor for the reorganization of companies;
14.To provide consulting services in connection with the issuance and raising of securities and to engage in agency services related to the aforesaid business; and
15.To conduct other relevant businesses which may be authorized by the Central Competent Authority.
With the approval of the Central Competent Authority, an Investment and Trust Company may use its non-trust funds to invest directly in productive enterprises or in residential construction and construction for business purposes.

Article 102 For Investment and Trust Companies which engage in the underwriting and trading of securities, a special fund equivalent to at least ten percent (10%) of the net worth of the Investment and Trust Company in the preceding year shall be allocated for purposes of the operation thereof. Such special fund shall, prior to any appropriation thereof,
be deposited in cash with other financial institutions or shall be used for the purchase of government bonds.

Article 103 An Investment and Trust Company shall deposit a trust fund reserve with the Central Bank of China in cash or valuable securities acceptable to the Central Bank of China. Such reserve shall be within the range of fifteen percent (15%) to twenty percent (20%) of the total value of the various trust agreements, as determined by the Central Bank of
China. However, the minimum reserve amount shall not be less than twenty percent (20%) of the Trust and Investment Company's total paid-in capital.
At the commencement of operations of an Investment and Trust Company, the aforesaid reserve shall temporarily be based on twenty percent (20%) of paid-in capital of such Investment and Trust Company, and, commencing one (1) year from such commencement of operations, such reserve shall be adjusted at the end of each month in accordance with the foregoing standard.

Article 104 In accepting, managing or employing Trust Funds and managing properties under a trust mandate, trust agreements between Investment and Trust Companies and trustors shall contain the following terms:
1.Means and scope of employing the funds;
2.Method of management of properties;

3.Allocation of income;

4.Responsibility of the Investment and Trust Company;'

5.Submission of accounting reports;

6.Standards for payment and calculation of fees of the Investment and Trust Company; and

7.Other relevant agreed upon terms.

Article 105 An Investment and Trust Company shall in good faith exert its utmost care in managing Trust Funds or trust assets in its custody.

Article 106 The operation and administration of an Investment and Trust Company shall be handled by financial personnel with special knowledge and experience, assisted by qualified legal, accounting and other technical personnel necessary for the various businesses involved.

Article 107 If an Investment and Trust Company violates laws, ordinances or trust agreements or, for other reasons for which the Investment and Trust Company is responsible, causes loss to trustors, the Investment and Trust Company's responsible director, officer-in-charge, and the Investment and Trust Company itself shall be jointly and severally liable to make compensation for the damages incurred.

The aforesaid liability imposed on the responsible director or officer-in-charge shall terminate if no lawsuit has been brought against such person within two (2) years after the date of his resignation registration.

Article 108 Unless otherwise authorized by court order, by the written agreement of trustors (for purchase at market price) or, without consent of the trustors (for purchases at market price by open bid), an Investment and Trust Company shall not engage in the following transactions:

1.Acquisition of ownership of trust properties;

2.Creation or obtaining of any rights or privileges over trust properties;

3.Sale of its own properties or rights to trustors;

4.Other transactions related to the aforesaid three Subparagraphs; and

5.Any transactions employing Trust Funds and properties with the Investment and Trust Company's directors, staff members or third parties who have an interest in the Trust Funds operated by the Investment and Trust Company.

If an Investment and Trust Company makes the decision to engage in transactions proscribed in the aforesaid proviso, in addition to first applying to the Central Competent Authority for approval, the following restrictions shall apply:

1. If the Investment and Trust Company makes the decision to engage in a transaction, any director or staff member who has a direct or indirect interest in the trust accounts, trust properties or securities in connection with the such transaction shall not participate in such decision.

2. If the Investment and Trust Company engages in the underwriting or trading of securities, or directly invests for its own account or for the account of investors, the company's directors or staff members who are concurrently directors or staff members of the company issuing such securities or who have direct or indirect interests in the said securities shall not participate in any decisions relating to such transaction.

Article 109 Prior to the investment of Trust Funds by an Investment and Trust Company pursuant to the terms of the relevant trust agreements, or prior to continuing investment of the s aid Trust Funds after retrieval of the Trust Funds by the Investment and Trust Company, such Trust Funds shall be deposited with Commercial Banks or Banks for a Special Business Purpose.

Article 110 An Investment and Trust Company may operate the following Trust Funds:
1.Trust Funds for uses designated by the trustors; and
2.Trust Funds for uses determined by the Investment and Trust Company.
For Trust Funds, the uses of which are determined by the Investment and Trust Company, it may be specified in the trust agreement that the Investment and Trust Company shall be responsible for compensation for losses of principal.
For compensation for losses of principal, the Investment and Trust Company shall, at the end of each fiscal year, make a precise assessment of such principal losses and shall compensate such losses by allocating funds from the Investment and Trust Company's special reserve as stipulated in the relevant trust agreement(s).
The aforesaid special reserve shall be appropriated from the annual income derived from trust properties pursuant to standards approved by the Competent Authority.
Surpluses in the special reserve account, after full compensation for principal losses, shall be credited to the Investment and Trust Company's income; any deficit in the special reserve shall be covered by the Investment and Trust Company's own funds.

Article 111 An Investment and Trust Company shall individually establish a special account for each trustor and each type of Trust Fund. The Investment and Trust Company's own properties and trustors' properties shall be kept in separate accounts and shall not be commingled.
An Investment and Trust Company shall not borrow funds for the account of its Trust Funds.

Article 112 The creditors of an Investment and Trust Company may not apply for seizure or exercise other such rights over trust properties.

Article 113 An Investment and Trust Company shall set up a trust property assessment committee to assess, every three (3) months, the value of the trust properties provided by each trustor. The result of the assessment of each such trust account shall be reported to the Board of Directors of the Investment and Trust Company.

Article 114 An Investment and Trust Company shall submit to each trustor and to the Central Competent Authority, periodic accounting reports in accordance with the trust agreements and the regulations of the Central Competent Authority.

Article 115 An Investment and Trust Company, in offering public common Trust Funds, shall prepare a plan for such issuance and shall submit the same to the Central Competent Authority for approval.
Administrative rules governing the aforesaid public common Trust Funds shall be as prescribed by the Central

Competent Authority.

Article 115- 1 Except as regards businesses approved by the Competent Authority in accordance with Article 101, Paragraph 2, above Article 74, Article 75 and Article 76 shall apply to Investment and Trust Companies.

Article 116 The term, "Foreign Bank", as used in this Act, shall mean a Bank organized and incorporated in accordance with the laws of a foreign country, which Bank has been recognized by the government of the Republic of China and registered for business as a branch office within the territory of the Republic of China, in accordance with the Company Law and this Act.

Article 117 A Foreign Bank, which establishes a branch office within the territory of the Republic of China, must obtain approval from the Competent Authority, and be recognized and registered in accordance with the Company Law. A Foreign Bank branch shall commence operations only after obtaining a business license pursuant to the procedures set out in Article 54 of this Act; a Foreign Bank which establishes a representative office in the Republic of China shall obtain the approval of the Competent Authority.
The rules for establishment and operations of foreign banks under the preceding paragraph shall be prescribed by the Competent Authority.

Article 118 The Central Competent Authority may, in consideration of the need for international trade and industrial development, designate areas where Foreign Banks may be allowed to establish branches.

Article 119 (deleted)

Article 120 A Foreign Bank shall appropriate funds exclusively for its operation of business within the territory of the Republic of China and Articles 23 and 24 of this Act shall apply mutatis mutandis.

Article 121 Businesses which may be conducted by a Foreign Bank shall be as prescribed by the Competent Authority, after consultation with the Central Bank of China, within the business scope stipulated in Articles 71 and Article 101, Paragraph 1, of this Act. Matters pertaining to foreign exchange shall be as permitted by the Central Bank of China.

Article 122 Any receipts and disbursements of funds made by a Foreign Bank branch shall be in the Chinese national currency, with the exception of foreign currency Deposits with respect to which special permission has been granted by the Central Bank of China.

Article 123 Chapter 1 through Chapter 3 and Chapter 6 of this Act shall also apply to Foreign Banks.

Article 124 (deleted)

Article 125 Those who violate Article 29, Paragraph 1, of this Act shall be punished by imprisonment for not

less than three (3) years and not more than ten (10) years, and may be fined a criminal fine of not less than Ten Million New Taiwan Dollars (NT$10,000,000) and not more than Two Hundred Million New Taiwan Dollars (NT$200,000,000). Those who thereby obtain criminal income of One Hundred Million New Taiwan Dollars (NT$100,000,000) or more shall be punished by imprisonment for more than seven (7) years, and may also be fined a criminal fine of not less than Twenty Five Million New Taiwan Dollars (NT$25,000,000) and not more than Five Hundred Million New Taiwan Dollars (NT$500,000,000).
A financial information service business which operates inter-bank funds transfer and account clearing without obtaining the approval of the Competent Authority shall be punished in accordance with the preceding Paragraph.
Should a juristic person commit the offenses prescribed in the preceding two paragraphs, its responsible person shall be punished.

Article 125- 1 A person who damages the credit of a Bank, a Foreign Bank, a money market business's or a financial information service business which operates inter-bank funds transfer and bills clearing by spreading rumors or by fraud shall be punished by imprisonment for less than five (5) years and a criminal fine of less than Ten Million New Taiwan Dollars (NT$10,000,000).

Article 125- 2 A Bank's responsible person or staff member who violates his/her duty with the intent to gain illegal benefit for himself/herself or a third party and damages the Bank's assets or other interests shall be punished by imprisonment for not less than three (3) years and not more than ten (10) years, and may be fined a criminal fine of not less than Ten Million New Taiwan Dollars (NT $ 10,000000) and not more than Two Hundred Million New Taiwan Dollars (NT$200,000,000). Those who thereby obtain criminal income of One Hundred Million New Taiwan Dollars (NT$100,000,000) or more shall be punished by imprisonment for more than seven (7) years, and may also be fined a criminal fine of not less than Twenty Five Million New Taiwan Dollars (NT$25,000,000) and not more than Five Hundred Million New Taiwan Dollars (NT$500,000,000).
When two or more responsible persons or staff members of a Bank jointly commit the offenses prescribed in the preceding Paragraph, their punishment may be increased by up to one-half of the specified punishment.
Attempts to commit the acts described in the preceding two paragraphs shall be punishable.
The preceding three paragraphs shall apply to the responsible person or staff members of Foreign Banks or institutions conducting money market businesses.

Article 125- 3 Those who, with the intent to gain illegal benefit for themselves or a third party, use fraudulent methods to cause the Bank to deliver the assets of the Bank or a third party, or use unjustified methods to enter fictitious data or unjustified commands into the Bank computer or relevant equipment, or make records of acquisition, loss or alteration of the assets so as to obtain the assets of others, the criminal income of which amount to One Hundred Million New Taiwan Dollars (NT$100,000,000) or more , shall be punished by imprisonment for not less than three (3) years and not more than ten (10) years, and may also be fined a criminal fine of not less than Ten Million New Taiwan Dollars (NT$10,000,000) and not more than Two Hundred Million New Taiwan Dollars (NT$200,000,000).
Those who use methods described in the foregoing paragraph to obtain the illegal benefit of assets or cause a third party to do so shall likewise be subject to the specified punishments.

Attempts to commit the acts described in the preceding two paragraphs shall be punishable.

Article 125- 4 For those who have turned themselves in after committing crimes stipulated in Article 125, Article 125-2 or Article 125-3, if there are gains from such crimes and they have delivered all gains out at their free will, their sentences can be reduced or exempted. If their acts of turning themselves in have led to the capture of other principal criminals or accomplices, their sentences shall be exempted.

For those who have committed crimes stipulated in Article 125, Article 125-2 or Article 125-3 and confessed during investigation, if there are gains from such crimes and they have delivered all gains out at their free will, their sentences can be reduced. If their acts of confession have led to the capture of other principal criminals or accomplices, their sentences shall be reduced by one-half.

For those who have committed crimes stipulated in Paragraph 1 of Article 125-1, Paragraph 1 of Article 125-2 or Paragraphs 1 and 2 of Article 125-3, if their gains from such crimes is exceeded the highest level of fines, more fines can be added within the range of their illegal gains. Should their criminal acts have jeopardized the stability of the financial market, their sentences shall be increased by one-half. Article 125- 5 Where a gratuitous act done by a responsible person or staff member of a Bank under Article 125-2, Paragraph 1, or by a committer of a violation under Article 125-3, Paragraph 1, is prejudicial to the rights of a Bank, the Bank may apply to the court to cancel such act.

Where a non-gratuitous act done by a responsible person or staff member of a Bank or a committer of a violation as referred to in the preceding paragraph is done with the knowledge, at the time of commission, that it would be prejudicial to the rights of a Bank, and the beneficiary of the act also knows such circumstances at the time the benefit is received, the Bank may apply to the court to cancel such act.

Whenapplying to the court for cancellation under either of the preceding two paragraphs, a party may alsoapply to the court to order the beneficiary or any party to whom the benefit has been transferred to restore the status quo ante; provided, this shall not apply where the party to whom the benefit has been transferred was not aware at the time of transfer that there was any cause for cancellation.

Any disposition of property between a responsible person or staff member of a Bank or a committer of a violation as referred to in Paragraph 1, and such person's spouse, lineal relative, cohabiting relative, head of household, or family member shall be deemed a gratuitous act.

Any disposition of property between a responsible person or staff member of a Bank or a committer of a violation as referred to in Paragraph 1 and any person other than those set forth in the preceding paragraph shall be presumed to be a gratuitous act.

The right to cancellation under Paragraphs 1 and 2 shall be extinguished one year after the time the Bank is aware of any cause for cancellation if the Bank fails to exercise the right, or ten years after the time of the act.

The preceding six paragraphs shall apply to the responsible person or staff members of Foreign Banks under Article 125-2, Paragraph 4. Article 125- 6 The crimes set forth in Article 125-2, Paragraph 1, Article 125-2, Paragraph 1, as applied under Article 125-2, Paragraph 4, and Article 125-3, Paragraph 1, are serious crimes as defined in Article 3, Paragraph 1, of the Money Laundering Control Act, and are subject to the application of relevant provisions of the Money Laundering Control Act.

Article 126 In the event that a company limited by shares violates its commitment made pursuant to Article 30 of this Act, its directors and those who participated in the decision that led to the violation of said commitment shall be punished by imprisonment for not more than three (3) years, detention, and/or a criminal fine of not more than one million and eight hundred thousand New Taiwan Dollars (NT$1,800,000).

Article 127 In the event of a violation of Article 35 of this Act, punishment by imprisonment for not more than three (3) years, detention, and/or a criminal fine of not more than Five Million New Taiwan Dollars (NT$ 5,000,000) shall be imposed. However, if a more severe punishment is stipulated in other laws, such more severe punishment shall be imposed.
In the event of a violation of Article 47-2 or Article 123 (which applies Article 35), punishment shall be imposed in accordance with the preceding Paragraph.

Article 127- 1 In the event of a violation of Article 32, Article 33, or Article 33-2 of this Act or in the event of a violation which is punishable under the preceding three articles, or Article 91-1, through the acts described in Article 33-4, Paragraph 1, the responsible person shall be punished by imprisonment for not more than three (3) years, detention, and/or a criminal fine of not less than Five Million New Taiwan Dollars (NT$ 5,000,000) and not more than Twenty-Five Million New Taiwan Dollars (NT$25,000,000).
In the event that the amount of a loan extended by the Bank exceeds the amount prescribed by the Competent Authority under Article 33, or a direct investment in a manufacturing business is made under Article 91-1 without obtaining approval from not less than three quarters of the directors present in the board meeting at which not less than two-thirds directors are present, or violation of the credit limit or total balance of loans extended prescribed by the Competent Authority under Article 33, Paragraph 2 or violation of Article 91-1 with respect to total investment exceeding five percent (5%) of the Bank's net worth in the preceding fiscal year, the responsible person shall be punished by an administrative fine of not less than Two Million New Taiwan Dollars (NT$2,000,000) and not more than Ten Million New Taiwan Dollars (NT$10,000,000) and the preceding Paragraph shall not apply.
In the event that an entity operating a money market business violates Article 47-2 by application of Article 32, Article 33, Article 33-2 or Article 33-4, or a Foreign Banks violates Article 123 by application of Article 32, Article 33, Article 33-2 or Article 33-4, the responsible person shall be punished in accordance with the preceding two paragraphs.
The preceding three paragraphs shall apply to responsible persons who commit such offenses outside the territory of Republic of China.

Article 127- 2 In the event of a violation of a disposition ordered by the Competent Authority pursuant to Article 62, Paragraph 1, of this Act, if the said violation is sufficient to cause damage to others or the public, the person(s) responsible for the violation shall be punished by imprisonment for not less than one (1) year and not more than seven (7) years, and a criminal fine of not more than Twenty Million New Taiwan Dollars (NT$20,000,000).
Commission of any of the following acts by a Bank's responsible person or staff members in connection with the Competent Authority sending officials to take conservatorship or receivership over the business operations or order of suspension of the business and rehabilitation measures shall be punished by imprisonment for not less

than one (1) year and not more than seven (7) years and a criminal fine of not more than Twenty Million New Taiwan Dollars (NT$20,000,000):

1.Refusing to deliver the books, documents, chops and assets related to the banking business or finance to the conservators, receivers or rehabilitators designated by the Competent Authority, refusing to provide information as to the necessary matters in connection with assets and liabilities of the Bank to such persons, or refusing such persons' requests to carry out necessary acts for conservatorship, receivership, or rehabilitation.

2.Concealing or damaging the books or other documents regarding a Bank's business or financial condition;

3.Concealing or destroying a Bank's properties, or making other decisions to the detriment of creditors;

4.Failing to reply, without justification, to inquiries from conservators, receivers, or rehabilitators appointed by the Competent Authority to ; or

5.Fabricating claims or accepting false claims.

With respect to violation of the measures imposed by the Competent Authority pursuant to Article 47-2, Article 123 applying Article 62, Paragraph 1, Article 62-2 or Article 62-5 and the occurrence of any of the events prescribed in the preceding two paragraphs, the preceding two paragraphs shall apply.

Article 127- 3 If the responsible person(s) or a staff member of a Bank violates Article 35-1 of this Act with respect to concurrently holding positions in other Banks, such person shall be punished by an administrative fine of not less than Two Million New Taiwan Dollars (NT$2,000,000) and not more than Ten Million New Taiwan Dollars (NT$10,000,000). If the staff member was assigned to such concurrent position by the Bank, the punishment shall be imposed on the Bank.

If the responsible person(s) or a staff member(s) of a money market business violate Article 47-2 applying Article 35-1 of this Act with respect to holding concurrent positions, or if the responsible person(s) or a staff member(s) of a Foreign Bank violate Article 123 applying Article 35-1 of this Act with respect to holding concurrent positions such shall be punished in accordance with the preceding Paragraph.

Article 127- 4 Although punishment is to be imposed or the responsible person(s) in accordance with other provisions, in the event that the responsible person(s), agent, employee(s) or a staff member(s) of a legal entity comment any of punishable under Article 125 through Article 127-2 of this Act, the legal entity shall also be punished by the administrative fine or criminal fine described in each such article.

The preceding Paragraph shall apply to Foreign Banks.

Article 127- 5 A violation of Article 20, Paragraph 3, shall be punished by imprisonment for not more than three years, detention, and/or a criminal fine of not more than NT$5 million.

Should a juristic person commit the offense in the preceding paragraph, its person responsible for the act shall be punished.

Article 128 The directors or supervisors of a Bank who violate Paragraph 1 of Article 64 herein by delaying filing reports to the Competent Authority, or the directors or staff members of an Investment and Trust Company who violate Article 108 herein by participating in such decision, shall, respectively, be punished by an administrative fine of not less than Two Million New Taiwan Dollars (NT$ 2,000,000) and not more than Ten Million

New Taiwan Dollars (NT$10,000,000).

In the event that the responsible person or staff member(s) of a foreign bank violate Article 123 herein to which Article 108 of the Act applies mutatis mutandis by participating in the decision, the penalties prescribed in the preceding paragraph shall apply.

In the event that a shareholder of a Bank violates Paragraphs 2, 3 or 5 of Article 25 herein by failing to file a report with the Competent Authority with respect to his/her shareholding, or failing to acquire the approval of the Competent Authority to hold shares of the Bank, such shareholder shall be imposed of an administrative fine of not less than Two Million New Taiwan Dollars (NT$2,000,000) and not more than Ten Million New Taiwan Dollars (NT$10,000,000).

A financial information business which handles inter-bank funds transfers and bills clearing, or a service business which handles the inter-bank credit data processing and exchange commits one of the following acts shall be imposed of an administrative fine of not less than Two Million New Taiwan Dollars (NT$2,000,000) and not more than Ten Million New Taiwan Dollars (NT$10,000,000):

1. Refusing to be examined or concealing or damaging related data, or refusing to respond to or making false representation in response to the inquiries of the investigators without justifications, missing the deadline for submission of data or making false or incomplete representations the Competent Authority dispatches officials or appoints an appropriate institution to examine its business, financial condition and other related matters, or orders submission of financial reports or other related data.
2. Suspending all or part of its business without obtaining the approval of the Competent Authority.
3. Unless otherwise provided for in other laws or regulations prescribed by the Competent Authority, disclosing without cause a third party's data learned or held through their position.

A service business which conducts inter-bank credit data processing and exchange without obtaining the approval of the Competent Authority shall be punished pursuant to the preceding paragraph.

Article 129 Commission of any of the following acts shall be imposed of an administrative fine of not less than Two Million New Taiwan Dollars (NT$2,000,000) and not more than Ten Million New Taiwan Dollars (NT$10,000,000):

1. Violation of Articles 21, 22 or 57 or violation of Article 123 to which Articles 21, 22 or 57 of the Act applies mutatis mutandis.
2. Issuing share certificates in violation of Paragraph 1 of Article 25 herein;
3. Violation of Paragraphs 1 through 3, Article 28 or violation of Article 123 to which Paragraphs 1 through 3 of Article 28 of the Act apply mutatis mutandis;
4. Violation of restrictions imposed by the Competent Authority under Article 33-3 or Article 36 or Article 123 herein to which Article 33-3 or Article 36 of the Act applies mutatis mutandis;
5. Violation of the notice given by the Competent Authority in accordance with Article 43 or Article 123 to which Article 43 of the Act applies mutatis mutandis by failing to make the adjustment required thereby within the prescribed period;
6. Violation of Article 44-1 of the Act or the actions taken by the Competent Authority in accordance with Paragraph 1 of Article 44-2 herein;
7. Failure to establish or diligently conduct the internal control and audit systems, internal processing system and

procedures, and internal operation system and procedures in accordance with Article 45-1 or Article 123 herein to which Article 45-1 of the Act applies mutatis mutandis;

8. Failure to apply for approval in accordance with Paragraph 2 of Article 108, or violation of Article 123 herein to which Paragraph 2 of Article 108 of the Act applies mutatis mutandis;

9. Violation of Paragraph 4 of Article 110, or violation of Article 123 herein to which Paragraph 4 of Article 110 of the Act applies mutatis mutandis by failing to set aside sufficient special reserve;

10. Violation of Paragraph 1 of Article 115, or violation of Article 123 herein to which Paragraph 1, Article 115 of the Act applies mutatis mutandis in publicly offering mutual trust fund; or

11. Violation of Article 48 of the Act.

Article 129- 1 The responsible person(s) or staff member(s) of a Bank or other concerned persons committing any of the following acts when the Competent Authority dispatches officials or mandates appropriate institutions or orders local Competent Authorities to dispatch officials or designates professional and technical persons to check the business, financial condition and other related matters, or orders the Bank or other concerned persons to submit financial reports, property inventories or other related documents and reports in accordance with Article 45 of this Act shall be punished by an administrative fine of not less than Two Million New Taiwan Dollars (NT$2,000,000) and not more than Ten Million Dollars (NT$10,000,000):

1.Refusing to be investigated or refusing to open the vault or other storage facilities;

2.Concealing or damaging books and documents related to business or financial conditions;

3.Refusing to reply or misrepresenting responses to inquiries of the investigator without justifiable reasons.

4.Failure to timely, honestly or completely provide financial reports, property inventories or other related data or reports, or to pay investigation fees within the specified period(s) of time.

The responsible person(s) or staff member(s) or other concerned person(s) of a money market business or a Foreign Bank committing the acts listed in the preceding Paragraph when the Competent Authority dispatches officials or mandates appropriate institutions or orders local Competent Authorities to dispatch officials or designates professional and technical persons to check the business, financial condition and other related matters, or orders the Bank or other concerned person(s) to provide financial reports, property inventories or other related documents and reports in accordance with Article 47-2 or Article 123 applying Article 45 of this Act shall be punished pursuant to the preceding Paragraph.

Article 129- 2 The responsible person of a Bank who violates Paragraph 1 of Article 44-2 of the Act by failing to propose or to diligently undertake capital restructuring, or other finance and business improvement plan shall be imposed of an administrative fine of not less than Two Million New Taiwan Dollars (NT$2,000,000) and not more than Ten Million Dollars (NT$10,000,000).

Article 130 Commission of any of the following acts shall be punished by an administrative fine of not less than One Million New Taiwan Dollars (NT$1,000,000) and not more than Five Million New Taiwan Dollars (NT$5,000,000).

1.Violations of regulations regarding the extension of loans prescribed by the Central Bank of China in accordance with Article 40 or Article 123 applying Article 40 of this Act.

2.Violations of Article 72 or Article 123 applying Article 72 or regulations prescribed by the Competent Authority in accordance with Article 99, Paragraph 3, of this Act in extending loans;
3.Violations of Article 74, Article 89, Paragraph 2, Article 115-1 or Article 123 applying Article 74 of this Act in making investments;
4.Violations of Article 74-1, Article 75 or of Article 89, Paragraph 2, applying Article 74-1 or of Article 89, Article 115-1 or Article 123 applying Article 75 of this Act in making investments;
5.Violations of Article 76, Article 47-2, of Article 89, Paragraph 2, Article 115-1 or Article 123 applying Article 76.
6.Violations of Article 91 or the scope, restrictions or management rules prescribed by the Competent Authority for credit extensions, investments, acceptance of deposits and issuance of Bank Debentures in accordance with Article 91.
7.Violations of Article 109 or Article 123 applying Article 109 of this Act in employing Trust Funds; or
8.Violations of Article 111 or Article 123 applying Article 111 of this Act.

Article 131 Commission of any of the following acts shall be imposed of an administrative fine of not less than Five Hundred Thousand New Taiwan Dollars (NT$ 500,000) and not more than Two Million and Five Hundred Thousand New Taiwan Dollars (NT$2,500,000):
1. Violation of Paragraph 8 of Article 25 herein by failing to give notice;
2. Violations of Article 34 or Article 123 to which Article 34 of the Act applies mutatis mutandis by accepting deposits;
3. Appointing a person not meeting the qualification requirements set forth in the guidelines stipulated in Paragraph 1 of Article 35-2 herein or the appointed responsible person violating the restrictions on concurrent posts prescribed in said guidelines;
4. Violation of Article 49 or Article 123 herein to which Article 49 of the Act applies mutatis mutandis;
5. Violation of Article 114 or Article 123 herein to which Article 114 of the Act applies mutatis mutandis;
6. Violation of Paragraph 1 of Article 50 herein by failing to set aside legal surplus reserve;
7. Violation of the rules set forth by the Competent Authority in accordance with Article 51 or Article 123 herein to which Article 51 of the Act applies mutatis mutandis; or
8. Violation of rules set forth by the Competent Authority in accordance with Article 51-1 herein by refusing to make payment.

Article 132 Unless otherwise prescribed by this Act with respect to punishment by an administrative fine, violation of this Act or the related mandatory or prohibiting regulations authorized by this Act or failure to perform obligations to be performed shall be punished by an administrative fine of not less than Five Hundred Thousand New Taiwan Dollars (NT$500,000) and not more than Two Million Five Hundred Thousand New Taiwan Dollars (NT$2,500,000).

Article 133 The administrative fines set forth in Articles 129, 129-1, 130, Subparagraphs 2 through 8 of Article 131, and Article 132 herein shall be imposed against the Bank or its branch.
The Bank or its branch may seek recourse from the responsible person after paying the administrative fines in

accordance with the preceding paragraph.

Article 134 The amount of the administrative fines prescribed by this Act shall be determined and punished by the Competent Authority.

With respect to administrative fines prescribed by Article 130, Subparagraph 1 as violating Article 40, and the administrative fines prescribed by Article 132 as violating Article 37, Paragraph 2, Article 42 or Article 73, Paragraph 2 which authorize the Central Bank of China to prescribe mandatory or prohibiting regulations shall be punished by the Central Bank of China with notice to the Competent Authority.

In the event that a party penalized by an administrative fine under the preceding two paragraphs disagrees with the decision, such party may appeal such decision in accordance with the procedures for administrative appeals and administrative proceedings. During the period of administrative appeal and administrative proceedings, the execution of the penalty may be suspended by the provision of bonds in the appropriate amounts.

Article 135 In the event of failure to pay an administrative fine within the prescribed period of time, a surcharge for late payment shall be levied, and calculated at the rate of one percent (1%) of the amount of the fine in arrears for each day of delay, starting from the day following the expiry of the prescribed period of time. If the payment of the fine still has not been made thirty (30) days therefrom, the case shall be referred to the court for compulsory execution and the Central Competent Authority may, in addition, suspend the business of the relevant Bank or Bank branch.

Article 136 A Bank that has been penalized in accordance with this Chapter and which fails to take corrective measures within the specified period of time may be punished by consecutive imposition of penalties imposed daily based on the amount of the originally imposed administrative fine until the corrective measures are taken. If a Bank repeatedly violates the provisions of this Act, or where the violations are of a serious nature, the Bank may be ordered to replace the responsible person within a specified period of time or the Permit of the Bank may be cancelled.

Article 136- 1 Any criminally obtained assets or property in the possession of those who have violated this Act shall be confiscated, with the exception of compensations due to those victims or parties eligible for claims against damages. If some or all of the assets or property cannot be recovered, the equivalent value of the violator's own money or property shall be confiscated as compensation. .

Article 136- 2 Those who violate this Act and are fined Fifty Million New Taiwan Dollars (NT$50,000,000) or more, but are unable to pay their fine in full, shall perform not more than two (2) years of labor service; the length of their labor service shall be calculated as the number of days in a two-year period proportional to the amount of the fine. Those who are fined One Hundred Million New Taiwan Dollars (NT$100,000,000) or more, but are unable to pay their fine in full, shall perform not more than three (3) years of labor service; the length of their labor service shall be calculated as the number of days in a three-year period proportional to the amount of the fine.

Article 137 Prior to the enforcement of this Act, any Bank that has not applied for or obtained a business license or any institution that has been conducting deposit and lending activities in a manner similar to a Bank, shall complete the establishment procedures in accordance with the provisions of this Act within the period of time prescribed by the Central Competent Authority.

Article 138 Subsequent to the promulgation and enforcement of this Act, if classifications or functions of any existing Banks or institutions with operations similar to a Bank are not in conformity with this Act, such shall be adjusted within the period of time prescribed by the Central Competent Authority, in accordance with the relevant provisions of this Act.

Article 138- 1 For purposes of trying a criminal case of violation of this Act, the court may set up a special tribunal or appoint certain persons to hear the case.

Article 139 The provisions of this Act shall also apply to those Banks or financial institutions established under other laws, unless such laws provide otherwise.
Administrative rules governing the aforesaid financial institutions shall be as stipulated by the Executive Yuan.

Article 139- 1 Regulations governing the application of this Act shall be as stipulated by the Central Competent Authority.

Article 140 This Act shall become effective from the date of promulgation.
The effective date of Article 42 shall be the date as determined by the Executive Yuan; articles, which amended on May 5, 2006, shall become effective from July 1, 2006.

Anhang IV: Act for the Establishment and Administration of the Financial Restructuring Fund

Announced Date: 2001.07.09
Amended Date: 2009.07.08

Article 1 For the sake of disposing distressed financial institutions to maintain an orderly credit system, improve the constitution of the financial industry, create a sound financial environment, and establish an administration and operation mechanism, this Act is enacted for the establishment of Executive Yuan Financial Restructuring Fund (referred to as the "Fund" hereunder).

Article 2 The competent authority under the Act shall be the Financial Supervisory Commission, Executive Yuan.

Article 3 The funding sources of the Fund include the following:
(1) Business tax revenues collected from businesses as provided in paragraph 1 of Article 11 of the Value-added and Non-value-added Business Tax Act during a period of nine years from January 2002 to the end of December 2010.
(2) Increased deposit insurance premium income covering a ten-year period from January 2002 onwards that is derived from an increase in the deposit insurance assessment rate which took effect on January 1, 2000.
(3) Proceeds from the disposal of non-performing loans under the Fund.
(4) Other income of the Fund.
(5) Any amounts that are allocated following the government budget procedures.
In the event the revenues from the tax and insurance premium income described in subparagraphs (1) and (2) of the preceding paragraph are not fully realized to cover the pay-offs stipulated in paragraph 3 of Article 4 and paragraph 1 of Article 10 herein, the Fund may entrust the Central Deposit Insurance Cooperation (referred to as the "CDIC" hereunder) to acquire special financing from financial institutions; or else issue bank debentures in the name of CDIC pursuant to Paragraph 1, Article 72 of the Banking Act using funds generated from sources provided in subparagraphs (1) to (3) of the preceding paragraph as collateral. CDIC shall repay the principals, interests and related expenses of the aforementioned financing and debentures with funds generated from sources specified in the preceding paragraph.
Of the increased business tax revenues generated according to subparagraph (1) of paragraph 1 subsequent to the promulgation of the amended Act herein, the total amount that can be used for the purpose of the Fund shall not exceed NT $110 billion. The remaining tax revenues, if any, shall be paid into a special reserve for deposit insurance pay-off.

Article 4 The term "distressed financial institutions" depicted in the Act herein shall mean a financial institution having one of the following situations:
(1) The adjusted net worth is negative after an examination by the competent authority or the central competent

authority for agriculture finance, or an audit by an accountant.
(2) Unable to repay its debts.
(3) Significant deterioration in businesses or financial status as stipulated in Paragraph 1, Article 62 of the Banking Act that the financial institution becomes unable to repay its debts when due or the depositors' interests might be damaged, or sustaining losses exceeding one third of its capital and failing to improve within a prescribed time period as provided in Article 64 of the Banking Act, and being determined by the competent authority and the Management Committee of the Fund to be incapable of continuing operations.
The Fund will give precedence to handling distressed community financial institutions, while maintaining the principle of equal treatment whether in form or in substance. The Fund shall set aside 20% of increased funds generated subsequent to the promulgation of the amended Act on June 22, 2005 for pay-offs of farmers' and fishermen's associations without being subjected to the operating period of the Fund. The aforesaid fund shall be deposited in a special account; regulations governing the utilization and administration of said account shall be set forth by the Executive Yuan.
The benefits of members of the distressed credit cooperatives that have been placed under superintendence or conservatorship by the competent authority pursuant to the Credit Cooperatives Act and are included under the Fund prior to the promulgation of the amended Act on June 22, 2005 shall be safeguarded by blank guarantee in accordance with the principle of equal treatment in the preceding paragraph. Their claims shall be paid off in full by financial institutions that assume the assets of the aforesaid credit cooperatives. In the event that the assuming financial institution defaults on pay-off, the Fund will pay the claims of the members in full.
CDIC may apply for utilization of the Fund when acting pursuant to Paragraph 1, Article 15 and Paragraph 2, Article 17 of the Deposit Insurance Act to pay off in full the deposits and non-deposit debts of a distressed financial institution. The Fund shall assume the assets of such financial institutions without being restricted by the maximum coverage as stipulated in Article 9 of the Deposit Insurance Act and the provision of cost being less than the loss arising from cash pay-offs as stipulated in Paragraph 2, Article 15 and Paragraph 2, Article 17 of the same Act.
Subsequent to the promulgation of the amended Act on June 22, 2005, when the competent authority or the central competent authority for agriculture finance handles a distressed financial institution, non-deposit debts of said institution will not be paid off. Notwithstanding the foregoing, non-deposit debts of such institutions that had been incurred before the promulgation of the amended Act on June 22, 2005 or bank debentures of such institutions that had been approved by the competent authority and their offering period spanned across the date of promulgation of the amended Act will be covered.
The claims of the shareholders or members of a distressed financial institution that has been placed under superintendence or conservatorship by the competent authority pursuant to the Banking Act or the Credit Cooperatives Act and has been included under the Fund subsequent to the promulgation of the amended Act on June 22, 2005 shall be forfeited except for entitlement to distribution of remaining properties. The competent authority shall notify such shareholders or members of the same by means of public announcement.
The Fund shall draw up regulations governing the disposal of distressed financial institutions and submit to the competent authority for approval and promulgation.

Article 5 The Fund has the capacity of a litigant and shall set up a Management Committee of the Financial Restructuring Fund (referred to as the "Management Committee" hereunder) and a Valuation Panel of the Financial Restructuring Fund (referred to as the Valuation Panel hereunder).

The Management Committee is in charge of the following:

(1) Reviewing the utilization of the Fund, and giving approval to items as provided in the preceding article, Article 10 and Article 12 herein.

(2) Approving the Fund's receipts and expenditures custody plans.

(3) Reviewing the Fund's financial reports and fund allocation.

(4) Giving approval to other matters concerning the management, implementation and public disclosure of the Fund.

(5) Employing international credit rating agencies or professional appraisal institutions to assist the Valuation Panel in exercising its duties.

The Fund may entrust CDIC with the execution of decisions made in the preceding paragraph and the drafting of related matters.

Any resolution adopted by the Management Committee must have the consent of at least two thirds of the Committee members present in a meeting attended by no less than two thirds of all Committee members.

The Valuation Panel is in charge of the following:

(1) Determining distressed financial institutions to be handled by the Fund.

(2) Determining the priority of handling distressed financial institutions by the Fund.

(3) Determining the methods for handling the distressed financial institutions by the Fund.

(4) Determining the types and prices of debts to be paid off and assets to be assumed by the Fund through CDIC.

(5) Overseeing the execution of matters entrusted by the Fund.

Any decision made by the Valuation Panel shall be submitted to the Management Committee for approval after it is consented by at least two thirds of panel members present in a meeting attended by no less than two thirds of all panel members.

Article 6 The Fund shall determine how to handle a distressed financial institution based on the following principles:

(1) The distressed financial institution has closed businesses or has deposit runoff that may trigger systemic risk of the financial system.

(2) The financial status of the distressed financial institution seriously deteriorates.

(3) The distressed financial institutions will incur less disposal cost.

Determination of distressed financial institutions and the priority of handling by the Fund shall be first established by the Valuation Panel and then approved by the Management Committee. In the event that the Management Committee disagrees with the decision of the Valuation Panel, it shall provide concrete reasons for disagreement in writing.

Article 7 The Management Committee consists of nine to thirteen members, including a convener who is undertaken by the chief of the competent authority and represents the Committee, and a vice-convener who is undertaken by the deputy chief of the competent authority. The remaining Committee members by appointment shall be taken up by a deputy governor of the Central Bank of China, a vice chairman of the Council of Agriculture, a deputy director of the Directorate-General for Budget, Accounting and Statistics, and the chairman of CDIC, who will be appointed in that capacity and excused from office on the same basis. In addition, the remaining Committee members by selection shall be undertaken by people with professional knowledge and experience in the field of law, economics, finance and other fields that are relevant to the business of the Management Committee. Management Committee members who belong to the same party shall not exceed half of the total number of Committee members.

The Valuation Panel consists of seven to nine members, who are selected by the Management Committee on the basis of their professional knowledge and experience in international finance, banking management, or asset valuation. The convenor of the Valuation Panel is elected by and among the members of the Valuation Panel, who also serves as a natural member of the Management Committee by selection. The Valuation Panel members shall excuse themselves from a meeting in the event of conflict of interest.

Members who are selected pursuant to paragraph 1 hereof shall serve a term of three years. Should a Committee member be substituted before the term expires, the term of the successor will expire on the original expiration date.

Members of Valuation Panel who are selected pursuant to paragraph 2 hereof shall serve the same term as members of the Management Committee.

Article 8 The Management Committee will install an executive secretary, who shall be a Grade 12 officer or above appointed by the Committee convener. The competent authority and its subordinate departments shall dispatch several currently employed staff to assist in the Committee affairs, and may employ one to five persons as required by the business.

Article 9 The Management Committee meeting shall be called and chaired by the Committee Convener. When the convener is unable to perform his/her duties, the vice-convener shall act on his/her behalf. When the vice-convener is unable to perform his/her duties, the convener shall designate a Committee member to act on his/her behalf.

The Management Committee may notify the Valuation Panel to designate members to participate in the meeting called by the Committee. The resolutions made by the Committee in relation to Article 4, Article 10 and Article 12 shall be submitted in five days to the Legislative Yuan regarding reasons for the resolutions, basis of computing, decisions of the Valuation Panel along with relevant assessment reports.

When handling distressed financial institutions, the Fund shall submit to the Legislative Yuan a report on the financial status, problems, loss estimation and principles of disposal. The Fund shall also inform the Legislative Yuan in writing before drawing on its budget.

Article 10 The Fund may entrust CDIC to handle a distressed financial institution in accordance with the following methods:

(1) Paying off the debts of the financial institution and assuming its assets.

(2) Paying off the debts that exceed the value of assets.

The Fund is regarded as a financial institution and asset management company referred to in the Financial Institution Merger Act, to which Article 15, Article 17 and Article 18 of the Merger Act apply.

Article 11 The Fund shall make public the names of customers of a distressed financial institution with a bad debt exceeding 1 million NT dollars for a transaction before taking actions pursuant to the preceding paragraph. The competent authority should make the public information in the preceding paragraph widely known on Internet or by other appropriate means.

Article 12 Except for funds drawn pursuant to Article 4 herein, the Management Committee shall preserve the Fund's funds in the name of the Fund by the following means

(1) Cash.

(2) Deposits in financial institutions with good credit standing.

(3) Purchase of government bonds, bank debentures, and negotiable certificates of deposit issued by banks.

(4) Other means in accordance with regulations prescribed by the competent authority.

Article 13 The proceeds from disposing the assets of distressed financial institutions taken over by the Fund by tender offer, auction, or other means shall be deposited into the Fund.

For the management and disposal of assets assumed by the Fund, the Fund may entrust CDIC for collection, debt valuation, debt consolidation, public tender offer and securitization. Article 15-1 of the Deposit Insurance Act may apply mutatis mutandis when CDIC is entrusted to carry out the aforesaid affairs.

The Fund shall bear the cost that CDIC may be incurred from handling the affairs provided in the preceding paragraph and Article 10 herein.

Article 25 to Article 27 and Article 88 of the Budget Act do not apply when the Fund takes actions pursuant to paragraph 1 of Article 10 and the preceding three paragraphs hereof.

Article 14 The accounting and audit of the Fund shall be based on systems established according to the generally accepted accounting and auditing principles.

Article 15 The Fund may start including distressed financial institutions for handling from the promulgation of the Act until July 10, 2005.

The Fund may proceed with the following after July 10, 2005:

(1) Paying off the debts of included distressed financial institutions, assuming and selling their assets.

(2) Collecting taxes and insurance premiums set forth in subparagraph (1) and subparagraph (2), paragraph 1 of Article 3 herein.

(3) Disposing outstanding assets and debts.

(4) Handling lawsuits associated with the Fund and matters in relation to the Fund.

The Fund shall be terminated when the taxes and insurance premium set forth in subparagraph (1) and subparagraph (2), paragraph 1 of Article 3 cease to be included.

When the Fund is terminated, the remaining assets and debts shall be assumed by the National Treasury after the principals, interests and expenses of the debts arising from the Fund's disposal of distressed financial institutions have been paid with the Fund's funds from tax revenues and premium income set forth in subparagraph (1) and subparagraph (2), paragraph 1 of Article 3.

Article 16 The responsible person or any employee of a CDIC-insured financial institution who engages in unbecoming conduct with the intent to benefit self or a third party, or damage the interests of said financial institution or the Fund that results in damages to the financial institution, or the assets or other interests of the Fund shall be subject to a prison term of more than three years and less than ten years, or in addition thereto a fine up to NT $100 million.

Where the offense described in the preceding paragraph is an act of collaboration between the responsible person of the financial institution and other employees or between two or more employees, the punishment of prison term imposed shall be increased by one half, and the perpetrators shall be held jointly liable for damages.

A person guilty of criminal attempt as provided in paragraph 1 hereof shall also be subject to punishment.

Article 17 After making pay-offs pursuant to the provisions of the Act herein, the Fund shall, up to the extent of pay-offs, acquire the right of claim for damages against the responsible person or employee of the financial institution for non-performance of debt or act of tort arising the appointment of position or employment contract as well as the right of claim for damages against the guarantor of employment, insurer, and persons in the joint act of tort.

CDIC may, after being authorized by the Fund to take legal actions, may in its own name file civil action against the persons liable for damages as set forth in the preceding paragraph or request to succeed a party concerned in a lawsuit.

When taking legal actions pursuant to the preceding paragraph, CDIC shall be exempt temporarily from paying any judgment fee thereof, or from providing security when filing for provisional seizure, provisional disposition or provisional execution.

Article 18 The Act herein is in force on the date of promulgation.

Anhang V: CDIC's Handling of the 56 Failed Financial Institutions Entrusted by the Financial Restructuring Fund

Unit: NT$ million

Acquiring Bank	Acquired Financial Institution	Acquisition Date	Payoff Amount[1]
Taishin International Bank, Taipei Fubon Commercial Bank, Yuanta Commercial Bank and Far Eastern International Bank	Chinfon Bank	2010.03.06 & 2010.04.03	700
Standard Chartered Bank	Asia Trust and Investment Corporation	2008.12.27	0[2]
The Development Bank of Singapore	The Bowa Commercial Bank	2008.05.24	17,080
Hong Kong and Shanghai Banking Corporation	The Chinese Bank	2008.03.29	20,196
Cathay United Bank	China United Trust and Investment Corporation	2007.12.29	1,463
ABN AMRO Bank	Taitung Business Bank	2007.9.22	1,172
Chinatrust Commercial Bank	Enterprise Bank of Hualien	2007.9.08	1,156
Jhuci Township Farmers' Association of Chiayi County	Dapu Township Farmers' Association of Chiayi County	2007.03.08	95
Union Bank of Taiwan[3]	Chung Hsing Bank	2005.03.19	58,537
Nanjhou Farmers' Association of Pingtung County	Credit Department of Sinpi Township Farmers' Association of Pingtung County	2005.03.11	98
Chinatrust Commercial Bank	Fongshan Township Credit Cooperative Association of Kaohsiung County	2004.10.01	1,649
E.Sun Bank	Kaohsiung Business Bank	2004.09.04	13,813
Macoto Bank	Gangshan Township Credit Cooperative Association of Kaohsiung County	2001.09.15	1,026
Sunny Bank	Fifth Credit Cooperative Association of Tainan City	2002.08.24	3,171
	Yuanlin Township Credit Cooperative Association of Changhua County	2001.09.15	1,949

Acquiring Bank	Acquired Financial Institution	Acquisition Date	Payoff Amount[1]
	Second Credit Cooperative Association of Pingtung City	2001.09.15	4,748
Taiwan Cooperative Bank	Credit Department of Changhua City Farmers' Association of Changhua County	2002.07.27	1,730
	Credit Department of Linnei Township Farmers' Association of Yunlin County	2002.07.27	908
	Credit Department of Shengang Township Farmers' Association of Taichung County	2002.07.27	2,008
	Ninth Credit Cooperative Association of Taichung City	2001.09.15	6,660
	Eleventh Credit Cooperative Association of Taichung City	2001.09.15	8,256
	First Credit Cooperative Association of Taichung City	2001.09.15	9,072
	Fifth Credit Cooperative Association of Taichung City	2001.09.15	6,756
The Farmers Bank of China	Credit Department of Fangliao DistrictFishermen's Association of Pingtung County	2001.09.	15 461
	Credit Department of Wandan Township Farmers' Association of Pingtung County	2001.09.15	1,457
	Credit Department of Neimen Township Farmers' Association of Kaohsiung County	2001.09.15	532
	Credit Department of Liouguei Township Farmers' Association of Kaohsiung County	2001.09.15	416
	Credit Department of Niaosong Township Farmers' Association of Kaohsiung County	2001.09.15	1,153
First Commercial Bank	Credit Department of Cigu Township Farmers' Association of Tainan County	2001.09.15	834
	Credit Department of Nansi Township Farmers' Association of Tainan County	2001.09.15	148
	Credit Department of Wanluan District Farmers' Association of Pingtung County	2001.09.15	670
	Credit Department of Zihguan District Fishermen's Association of Kaohsiung County	2001.09.15	560
	Credit Department of Changjhih Township Farmers' Association of Pingtung County	2001.09.15	752

Acquiring Bank	Acquired Financial Institution	Acquisition Date	Payoff Amount[1]
Chang Hwa Commercial Bank	Credit Department of Fenyuan Township Farmers' Association of Changhua County	2001.09.15	1,091
	Credit Department of Fangyuan Township Farmers' Association of Changhua County	2001.09.15	963
	Credit Department of Puyan Township Farmers' Association of Changhua County	2001.09.15	813
	Credit Department of Checheng District Farmers' Association of Pingtung County	2001.09.15	428
	Credit Department of Linbian Township Farmers' Association of Pingtung County	2001.09.15	1,579
Land Bank of Taiwan	Credit Department of Fusing Township Farmers' Association of Changhua County	2002.07.27	1,573
	Credit Department of Nanhua Township Farmers' Association of Tainan County	2002.07.27	478
	Credit Department of Dashu Township Farmers' Association of Kaohsiung County	2002.07.27	923
	Credit Department of Chaojhou Township Farmers' Association of Pingtung County	2002.07.27	2,023
	Credit Department of Kinmen County Farmers' Association	2001.09.15	260
	Credit Department of Fongyuan City Farmers' Association of Taichung County	2001.09.15	2,998
	Credit Department of Fangliao District Farmers' Association of Pingtung County	2001.09.15	2,063
	Credit Department of Gaoshu Township Farmers' Association of Pingtung County	2001.09.15	552
Hua Nan Commercial Bank	Credit Department of Guanyin Township Farmers' Association of Taoyuan County	2001.09.15	1,297
	Credit Department of Sinfong Township Farmers' Association of Hsinchu County	2001.09.15	670
	Credit Department of Siaogang District Farmers' Association of Kaohsiung City	2001.09.15	4,272
	Credit Department of Jiadong Township Farmers' Association of Pingtung County	2001.09.15	961
	Credit Department of Jhutian Township Farmers' Association of Pingtung County	2001.09.15	287
Bank of Taiwan	Credit Department of Taiwan Provincial	2001.09.15	5,357

Acquiring Bank	Acquired Financial Institution	Acquisition Date	Payoff Amount[1]
	Farmers' Association		
	Credit Department of Sinyuan Township Farmers' Association of Pingtung County	2001.09.15	2,195
	Credit Department of Pingtung County Farmers' Association	2001.09.15	1,973
Cathay United Bank	Credit Department of Pingtung City Farmers' Association of Pingtung County	2001.09.15	2,668
	Credit Department of Songshan District Farmers' Association of Taipei City	2001.09.01	2,308

Last updated by 1/20/2011

Notes:
1. Pay-off amount includes the amount adjusted after the assignment date.
2. The winning bid for the Good Bank Tranche of the Asia Trust and Investment Corporation was NT$3.348 billion, the recovery amount of NPL and the sale of real estate for the Asia Trust and Investment Corporation was NT$3.737 billion. No compensation was paid by the Financial Restructuring Fund.
3. Union Bank of Taiwan includes the amount after adjustment, total NT$6 billion or so was paid to the Financial Restructuring Fund.

FSC
www.fsc.org
MIX
Papier | Fördert gute Waldnutzung
FSC® C083411

Kolibri 360 GmbH
Ferdinand-Jühlke-Straße 7
99095 Erfurt, Deutschland
produktsicherheit@kolibri360.de